河南省大数据
产业技术联盟报告

THE REPORT OF HENAN BIG DATA INDUSTRIAL
TECHNOLOGY ALLIANCE

主编／王家耀
执行主编／秦　奋　王凤肆

社会科学文献出版社
SOCIAL SCIENCES ACADEMIC PRESS (CHINA)

《河南省大数据产业技术联盟报告》
编辑委员会

主　　编　王家耀

执行主编　秦　奋　王凤肆

副 主 编　史乃坤　王东华　王祎　侯秋红

学术秘书　袁　蕊　孟　蝶　白昀华

主编简介

王家耀 中国工程院院士，生于 1936 年，湖北武汉人。中国地图学家和地理信息工程专家。1961 年毕业于原中国人民解放军测绘学院并留校任教，任教授、博士研究生导师。现任河南大学教授、河南省时空大数据产业技术研究院院长、智慧中原地理信息技术河南省协同创新中心主任、中国测绘学会常务理事兼中国测绘学会边海地图工作委员会主任委员、河南省测绘学会理事长、《测绘学报》编委等职；曾任河南省第九届政协委员、国务院学位委员会学科评议组（第四、五届）成员、中国测绘学会理事兼地图学与地理信息系统专业委员会（第四、五、六届）主任委员、河南省学位委员会副主任、测绘遥感工程国家重点实验室（武汉大学）学术委员会委员、全国高等院校测绘专业教学指导委员会委员、国务院中央军委军工产品定型委员会专家咨询委员会委员、全军综合电子信息系统顶层设计与推进工程专家咨询委员会委员等职。

20 世纪 70 年代，主持筹备并建立全国第一个计算机地图制图专业，80 年代中主持建立地图数据库及应用专业，90 年代中主持建立地理信息工程专业，使地图制图专业发展为地图制图学与地理信息工程专业。主持并完成国家及军队重点科研项目 20 余项，研究领域涉及现代地图学理论、军事地理信息系统、军事地理信息栅格（网格）、数字城市和智慧城市、时空大数据及其应用等。

2001 年被评为"全国优秀科技工作者"，2002 年获全军专业技术重大贡献奖。获国家和军队级教学成果奖一等奖各 1 项，军队科技进步奖一等奖

4 项，河南省自然科学奖（著作类）一等奖 1 项；荣立二等功 1 次、三等功 3 次。公开出版学术著作 14 部，其中《数字地图自动制图综合原理与方法》（1998）、《空间信息系统原理》（2001）、《地图学原理与方法》（2006）先后获国家高等院校测绘专业类优秀教材一等奖。

前　言

目前，大数据是以容量大、类型多、存取速度快、应用价值高为主要特征的数据集合，快速发展为对数量巨大、来源分散、格式多样的数据进行采集、存储和关联分析，从中发现新知识、创造新价值、提升新能力的新一代信息技术和服务业态。2017年12月8日，习近平总书记在主持中央政治局就实施国家大数据战略进行第二次集体学习时的讲话中指出，大数据发展日新月异，我们应该审时度势、精心谋划、超前布局、力争主动，深入了解大数据发展现状和趋势及其对经济社会发展的影响，分析我国大数据发展取得的成绩和存在的问题，推动实施国家大数据战略，加快完善数字基础设施，推进数据资源整合和开放共享，保障数据安全，加快建设数字中国，更好服务我国经济社会发展和人民生活改善。

为贯彻落实习近平总书记的指示要求，深入实施国家大数据战略，推动大数据产业快速发展，河南省人民政府制定《河南省大数据产业发展三年行动计划（2018~2020年）》，坚持应用引领、创新驱动、开放共享、安全规范的原则，以建设国家大数据综合试验区为统领，以大数据创新应用为先导，以基础能力提升为支撑，以优化发展生态为保障，着力发展大数据核心产业和关联产业，培育发展新业态、新模式，全面提升河南省大数据资源开发能力、技术支撑能力和产业发展能力，为网络经济强省建设提供坚强支撑。

为适应河南省启动国家大数据综合试验区建设需求，由河南省时空大数据产业技术研究院牵头，于2019年1月成立河南省大数据产业技术联盟，汇聚从事大数据研究、应用、生产、教育、培训，以及与新一代信息技术、互联网、物联网、区块链、人工智能等关联企事业单位，旨在创建一个具有行业影响力的社会团体，实现资源共享，协同发展，致力于搭建"政产学研用"的"桥梁"，共同促进河南省大数据产业创新发展。

《河南省大数据产业技术联盟报告》汇编国家和省市层面有关大数据发展方面的政策法规和措施，全面展示和交流河南省大数据研究机构和相关企业在大数据领域的研究进展、创新成果和技术发展状况，助力河南省乃至全国的大数据发展。

由于我们的水平有限，加之时间紧迫，书中错漏在所难免，恳请读者谅解并提出宝贵意见。

编　者

2020 年 12 月 31 日

目　录

第一部分　专题报告

第二部分　应用案例

第三部分　政策法规

第四部分　河南省大数据产业技术联盟单位大事记（2017.01～2019.12）

第一部分 | 专题报告

关于《河南省"十三五"促进大数据发展实施方案》的建议[*]

王家耀[**]

为全面贯彻落实《国务院关于印发促进大数据发展行动纲要的通知》（国发〔2015〕50 号）和《河南省政府推进国家大数据综合试验区建设实施方案》（2017 年 4 月 25 日），深刻认识大数据对经济发展、社会治理、国家管理、人民生活产生的重大影响，充分发挥大数据在我省经济社会发展中的基础性、战略性、先导性作用，全面释放大数据驱动创新发展、提升管理治理能力、创新公共服务模式的巨大潜能，加快发展以数据为关键要素的数字经济，构建现代经济体系，制定本实施方案。

一　总体要求

（一）指导思想

以习近平总书记在 2017 年 12 月 28 日主持中央政治局就实施国家大数据战略进行第二次集体学习时的重要讲话为指导，深入了解大数据发展现状

---

* 河南省时空大数据产业技术研究院院长王家耀院士给河南省人民政府有关部门的咨询建议报告，院字〔2019〕02 号。

** 王家耀，现任河南大学教授、博士生导师，河南省时空大数据产业技术研究院院长，中国地图学家和地理信息工程专家，中国工程院院士，研究领域涉及现代地图学理论、军事地理信息系统、军事地理信息网络/网格服务、数字城市和智慧城市、时空大数据及其应用等领域。

和趋势及其对社会经济发展的影响，分析我省大数据发展取得的成绩和存在的问题，加快完善我省数字基础设施，推进数据资源整合和开放共享，保障数据安全，加快建设数字河南和新型智慧城市，更好地服务我省经济社会发展和人民生活改善。

（二）基本原则

1. 问题导向、需求牵引原则

把大数据发展同数字河南、新型智慧城市、智慧农业等紧密结合，从大数据开放、共享、安全等突出问题入手，着力围绕经济社会民生重点领域，统一构建省市级时空大数据中心，开发时空大数据应用，促进时空大数据与政务服务、社会管理治理、产业转型升级和跨越发展的深度融合，解决目前存在的盲目建设大数据中心、重建设轻应用、重硬件轻软件等突出问题。

2. 基础共建、资源共享原则

遵循数字化、网络化、智能化的信息化发展规律，顺应信息基础设施集约化建设、管理、维护的发展趋势，统筹推进全省大数据基础设施和时空大数据公共服务平台建设，避免重复建设和投资，全面破除数据壁垒，为大数据时代的信息资源共建共享、有效整合和数据交换提供支撑，解决目前存在的数据开放滞后，总体水平低、质量差等突出问题。

3. 政府引导、市场主导原则

大数据作为一个时代，以全社会广泛参与并惠及全社会为主要标志，数据流驱动商品流、服务贸易流和资本流，因此，在大数据发展规划和行动计划编制、顶层设计、数据共享开放、平台搭建和政策法规标准保障等方面，应充分发挥政府的统筹作用；在促进公共管理和民生服务领域的大数据应用方面，应充分发挥市场主导作用，鼓励社会参与大数据基础设施建设和应用开发，形成"政府引导、市场主导、社会参与、多方联动、互利共赢"的大数据良性发展格局，解决目前存在的政府与市场脱节、政策法规和制度建设不完善不落实、政府买服务和企业卖服务的市场化开发滞后等突出问题。

4. 应用驱动、创新引领的原则

坚持"以用促建、建以致用、产用结合",加快推进时空大数据在政务管理、社会经济发展、民生服务等领域的广泛应用,鼓励高校、科研机构、企业加大对时空大数据理论创新、技术创新、产品创新、服务模式创新和管理创新的研发投入(包括人力、物力、财力)以及人才培养力度,积极探索时空大数据"政产学研用"相结合的协同发展机制,大力营造时空大数据创新成果转化的应用环境,保障时空大数据产业长期可持续发展,解决目前存在的体制机制落后、人才资源供给不足(数量不够、地域岗位结构不平衡)、研发资金短缺和"建为看"的"形象工程"或"面子工程"等突出问题。

5. 以人为本、惠及全民的原则

坚持把服务社会、服务经济、服务民生作为全省时空大数据发展和应用的出发点与落脚点,紧紧围绕国计民生,着眼社会、经济、人文发展需要,顺应人民期盼,破解社会民生"难点"和"痛点",大力营造为民、惠民、利民、便民的惠及全民的数据文化环境和数据应用环境,不断缩小城乡之间、不同社会群体之间数据应用的差距,解决目前存在的领导对大数据思想认识不到位、对"数据文化"的培育和普及不重视等突出问题。

(三)发展目标

根据 2017 年 4 月 25 日河南省人民政府下发的《河南省推进国家大数据综合试验区建设实施方案》,紧紧围绕"打造全国一流的大数据产业中心、数据应用先导区、创新创业集聚区、制度创新先行区,建成引领中部、特色鲜明的试验区"的战略定位,力争到 2020 年底,建成与国家级大数据中心技术体制相一致的河南省时空大数据中心及地市级时空大数据中心、国家北斗导航位置服务数据中心河南分中心、国家资源卫星大数据中心中部地区中心及相应的服务平台,试验区体制机制创新取得重要突破,新型智慧城市、智慧政务、智慧交通、智慧农业、智慧生态环保、智慧文化旅游等重点领域示范应用取得明显成效,以郑洛新开为核心的大数据产业集聚发展态势初步形成，时空大数据在各行各业的深度应用全面展开，时空大数据促进政务服务模式创新、制造业转型升级、服务业提质增效等位居全国前列。

二　主要任务

（一）牢固树立大数据思维，构建数据驱动型的大数据创新体系和发展模式

一是充分发挥中国特色社会主义制度优势和市场优势，紧扣国家和省、地市要求，面向社会经济发展和国防建设主战场，完善大数据发展的政策法规环境，全面推进我省大数据产业发展。二是瞄准世界信息科技前沿，集中全省产学研优势资源（人力、财力、物力）突破大数据核心技术，加快构建大数据理论体系、技术体系和产品体系，形成自主可控的大数据产业链、价值链和生态系统。三是构建高速、移动、安全、泛在的新一代信息基础设施和泛在传感器网络（传感网），形成全面感知、万物互联、天空地一体的大数据网络空间格局。四是坚持数据集中整合、开放共享、市场主导，充分发挥全省高校和科研院所的作用，以数据为纽带促进"政产学研用"深度融合，造就一批大数据领军企业和一大批多层次、多类型、结构合理的大数据人才队伍，支撑我省大数据产业长期可持续发展。

（二）加快构建我省以数据为关键要素的数字经济，逐步形成现代经济体系

一是推动互联网、大数据、人工智能同实体经济深度融合，构建以互联网为依托、以数据为引擎、以人工智能为动力的现代制造业产业链，加快推进全省制造业向数字化、网络化、智能化发展，大力促进制造业转型升级。二是进一步加强工业互联网建设和创新发展，加大推进工业互联网基础设施和数据资源管理体系建设力度，充分发挥大数据资源驱动发展的作用和创新引领作用。三是紧紧抓住供给侧结构性改革这条主线，加快发展包括数字工业经济、农业经济、林业经济、养殖业经济和数字服务业经济等在内的数字

经济，充分释放网络购物、移动支付、共享经济等数字经济新业态新模式的拓展提升空间和巨大潜能，推动实体经济与数字经济融合发展，建设现代经济体系。

（三）把大数据作为治理体系和治理能力现代化的核心驱动力，提升全省治理体系和治理能力的现代化水平

一是大力推进尊重事实、强调精准、推崇理性和逻辑的数据文化，建立健全大数据支持科学决策和社会治理的机制，推进政府管理和社会治理模式创新，实现政府决策科学化、社会治理精准化、公共服务高效化。二是以提升政务服务智能化和建设数字河南、新型智慧城市等为抓手，以数据集中共享为途径，推动技术融合、业务融合、数据融合，打通信息壁垒，形成覆盖全省、统筹利用、统一接入的时空大数据平台，构建全省信息资源共享体系，实现跨层级、跨地域、跨部门、跨业务的协同管理和服务。三是加强政企合作，多方参与，加快公共服务领域的数据集成和共享，推进同企业长期积累的数据进行平台对接，形成社会治理的强大合力。

（四）构建全省各级基于时空大数据的公共服务平台，促进保障和改善民生

一是进一步促进"互联网＋教育""互联网＋医疗与健康服务""互联网＋文化旅游""互联网＋就业""互联网＋社保"等的实施和具体落实，强化民生服务，弥补民生短板，不断提升公共服务的均等化、普惠化、便捷化水平，让人民从大数据发展中感受到获得感。二是充分运用时空大数据平台推进精准扶贫，精准到户、到人，为打赢我省脱贫攻坚战助力；构建基于时空大数据平台的"三农"服务新模式，线上线下相结合，让农（林、牧、渔、副）产品"流动"起来，努力探索农业发展方式和农业经济方式创新的路子，通过"数据流→贸易流→货币流"，实现"农业强、农村美、农民富"的目标。三是大力推进时空大数据在生态环境与健康服务领域的应用，通过天空地一体的传感器网络监测数据、长时间段生态环境大数据与时空大

数据的融合分析、数据挖掘与知识发现，探索发病规律和疾病时空分布规律，支持精准医疗和健康服务。

（五）深化大数据的行业应用，推动河南省产业创新发展

一是发展工业大数据，推动工业化和信息化（"两化"）深度融合。坚持以市场需求为导向，建立以企业为主体、政产学研用相结合的工业科技信息云服务平台，为全省工业企业提供覆盖工业研发设计、产品生产制造、故障诊断、生产供应链管理、产品能耗管理和市场需求预测等全流程的科技信息大数据咨询服务，打造国内领先的工业企业科技信息服务的生态系统，进一步提升全省"两化"深度融合发展水平。

二是发展农业大数据，推动农业现代化、城镇化、信息化、工业化（"四化"）深度融合。紧抓河南建设国家农村信息化示范省的契机，着眼农业强、农村美、农民富，充分运用"互联网＋"、人工智能和北斗卫星定位系统（BDS）、遥感（RS）、地理信息系统（GIS）等新兴信息技术与现代测绘地理信息技术，整合全省围绕"三农"的相关信息资源和研究成果，加快调查和汇聚全省农田边界、播种面积、作物类型、质量安全、设施装备、农业要素、资源环境、防灾减灾、疫病防控等数据资源，建设河南省现代农业时空大数据中心和农业科技信息咨询云服务平台，为农业选种育种、播种、作物生长环境（水土肥）、生长态势、病虫害、作物估产、收割、仓储、销售、加工、营销、安全等提供全流程现代农业科技信息咨询服务，提升农业生产和农产品全产业链的监测、预测、预警及防控能力。

三是发展文化旅游大数据，大力推进河南文化旅游业发展。充分挖掘和汇聚整合全省极为丰厚的文化旅游资源，建立河南省文化旅游时空大数据中心，构建全省文化旅游景点、线路、地区的大文化旅游新格局，把河南文化旅游做大做强；采用虚拟现实（VR）和增强现实（AR）技术，构建文化旅游云服务平台，全方位生动展现文化旅游景点的面貌，线上线下相结合，提升河南文化旅游的整体水平；进一步加强"地图话中原"平台建设，使其成为向国内外宣传河南文化旅游的网络化时空大数据平台；加快编纂出版

"河南省文化历史地图集"的步伐，使其成为国内外了解认知河南文化历史的重要工具。

四是发展服务业大数据，助力河南省新业态繁荣发展、生态环境建设。坚持以产业转型升级需求为导向，结合全省各市（县）城市功能定位，建设特色突出、功能各异、联动互促的综合型生产性服务聚集区，差异化、高端化发展金融、信息、科技、商务、流通等领域新服务业态，鼓励生产制造企业分离外包生产性服务等非核心业务，引导金融服务、研发设计、商务咨询、软件信息、融资租赁、电子商务、现代物流、检验检测论证等重点生产性服务业加快数据开放、数据集聚和数据共享，积极开发适应大数据驱动的精益化生产、精细化运营、精准化营销、个性化定制、网络化协同的大数据产品，立足郑州航空物流等优势产业，谋划实施一批具有示范引领作用的大数据服务项目，构建新业态繁荣发展的生态环境。

五是发展"双创"大数据，助力创新驱动发展。进一步落实国务院关于"大众创业、万众创新"的部署，充分发挥高校在创新创业中的重要引领作用和大型企业在建设"双创"平台中的核心支撑作用，激发创新引领创业的活力。以政府和社会数据开放的契机，推动开发工具、软件服务、分析技术、科技人才、科技成果、创业企业和创业服务资源等加速向云端汇聚，为"大众创业、万众创新"提供必要的信息基础设施资源服务、开发平台服务、数据处理服务，为云上创新提供平台支撑。充分发挥河南省创新创业联盟的作用，积极开展创新开发竞赛、服务外包、社会众包、应用培训等活动，鼓励大型制造企业开放"双创"平台聚集的各类信息资源，推动大型互联网企业、基础电信企业联合高等院校特别是技术类高等院校建设面向中小企业的"双创"科技信息服务平台，培育一批支持制造业转型升级发展的"双创"示范基地。

（六）牢固树立"没有数据安全就没有大数据发展"的安全观，构建全省各级大数据中心的安全网

一是加强关键信息基础设施保护，重视网络空间安全态势监控与可视化

监管，包括网络空间安全态势监控、异常监测、特征、关联、感知等的可视化，强化全省关键数据资源保护能力、数据安全预警和溯源能力。二是加强大数据政策、监管、法规的统筹协调，加快法规制度建设步伐，参与国家制定数据资源确权、开放、流通、交易等相关制度和完善数据产权保护制度。三是加强对技术专利、数字版权、数字产品及个人隐私等的保护力度，维护广大人民群众切身利益，确保社会稳定、国家安全。

三 重点工程

（一）国家级大数据技术创新平台建设工程

1. 省部共建时空大数据国家工程中心

目前，河南省没有国家层面的大数据领域科技创新平台，严重制约我省大数据人才汇聚、世界一流成果产出和大数据产业发展。河南省国家大数据综合试验区建设方案的实施已接近两年，选择发展前景较好的创新平台，建设大数据领域省部共建国家工程中心的条件已基本具备，这必将进一步提升我省大数据科技创新实力，促进大数据产业高水平高质量发展，为培育和发展战略性新兴产业提供新动能。（牵头单位：省发展改革委）

2. 建设国家北斗导航位置服务数据中心河南分中心

"国家北斗卫星导航位置服务数据中心"现隶属于军委联合参谋部战场环境保障局，目前已向山西、贵州、四川等省授予省级北斗数据分中心牌照，有些地市已开展建设地市级北斗数据分中心的工作。河南省时空大数据产业技术研究院于 2018 年 7 月 12 日向省人民政府黄强常务副省长呈报了《关于加快推进河南省大数据发展的建议》（院字〔2018〕01 号），黄强常务副省长于 2018 年 7 月 18 日圈批。现已编制完成《国家北斗导航位置服务数据中心河南分中心建设方案》，待省里与联参战保局签署战略合作协议后即可着手建设。国家北斗导航位置服务数据中心河南分中心的建设，必将对国家和河南战略性新兴产业和社会经济可持续发展特别是河南北斗导航位置服务产业发展起到重要作用，在数字河南、新型智慧城市、智慧交通物流、智慧农业、灾害监测等领域获得广泛应用。（牵头单位：省国防科工局）

3. 建设国家资源卫星大数据应用中心中部地区中心

河南省军工航天科技集团有限公司已同"国家资源卫星大数据应用中心"签约，在郑州建立"国家资源卫星大数据应用中心中部地区中心"（以下简称"中部地区中心"），并已通过可行性论证，正在编制建设方案。"中部地区中心"的建设重点是国家资源卫星大数据的传输、存储管理、应用分发、数据处理和应用服务。从长远来讲，应建立地面接收系统，直接接收国家资源卫星数据，并综合利用国家资源卫星和各类商业卫星数据，为我省社会经济发展服务。（牵头单位：省国防科工局）

（二）河南省时空大数据中心建设工程

1. 建设省级和地市级时空大数据中心

时空大数据是指基于统一时空基准（空间参考系统、时间参考系统），活动（运动变化）在时间和空间中与位置直接（空间定位）或间接（空间分布）相关联的大数据。由时空框架数据和时空变化数据两大类数据组成。时空框架数据，即基础地理空间数据，如时空基准数据、卫星导航定位（GNSS）和地面卫星基准站（CORS）数据、数字矢量地图数据（DLG）、数字正射影像数据（DOM）、数字地形数据（DSM）、数字高程模型（DEM）数据、数字地名数据等；时空变化数据，即专题数据，如视频观测数据、网络空间数据、搜索引擎数据、位置轨迹数据、变化检测数据、与位置相关的空间媒体数据、社会经济人文地理数据、生态环境数据等。这两大类数据的融合构成时空大数据，具有位置、时间、属性、尺度（比例尺）、分辨率（影像）、异构性、多样性、多维性、价值隐含性、快速性（处理）等特性。

省级时空大数据中心与地市级时空大数据的关系，是"中心"与"分中心"的关系。

时空大数据中心应具备传感器网络（含已建数据库、地理信息系统）

信息接入、数据存储管理、多源异构时空大数据融合（一致性）处理、数据实时动态更新、网络空间数据安全态势监控与防范等功能。（牵头单位：省发展改革委、省自然资源厅）

2. 建设省级和地市级时空大数据库

时空大数据库是时空大数据中心的基石和核心支撑，主要包括时空框架数据库（基础地理空间数据库）、自然资源（山水林田湖草）数据库、宏观经济数据库、人口数据库、法人数据库、工业数据库、农业数据库、交通数据库、粮食安全数据库、医疗健康数据库、教育数据库、文化旅游体育数据库、政府管理数据库等。

时空大数据采用基于云计算的 HADOOP 数据库技术，需解决大数据存储容量、大数据高并发读写和高并发访问、存储系统高扩展性和高可靠性等问题。

随着时空大数据分析和数据挖掘的广泛深入应用，在建立时空大数据库时，需要研究采用数据仓库、数据仓库系统和分布式数据仓库系统技术，以适应时空大数据背景下决策主题的多变性对数据抽取、数据转换、数据装载、数据分析与数据挖掘的快速性要求。（牵头单位：省发展改革委、省自然资源厅）

3. 建设时空大数据平台及创新应用模式

时空大数据平台，是数据库支撑的时空大数据中心的服务窗口，它是把各种分散的和分割的大数据汇聚到一个特定的平台（GIS）上，并使之发生持续的聚合效应。这种聚合效应就是通过多维多源异构数据融合、关联分析与数据挖掘，揭示事物的本质规律，对事物做出更加快捷、更加全面、更加精准和更加有效的研判与预测。从这个意义上讲，时空大数据平台是大数据的核心价值，是大数据发展的高级形态，是大数据时代的解决方案。

按照时空大数据的类型与构成，首先构建"共用时空大数据平台"，即将"时空框架数据"聚合在一个特定平台上，使之成为聚合"时空变化数据"的时空框架。采用"共用时空大数据平台＋"（"＋民用""＋军用"）应用模式，使之成为军民各领域应用的解决方案。

时空大数据平台应具备时空大数据分析、数据挖掘与知识发现，面向主题多变性、强交互性、快速性和直观性要求的可视化，决策支持及平台应用接口等功能。（牵头单位：省发展改革委、省自然资源厅）

（三）时空大数据平台应用示范工程

1. 政务应用示范工程

（1）宏观经济时空大数据平台应用示范。采用"共用时空大数据平台＋宏观经济"应用模式，着力搭建基于"共用时空大数据平台"，以全省宏观经济大数据库、河南经济指数体系和全省经济预测预警系统为基础的宏观经济时空大数据平台。同时，大力推进配套改革，着力完善全省经济大数据归集和共享管理办法、经济大数据共享目录等配套制度，有效引导政府和社会大数据开放开发，积极发展大数据分析和挖掘，逐步形成指数分析、经济预测、运行预警、综合决策、政策模拟、多规合一等的宏观经济时空大数据综合应用体系，建成河南省宏观经济时空大数据平台。（牵头单位：省发展改革委）

（2）空间规划时空大数据平台应用示范。目前，我省空间规划太多、太乱、太杂的情况突出。造成这种状况的主要原因在于"五个不统一"，即基础数据不统一、坐标系（空间基准）不统一、规划编制依据不统一、技术标准不统一、规划编制期限不统一。构建"空间规划时空大数据平台"，就是采用"共用时空大数据平台＋空间规划"应用模式，在一个平台即"一张蓝图"上，把"空间"（如城市）作为一个整体来进行规划，地面、地下、地上一体化，避免重复交叉，有效利用"空间"。"一张蓝图"要管10～15年，划定生态红线。（牵头单位：省自然资源厅）

（3）精准扶贫时空大数据平台应用示范。针对目前精准扶贫中存在的共性问题，采用"共用时空大数据平台＋精准扶贫"应用模式，围绕"精准识别、精准施策、精准管理"的理念，建设基于共用时空大数据平台，涵盖扶贫对象、扶贫目标、扶贫措施、扶贫项目、扶贫资金与扶贫成效综合管理的"精准扶贫时空大数据平台"，加快完善精准识别机制，通过民政、卫生计生、教育、人社、房管等部门数据以及互联网数据、入村核查数据的关联分析,按照因病、因残、因学、因老、因灾等致贫返贫主因,建立以产业扶贫、就业扶贫、科技扶贫、教育(特别是职业教育)扶贫、生态扶贫、保障扶贫等为核心的精准扶贫立体帮扶体系,精准阻断贫困代际传递、精准帮扶贫困人群脱贫、精准助力贫困地区脱贫,持续完善大数据背景下的扶贫开发统计、动态监测和科学退出机制,切实维护社会公平正义。(牵头单位:省扶贫办)

(4)环境治理时空大数据平台应用示范。采用"共用时空大数据平台+环境治理"应用模式,建设省、市、县三级环境时空大数据中心和服务平台,环境监测感知设备(空气、水质、土壤等)覆盖到村,通过互联网接入县级环境大数据中心,并依次接入地市级环境大数据中心和省环境大数据中心,实现河南环境监测全覆盖;同时全面深度整合环保、发展改革、经信、工商、税务、质监、海关、银行、交通运输、商务等相关部门有关污染源企业信息,以及社会公众举报的信息等环境数据,推进省、市、县三级环保部门环境信息共享和深度挖掘,提高环境综合分析、预测、预警和协同监管能力;充分运用移动互联网、物联网和人工智能技术,推进环境质量自动监测、重点污染源在线监控、危险废弃物监管物联网、环境监察移动执法等系统建设,实现对重点区域空气质量、跨界断面水质,重点污染源等生态环境信息及高污染源企业排污信息的动态监测、自动采集、网络传输和智能分析,提高全省环境治理数字化、网络化、智能化水平;加强对环境指标、污染程度、污染类型、交叉污染程度、空间(区域)分布及危害程度等环境大数据综合分析和深度挖掘,探索不同污染类型的环境治理规律,制作多维度、可视化的实时空气、固废、土壤、水源污染地图,为环境影响评价、动态分析、趋势预测、风险预警、预案制订、环境治理和执法效果评估等提供决策依据。(牵头单位:省环保厅)

(5)公共安全时空大数据平台应用示范。采用"共用时空大数据平台+公共安全"应用模式,围绕自然灾害(如地质灾害、洪涝灾害等)、事故灾害、公共卫生、社会治安、网络舆情等突发公共事件的防控与处置,加快建设横向联通省政府主要部门、纵向贯通省市县公共安全时空大数据平台,为防灾减灾、安全生产、食品(药品)安全、社会治安防控、网络舆情管控等安全管理系统提供时空大数据支撑和应用集成环境;充分利用北斗卫星导航定位系统(BDS)、遥感(RS)、地理信息系统(GIS)和人工智能(AI)等技术在定位、感知、报警(如烟雾报警器)、搜索、深度分析和挖掘方面的优势,有效结合网格化管理的实时巡查、主动发现和及时处置机制,着力搭建集危机预警、危机决策、指挥协同、资源动员、信息发布、应急救援、善后恢复等功能于一体的应急保障闭环管理体系,全面提升我省各级政府公共安全事件的应对能力。(牵头单位:省综合办)

(6)诚信时空大数据平台应用示范。采用"共用时空大数据平台+诚信(信用信息)"应用模式,围绕政务诚信、商务诚信、社会诚信、科研学术诚信和司法公信等,进一步夯实省诚信公共服务平台的信息共享服务基础,建设完善"诚信河南"网站省级主站,并推进省信用信息汇聚系统在省直各部门、各市县落地,基本实现省行业主管部门和市县全覆盖;全面加强诚信数据规范建设,进一步完善全省统一的诚信信息目录体系,积极推进信用公示、信用承诺,以及在行政事项办理过程中查询诚信记录、守信联合激励、失信联合惩戒等重点应用领域有序展开,建立一套公平、透明并具有可操作性的调查处理程序和规则,推进诚信信息在政务诚信、商务诚信、社会诚信、科研学术诚信和司法公信领域的广泛应用,加快形成长效机制,实现"诚信河南"。(牵头单位:省发展改革委)

2. 公共服务应用示范工程

(1)教育时空大数据平台应用示范。采用"共用时空大数据平台+教育"应用模式,加快建设覆盖全省、多类多级分布、互联互通基于教育时空大数据平台的教育资源服务体系,为广大学习者提供方便快捷的优质数字教育资源服务,进一步缩小区域之间、城乡之间,以及校际教育资源差距;建成省、市两级教育时空大数据应用汇聚中心,持续扩展数据内容、加强数据管理、开展数字分析研究、制定完善教育大数据目录,形成多方参与、开放共享、公平便利的教育资源大数据公共服务体系;建设完善以学籍库、教师库、平台库（如各级实验室、工程技术中心等）、贵重教学仪器设施库、学校库为重点的教育资源管理基础数据库，实现基于时空框架数据（基础地理空间数据）的空间化（空间关联），并与人口数据库、法人单位数据库互联互通，有效促进教育管理基础数据共享与服务。（牵头单位：省教育厅）

（2）医疗健康时空大数据平台应用示范。采用"共用时空大数据平台＋医疗健康"应用模式，构建与互联网安全隔离、联通各级各类医疗卫生计生机构的信息网络；全面建成互联互通的省、市、县三级人口医疗健康信息平台，实现公共卫生、医疗服务、医疗保障、药品管理、计划生育、综合管理六大应用系统的业务协同和信息共享；建立以全员人口、电子病历、电子健康档案三大数据库和健康应用为核心的智慧医疗健康服务体系。

建立全省优质医疗资源数据库，完善全省远程医疗系统，推进基于省远程医疗服务与监管中心的全省远程医疗服务常态化运营；支持有条件的二级医疗机构和各类养老机构积极开展远程医疗试点；充分利用并促进区域内大型医疗机构优质医生资源纵向流动，实现优质医生资源共享；大力推进各级医疗健康服务、医疗保障和公共卫生服务的信息共享与业务协同。

加快培育"互联网＋医疗"在线服务新业态，大力推进各地市三级以上医疗机构、医保定点医院等优质资源整合，以各区域综合性医院和重点专科医院的医生资源为核心构建在线医疗健康服务平台；引导各区域优质医疗机构面向农村地区开展基层健康检查、上级诊断等医疗服务模式创新。

建立居民健康卡制度，逐步实现居民健康卡取代全省医疗卫生机构发放的各类卡、证；积极探索居民健康卡与社保卡、市民卡等公共服务卡的整合，逐步实现"一卡多用"。（牵头单位：省卫生计生委）

（3）交通时空大数据平台应用示范。应用"共用时空大数据平台＋交通"应用模式，构建"智慧交通时空大数据平台"。针对当前城市面临的交通拥堵问题，整合和综合利用整个城市分布在道路交叉口与位置相关联的高清晰摄像头等感知设备，实时动态掌控车辆流量，并有效疏导，缓解交通拥堵问题。大力推广郑州"天迈"公司研发的"智能公交"系统，提升公交车调度、运行的智能化水平，引导更多的人乘坐公交车上下班，减少城市车流量。采用北斗导航定位系统和车联网技术，对全省各级政府公用车辆的出行和运行状况进行全时程监控，确保公用车辆行车安全。从长远看，自动（自主）驾驶能塑造城市未来，但自动驾驶面临的问题不仅限于技术，相关法律和伦理问题更为复杂。不过，在自动驾驶汽车等级划分的 6 个等级（L0、L1、L2、L3、L4、L5）中，可以选择 L1 级（辅助驾驶，用于主动防碰撞、定速巡航、车道加减速等）、L2 级（部分自动驾驶，用于换道行驶、环岛绕行、拥堵跟车等）进行试验和试运行，待综合条件成熟后，逐步实现 L3 级（有条件自动驾驶）、L4 级（高度自动驾驶）和 L5 级（完全自动驾驶）。自动驾驶不但可以改善人们的出行状况，而且将大大促进自动驾驶汽车制造业、精细导航电子地图和高精导航电子地图产业的发展，使之成为新业态。（牵头单位：省交通厅）

3.产业应用示范工程

（1）工业时空大数据平台应用示范。采用"共用时空大数据平台 + 工业"应用模式，实施全省各类工业企业的空间化（定位），完善全省工业企业数据库，建立河南省工业科技信息咨询服务平台，在平台上汇集投融资、法律、咨询、技术、检验、认证、电子商务等各类大数据服务产品，为工业企业提供工业产品设计、工艺设计、生产过程优化、业务协同控制、网络协同研发、供应链管理、产品营销等全流程的大数据服务；面向河南"豫通""洛拖"等此类优势企业，推动人工智能驱动的适应自主（自动）驾驶的智能汽车、智能拖拉机等技术创新，充分发挥人工智能的"三要素"或"三驾马车"（大数据、算法、计算能力）在研发设计、标准制定、生产制造流程、零部件供应和管控、质量控制和反馈、上下游制造商管理等环节的作用，逐渐形成优势制造业的集群效应，实现由制造向"智造"的转变；面向制造业转型升级的需求，提供大数据驱动的产业转型升级解决方案；面向工业企业"补短板"急需的应用，提供有针对性的大数据服务；推动大数据在工业企业管理和经济运行中的广泛应用，引导广大中小型工业企业在研发、设计、生产、营销、管理过程中运用工业时空大数据平台开展云端开发、云端测试、云端检验、动态监控、预测预警、智能决策等大数据应用。

（牵头单位：省工信厅、省科技厅）

（2）现代农业时空大数据平台应用示范。采用"共用时空大数据平台＋现代农业"应用模式，构建现代农业时空大数据平台。整合种植业、畜牧业、林业、养殖（渔）业、副业（农产品加工）等主管部门信息系统的现有数据资源，大力推进农业物联网、北斗导航定位系统（BDS）、天空地一体遥感（RS）、地理信息系统（GIS）等现代信息技术在农业信息监测与数据采集中的应用，对农业生产全过程进行实时动态监测，建设河南省现代农业时空大数据中心，逐步实现与国家农业数据中心的互联互通和数据共享；开展信息进村入户工作，完善以"农信通"为基础的农业综合信息服务平台的数据采集和信息发布功能，进一步整合全省农业科技信息资源，推动省级农村信息化平台加快向农业农村科技信息咨询服务平台演进升级；编制并持续完善全省农产品目录体系和元数据（产品名称、产地、加工地、品质、效能等），建设基于时空大数据平台的农产品生产、消费、进出口、价格、成本等数据调查分析系统，完善主要农产品全产业链信息分析预警体系，构建面向农业、农村的综合信息服务平台；促进农业生产、环境、生态、气象等信息共享，构建农业资源要素共享平台，为政府、经济主体和农户提供农业信息服务；推广应用农业生产信息综合管理服务系统，提供农机调度、气象预警、农资购销等多种服务；建立农产品生产的生态环境、生产资料、生产过程、市场流通、加工储藏、检验检测等数据共享机制，为生产者、消费者、监管者提供农产品质量安全信息服务；利用大数据分析挖掘、科学预测和精准营销功能，以发展农村电商、跨境电商为抓手，加快推动全省农产品供给侧与需求侧结构性改革。（牵头单位：省农业农村厅、省科技厅）

（3）文化旅游时空大数据平台应用示范。采用"共用时空大数据平台＋文化旅游"应用模式，构建"文化旅游时空大数据平台"。按照属地管理原则，建设以文化旅游集散地、机场、车站、景区景点、文化场馆、宾馆饭店等重点涉文旅场所为主要信息采集点，以游客数量、归宿地、活动轨迹、驻留时间、消费行为等基础文化旅游数据为采集重点的文化旅游信息采集体系，编制全省文化旅游景区景点目录；运用虚拟现实（VR）与增强现实（AR）技术，建设景区景点的虚拟现实平台，有序推动涉旅企业自建分散平台与全省文化旅游时空大数据平台实现端口对接和数据共享，加快形成统一开放的河南省文化旅游信息汇聚、交换、共享体系，为实现我省文化旅游业战略协同、资源整合、全域联动、区域合作提供大数据支撑；实施全省文化旅游"一卡通"工程，采用二维码、人脸和指纹识别等技术，设计开发全省文化旅游"一卡通"虚拟卡，实现手机移动终端购买、支付、验证、入园、景区导览、线路规划及社交分享等功能；整合汇聚吃、住、行、游、购、娱等文化旅游资源，建成河南省智慧文化旅游时空大数据平台，综合提升我省文化旅游公共服务、文化旅游行业管理、文化旅游互动营销能力的现代化水平，打造国内一流的文化旅游大省强省。（牵头单位：省文化旅游局）

4. 大数据产业发展工程

（1）加强大数据产业载体建设。整合以省发改委批准的包括"河南省时空大数据产业技术研究院"在内的 60 余家分布在全省各地的大数据相关研究院、重点实验室和工程技术中心，统筹推进以具有优势的大数据产业技术实体为核心的省会城市郑州及其他地市级大数据产业园、地理信息产业园、大数据产业基地等建设，发挥省会城市高校聚集、大数据知识密集的优势，建成引领全省大数据产业发展的创新先行区，形成"产城融合、产校结合、错位发展、优势互补"的大数据产业载体布局。（牵头单位：省大数据管理局、省工信厅、省发展改革委）

（2）推动大数据创新创业基地建设。依托全省各地高校（含高职高专）和大数据产业企业，充分发挥河南省创新创业联盟的作用，推进大数据创新创业基地建设，为在校高年级本科生、毕业本科生、研究生提供创新创业的体验场地；切实支持种子期、初创期大数据中小微企业发展，利用全省高校、科研院所和骨干企业的技术与产业能力，向大中小微大数据企业和创新团队开放大数据科技信息资源、数据资源、软件资源、计算资源和研发工具等，降低大数据中小微企业创新创业成本。（牵头单位：省大数据管理局、

省工信厅、省教育厅、省科技厅）

（3）培育大数据产业市场主体。发挥河南省大数据产业技术联盟的作用，加强大数据产业集群建设，形成数据采集、数据存储、数据管理、数据处理、数据分析、数据挖掘、数据应用、数据外包服务、数据安全的大数据产业集群；大力培育本土大数据创新型中小微企业，为大数据骨干企业提供理论、技术和产品设计等科技信息咨询服务。（牵头单位：省大数据管理局、省发展改革委、省商务厅）

（4）促进大数据资源交易。通过国有企业控股、混合所有制和市场化运作方式，统筹推进河南省大数据交易中心建设，为政府部门、科研单位、企业以及个人提供数据交易和应用服务；建立数据确权、数据资产评估、数据资源交易和数据资源定价机制，规范数据交易行为，明确数据交换、交易界线，形成高效、有序、便捷、公平、公正的数据汇集、整合、存储、加工、定制、应用等商品化运维机制，提高大数据使用效率。（牵头单位：省大数据管理局、省政府金融办、省国资委、省安全监管局）

四　保障措施

（一）组织协调

建立由省发展改革委、省大数据管理局、省工信厅、省网信办牵头，省有关部门和单位共同参与的联席会议制度，严格落实主要任务和重点工程责任制，形成推动大数据发展的工作合力。负责统筹协调、组织实施全省大数据战略及相关重大决策制定，探索建立协同推进大数据发展新机制，定期研究解决大数据发展过程中的热点难点问题，落实大数据发展的相关政策措施；建立大数据培训体系，定期开展面向政府、行业、公众的专题讲座和应用培训，培育和大力推进数据文化建设，不断提高全社会对大数据的认识，推动大数据发展；建立河南省大数据专家咨询委员会，为大数据发展及重点工程实施提供决策咨询。

（二）政策扶持

制定完善财政投入、政府采购、社会投资、技术创新和重大工程项目建设等政策支撑体系，着力强化财政扶持、金融支持等方面的扶持力度，形成政策扶持合力。统筹省级相关财政资金，支持各级政府通过向社会力量购买大数据资源和技术，带动企业加大对大数据产品和服务的研发投入，形成常态化"政府买服务、企业卖服务"机制；鼓励各类产业投资基金按照"项目选择市场化、资金使用规范化、提供服务专业化"的要求，支持大数据核心关键技术攻关、产业链构建、重大应用示范和公共服务平台建设，推动大数据发展和应用。

（三）标准规范

建立和完善数据采集和分类分级标准、政府数据共享标准、数据交换标准、政府及公共数据开放标准、大数据市场交易标准、大数据产品标准、数据共享开放目录，对数据共享开放的方式、内容、对象、条件等进行规范，形成完善的大数据标准规范体系；积极参与大数据国家标准、行业标准制定工作；加大标准规范实施力度，完善标准规范服务、评测、监督体系，以应用效果推动大数据标准规范工作。

（四）人才队伍

人才队伍是发展大数据的第一要素。制定、落实、兑现引才、引进人才政策，加大吸引大数据人才"客座团队"来豫创业的力度；支持国内高校、科研院所来豫设立大数据分支机构，支持本省有条件的高校、科研院所设立数据科学和数据工程相关专业，支持有条件的大数据企业与高校、科研院所合作建立大数据教育实践和培训基地及创新创业基地，并给予相应资金扶持，营造全省大数据创新创业的良好发展氛围。

（五）数据安全

没有数据安全，就没有大数据发展。坚决贯彻执行国家有关数据安全的各项法规，落实国家信息安全等级保护制度要求，继续推进数据地方法规建设，明确数据采集、传输、存储、使用、开发等环节保障数据安全的范围边界、责任主体和具体要求，加强对全省网络空间数据安全态势的监视、识别、预警和防御，严厉打击网络攻击、网络诈骗、窃取和买卖企业及个人信息、侵犯隐私等犯罪行为。加强数据灾害备份等安全工作，确保突发情况下的数据资源安全。精确掌控全省数据安全的整体状况，科学预判数据安全风险发展趋势，对数据安全的重大问题进行预警，主动采取有效防范措施，确保全省大数据安全和可持续发展。

关于加快推进河南省大数据发展的建议[*]

王家耀^{**}

省人民政府并黄强常务副省长：

2016 年 10 月，河南省国家大数据综合试验区建设方案获批。2017 年 4 月 25 日，河南省人民政府下发了《河南省推进国家大数据综合试验区建设实施方案》（以下简称《方案》），同时省发改委批准了包括"河南省时空大数据产业技术研究院"在内的 60 余家大数据相关的研究院、重点实验室和工程技术中心，启动了河南省国家大数据综合试验区建设。《方案》对河南省国家大数据综合试验区的战略定位是：打造全国一流的大数据产业中心、数据应用先导区、创新创业集聚区、制度创新先行区，建成引领中部、特色鲜明的试验区。发展目标是：力争经过 3 ~ 5 年的努力，试验区体制机制创新取得重要突破，重点领域示范应用取得明显成效，产业集聚发展态势初步形成，大数据在各行各业的深度应用全面展开，大数据促进政务服务模式创新、制造业转型升级、服务业提质增效等位居全国前列，大数据核心产业规模突破 1000 亿元，关联业态规模超过 5000 亿元。

---

  * 河南省时空大数据产业技术研究院院长王家耀院士给黄强常务副省长的建议，院字〔2018〕01 号，黄强常务副省长 2018 年 7 月 18 日圈批。

** 王家耀，现任河南大学教授、博士生导师，河南省时空大数据产业技术研究院院长，中国地图学家和地理信息工程专家，中国工程院院士，研究领域涉及现代地图学理论、军事地理信息系统、军事地理信息网络/网格服务、数字城市和智慧城市、时空大数据及其应用等领域。

为实现《方案》明确的战略定位和发展目标，针对当前大数据发展中存在的问题，现将关于加快推进河南省大数据发展的有关建议呈上，请审示。

一 建议设立我省大数据专门管理机构和专家委员会

为加快推动我省大数据快速发展，建议省政府设立"河南省大数据管理中心"或指定专门机构，统一领导我省国家大数据综合试验区建设，统筹河南省大数据产业发展规划，制定河南省大数据产业发展政策、大数据研究和发展的行动计划，构筑以郑州大都市区为核心、以洛阳中原城市群副中心城市为重要支撑、以省辖市中心城市为重要节点、以各类大数据产业园区为基础的空间格局，保证我省大数据产业健康稳定可持续发展。重点市县要按照《方案》成立领导机构，推进市县大数据产业发展。设立我省大数据专家委员会，负责审核河南省大数据中心和分中心的建设方案，评审河南省大数据专项基金项目的指南与立项；同时，密切关注国内外大数据发展趋势，持续不断地开展大数据发展战略研究，为省委省政府提供大数据发展战略咨询报告，为我省大数据长期可持续发展提供决策支持。

二 建议创建国家级大数据领域的技术创新平台

为着力提高大数据领域自主创新能力，2017 年国家发展和改革委员会批准建设了 11 个国家大数据工程实验室，以省部共建的方式建立工程研究中心。我省缺少国家层面的大数据领域科技创新平台，严重制约我省大数据人才汇聚、世界一流成果产出和大数据产业发展。一是创建大数据领域国家重点实验室。建议从我省大数据领域创新平台中遴选 1～2 个大数据领域省部共建国家工程研究中心，进一步提升我省大数据科技创新实力，促进大数据产业的高水平高质量发展，为培育和发展战略性新兴产业提供新动能。二是组建我省大数据产业联盟。针对目前全省 60 余个大数据相关试验平台分布在全省各地、基础参差不齐、发展不平衡、相互之间缺乏交流等问题，建议组建"河南省大数据产业联盟"，使之成为联系团结分布在全省各地的大数据试验平台的纽带、大数据技术研发和产业化示范应用及学术技术交流的平台，着力培育10家国际水准的大数据龙头企业，100家大数据应用、服务和产品生产的企业，从整体上促进我省大数据产业的高水平发展。三是尽快出台河南省关于推进数据资源集中整合和开放共享的政策文件，构建时空大数据平台。把全省分散的和分割的大数据汇聚在一个特定的平台上，构建管理、协调、运营一体化的"时空大数据平台"（简称"大数据平台"），并使之发生持续的聚合效应，从而做出更加快捷、更加全面、更加精准和更加有效的研判与预测，为政府提供大数据时代的解决方案，逐步形成政府"买服务"、企业"卖服务"并提供增值服务的常态化机制。同时，根据涉密属性、层级属性、共享属性等，探索大数据交易流通试验，建立健全大数据交易制度和全省数据资产交易市场，构建可以跨地区、跨行业、跨部门统筹调用、分析应用、资源共享的一体化服务平台，形成河南省大数据中心、分中心体系的运行模式，推动数据资源产业化和公共数据的社会化应用。

三　建议设立大数据专项基金支持数据驱动型传统产业转型升级

建议设立河南省大数据专项发展基金。该基金通过国家相关部委和省发改委、科技厅、工信厅、金融办、银监局等相关部门联合支持形成产业发展引导基金，年度支持经费在10亿元以上，主要用于探索具有我省特色的大数据理论创新、技术创新、产品创新和应用服务模式创新，以数字河南、新型智慧城市建设等为抓手，促进我省大数据产业发展；推动大数据、互联网与实体经济的深度融合，加快我省传统制造业数字化、网络化、智能化改造和转型升级，构建以数据为关键要素的数字经济并形成现代经济体系，整体推进我省经济的高质量发展。

四 建议加快推进我省军民融合
航天科技新兴产业大发展

河南地处中原，对于贯彻落实军民融合战略具有特殊的区位优势和辐射效应，航天科技新兴产业是军民融合的重要突破点。一是建设国家北斗导航位置服务数据中心河南分中心。省政府与国家北斗数据中心的管理单位军委联合参谋部战场环境保障局签署"关于深化北斗导航军民融合发展战略合作框架协议"，以建设国家北斗导航服务数据分中心为重点，共同推进我省相关行业和领域北斗示范应用，共同推进北斗民用化和产业化的快速发展。二是加快推进我省卫星遥感产业发展步伐。河南省军工航天科技有限公司和航天东方红卫星有限公司为贯彻落实 2017 年 4 月河南省人民政府和中国航天科技集团在北京签署的战略合作协议，双方就联合发射"河南一号"应用卫星，已完成可行性研究报告进入实质性工作。建议省政府出台军民融合相关政策性文件，支持我省加快推进军民融合航天科技新兴产业大发展。目前我国在轨运行的遥感卫星达 200 多颗，特别是近年来小卫星发展很快，吉林一号、北京一号、珠海一号、珞珈一号等先后成功发射，卫星遥感应用前景十分广阔，效益明显，我省应乘势而上、后发赶超，尽快落实"河南一号"遥感卫星发射、地面接收、数据处理、应用服务等相关事宜，服务我省智慧农业、粮食安全、生态环境监测、城市地面沉降和地质灾害监测等，把我省卫星遥感事业和航天科技新兴产业做大做强。

五 建议加快建设一支复合型高素质大数据人才队伍

大数据是一种重要的资产、资源和生产要素，驾驭大数据的能力已成为一个国家、一个地区、一个企业核心竞争力的重要标志，大数据竞争的核心是人才的竞争。针对目前我国大数据人才紧缺（数量不够）、地区结构（人才分布）和知识结构（管理型人才多、分析型人才少）不平衡的问题，我省要出台引进高端技术人才相关优惠政策，以培养人才为基础，以引进人才为重点。一方面，要加快构筑高端技术人才集聚发展新高地；另一方面，要坚持军民深度融合，注重多学科交叉及创新精神和环境培育，鼓励支持我省有条件的高校开办"数据科学与大数据技术"专业，培养复合型高素质大数据人才，形成科学合理的大数据人才队伍，保证我省大数据及其产业化发展始终走在全国的前列，为建设大数据强省提供坚强的人才智力保障。

以上建议不妥之处，恳请批评指正。

时空大数据与时空大数据平台[*]

王家耀　武　芳　秦　奋　成　毅　郭建忠　徐　立[**]

　　摘　要：大数据时代的到来，正在改变着人们的思维方式、工作方式和生活方式。时空大数据是基于哲学时空观、社会治理的时空观、作战指挥和军事行动的时空观、复杂现实世界表达的时空观提出的。所有大数据本质上都是时空大数据，这就是大数据的时空观。本文首先在总结国内外大数据发展态势的基础上，重点论述了为什么要提出时空大数据、什么是时空大数据、时空大数据的类型与特征；其次在论述时空大数据平台的概念内涵及价值意义的基础上，重点介绍了"通用时空大数据平台＋"概念模型、时空大数据平台的基本功能、当前时空大数据平台构建的典型技术体制，就各自的内涵、功能、关键技术进行了综合分析并得出了相应结论，提出了构建时空大数据平台的技术方法；最后，介绍了"通用时空大数据平台＋民用""通用时空大数据平台＋军用"的总体思路和保障

---

　　* 本文刊于中国地理信息产业协会编著《中国地理信息产业发展报告（2019）》。

　** 王家耀，现任河南大学教授、博士生导师，河南省时空大数据产业技术研究院院长，中国地图学家和地理信息工程专家，中国工程院院士，研究领域涉及现代地图学理论、军事地理信息系统、军事地理信息网络/网格服务、数字城市和智慧城市、时空大数据及其应用等领域；武芳，博士，教授，研究方向为数字地图综合、空间数据更新等；秦奋，博士，教授，博士生导师，地图制图学与地理信息工程学科带头人，主要研究领域包括科学数据共享、地理过程模拟、生态环境遥感等；成毅，博士，副教授，主要从事地理信息系统研究；郭建忠，博士，教授，主要从事地理信息服务与云计算方面的研究；徐立，博士，主要研究方向为数字地图制图技术。

模式。

关键词： 大数据　时空大数据　时空大数据平台　"通用时空大数据平台 +"

一　大数据发展态势

当前，大数据已成为社会各界普遍关注的问题，全球信息化已经步入"大数据时代"，这是信息时代数字化、网络化和智能化发展的必然趋势，是智能感知技术、互联网和物联网技术、云计算技术等迅速发展的必然结果。

大数据是什么？根据相关文献的论述，可以认为"大数据是指其规模（体量）和复杂程度（多样性）常常超出了现有数据库管理软件和数据处理技术在可接受的时间内（快速）收集、存储、管理、检索、分析、挖掘和可视化能力的数据集的集合"。大数据具有数据体量大（巨量性）、数据类型多（多样性）、处理速度快（快速性）、价值密度低（低价值性）等特征。其中，数据体量大要求强大的数据存储、管理和处理能力，数据类型多要求有多源异构数据融合的多种算法，处理速度快需要强大的计算能力，价值密度低需要丰富的数据分析、数据挖掘与知识发现的模型、算法和知识表达方法。

大数据之所以成为一个时代，是因为这是一个社会各界广泛参与的社会性活动，而不仅仅是少数专家学者的研究对象。数据产生于各行各业，这场变革也必将影响各行各业，大数据的应用随处可见、可感、可知，已处于从概念讨论到大规模应用的关键转折期。主要表现为：在国外，大数据全球战略布局全面提升，以美国为代表的发达国家期望通过大数据竞争优势巩固其在该领域的领先地位；大数据已成为战略性资源，判断大数据的价值成为核心；跨境数据流驱动全球商品流、服务贸易流、资本流，标志着全球化进入了新的发展阶段；大数据产业持续快速增长，预计2015～2018 年全球大数据产业规模的复合增长率为 21.5%。在中国，国家大数据战略体系基本形成，为大数据产业的持续健康发展确立了目标与路径；地区大数据发展格局初步形成，对国家大数据发展能起重要辐射带动作用；数据开放取得初步成效，政府正在推动全国范围内的数据开放工作；大数据产业规模快速增长，预计到2020年大数据产业规模的年度复合增长率将达到30%。

大数据发展总体态势良好，但是也存在一些问题。从世界范围看，关注商业大数据的多（商业利益驱动），而研究科学大数据的少（科学决策驱动不够）；讨论一般大数据的多，而研究时空大数据的少，忽视大数据的时空观；"一切凭数据说话，一切靠数据决策"的尊重事实（数据）、强调精准、推崇理性和逻辑的大数据理念尚未普遍建立；等等。在中国，部分领域过热，盲目建设大数据中心和重建设轻应用、重硬件轻软件、重复建设问题突出；数据开放进展相对滞后，试图拥有或占有大数据的多，而真正开放应用大数据的少；在大数据研究领域投入（人力、物力和财力）不足，"政产学研用"相结合的政策、体制机制不落实；"数据隐含价值→计算发现价值→应用实现价值"的大数据理论、技术、产品体系和服务模式尚未形成；数据文化的培育和普及未受到应有的重视，没有认识到数据文化是我国大数据及其产业化发展的灵魂，是推动数据科学不断发展的更基础、更深沉、更持久的力量。

二 时空大数据

（一）时空大数据的提出

"大数据"一词在社会上广为流传。这里为什么提出"时空大数据"呢？这本质上是个"时空观"问题，有其哲学依据和社会治理、作战指挥与军事行动、复杂地理世界表达的需求，以及对大数据本质的认识。

（1）哲学时空观。哲学上认为，空间与时间一起构成运动着的物质存在的两种基本形式。现代物理学的发展特别是相对论，证明空间和时间同运动着的物质的不可分割性。空间，指物质存在的广延性；时间，指物质运动过程的持续性和顺序性。没有脱离物质运动的空间和时间，也没有不在空间和时间中运动的物质。包括人类活动在内的世界上万事万物的变化，都是在一定空间和时间中进行的。

（2）社会治理时空观。随着全球化进程的加快，国家治理体系和治理能力现代化特别是城市治理对象的多元化和治理效果的精准化，对时间和空间的依赖程度越来越高，时空大数据正日益成为治理体系和治理能力现代化的核心驱动力，很多事故的发生（如踩踏、滑坡和泥石流等）都是因为对时间和空间的掌控不到位所致。

（3）作战指挥与军事行动的时空观。作战指挥与军事行动本质上就是对时间和空间的掌控，源于作战中对地形的研究与利用，是从测绘与使用地图开始的。古代如此，近代如此，现代亦如此。进入 21 世纪，太空实现全球作战力量一体化，不受传统陆地、海上、空中飞越限制，具有天然的全球性和跨域性，全球任何地点的作战力量体系，太空"星群"、空中"蜂群"、陆上"狼群"、水面（下）"鱼群"等无人作战平台，实施全域无人作战集群攻击与防御，需要时空大数据智能化服务保障。

（4）地理世界表达的时空观。对于非线性复杂地理世界运动变化的万事万物，是通过时间维（T_i）、空间维（$S_i - X_iY_iZ_i$）和属性维（D_i）等 n 维空间来表达的（见图1）。

时间维。指地理信息随时间变化，具有时态性，需要有一个精确的时间基准。

空间维。指地理信息具有精确的空间位置或空间分布特征，具有可量测性，需要一个精确的空间基准。

属性维。指空间维上可加载随时间变化的要素（现象）的各种相关信息，具有多维特征，需要有科学的分类（分级）体系和标准编码体系。

（5）大数据的时空观。广义地说，大数据是包括人类活动在内的万事万物（现象）运动变化的产物。包括人类活动在内的事物（现象）的运动变化都是在确定的时间和空间中进行的，所有大数据都是在一定的时间和空

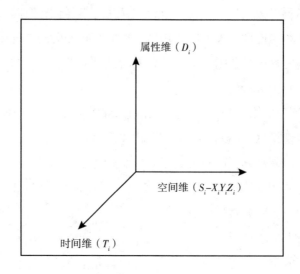

图1 地理世界的 n 维空间表达

间产生的，都有时间参照和空间参照两个基本特征。这就是大数据的时空观，大数据本质上都是时空大数据。

（二）时空大数据的内涵及其构成与特征

（1）时空大数据的内涵。基于前述哲学时空观、社会治理的时空观、作战指挥与军事行动的时空观、世界表达的时空观和大数据的时空观，时空大数据是指基于统一的时空基准（时间参照系统、空间参照系统），活动（运动变化）于时间和空间中与位置直接（定位）或间接（空间分布）相关联，蕴含事物（现象）属性的大数据。

（2）时空大数据的类型与构成。时空大数据由时空框架（基础）数据和时空变化数据两大类构成（见图2），即将时空变化数据关联（空间化）到时空框架（基础）数据上。

（3）时空大数据的特征。时空大数据除具有一般大数据的特征外，还具有自身特有的位置、时间、属性、尺度、分辨率、多维、多样、异构等特征（见表1）。

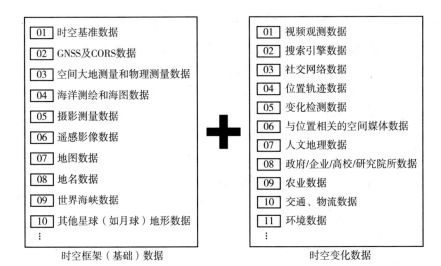

01	时空基准数据
02	GNSS及CORS数据
03	空间大地测量和物理测量数据
04	海洋测绘和海图数据
05	摄影测量数据
06	遥感影像数据
07	地图数据
08	地名数据
09	世界海峡数据
10	其他星球（如月球）地形数据

时空框架（基础）数据

╋

01	视频观测数据
02	搜索引擎数据
03	社交网络数据
04	位置轨迹数据
05	变化检测数据
06	与位置相关的空间媒体数据
07	人文地理数据
08	政府/企业/高校/研究院所数据
09	农业数据
10	交通、物流数据
11	环境数据

时空变化数据

图2　时空大数据的类型与构成

表1　时空大数据的特征

位置	点、线、面、体的空间位置($S_i - X_iY_iZ_i$)，基于点、线、面、体的空间关系（拓扑、方向、度量）
属性	每个点、线、面、体上都有自身的数量、质量特征(D_i)
时间	位置($S_i - X_iY_iZ_i$)、属性(D_i)等随时间(T_i)变化而变化
尺度（比例尺）	空间尺度或比例尺，大比例尺为小尺度，小比例尺为大尺度
分辨率（针对影像）	空间分辨率、光谱分辨率、时间分辨率（重访周期）
异构性	空间基准、时间、尺度、分辨率、语义等的不一致性和不完整性
多样性	类型多（图像、文本、音频、视频），结构化、半结构化、非结构化
多维	空间维($S_i - X_iY_iZ_i$)、属性维(D_i)、时间维(T_i)
价值隐含性	大量不相关信息（需要关联），数据隐含价值（需要深度分析和挖掘）
快速性	处理速度快，流数据（实时更新），做到"事前"而非"事后"

三　时空大数据平台

（一）时空大数据平台的内涵

时空大数据的操作和应用是通过时空大数据平台来实现的。时空大数据平台是指把各种分散的和分割的大数据汇聚到一个特定的平台上（如 GIS），并使之发生持续的聚合效应。这种聚合效应就是通过数据多维融合和关联分析与数据挖掘，揭示事物的本质规律，对事物做出更加快捷、更加全面、更加精准和更加有效的研判与预测。从这个意义上讲，时空大数据平台是大数据的核心价值，是大数据发展的高级形态，是大数据时代各种应用的解决方案。

（二）共用时空大数据平台构建与应用概念模型

已于前述，时空大数据由时空框架（基础）数据和时空变化数据两大类构成，这里提出"共用时空大数据平台 +"的概念模型，"+"就是跨界（民用、军用），就是融合。

（1）通用时空大数据平台。指将时空框架（基础）数据聚合在一个特定平台（如 GIS）上，成为进一步聚合"时空变化数据"的时空框架。时空框架（基础）数据包括时空基准数据、GNSS 与 CORS 数据、天空地海一体遥感数据、数字高程模型（DEM）数据、数字正射影像（DOM）数据、数字地表模型（DSM）数据、数字矢量地图（DLG）数据、海洋测绘与海图数据、地名数据等。

（2）"通用时空大数据平台 +"应用概念模型。该应用分为两类：一是"通用时空大数据平台 + 民用"，指将规划、交通、水利、农业、管网、人口、医疗卫生、教育、文化旅游、电力、经济、公安等数据聚合在"通用时空大数据平台"上，支撑数字地球、数字中国、新型智慧城市及各部门（行业）应用系统、政府社会经济发展规划决策支持系统、应急指挥系统等的建设；二是"通用时空大数据平台 + 军用"，指将战场环境中的军事要素信息聚合在"通用时空大数据平台"上，形成战场时空大数据平台，支撑联合作战一体化指挥平台等的建设。

（三）时空大数据平台应具备的功能

智慧源于数据。时空大数据平台作为新型智慧城市和战场环境保障的

"智慧大脑"，应具备以下功能：①天空地海传感器网络（简称"传感网"）接入功能；②已建分布异构地理信息系统（GISystem）、数据库等的网格化（第三代互联网/新一代Web）集成应用功能；③多源异构数据融合、共享、交换功能；④时空大数据存储、管理和动态更新功能；⑤面向主题多变性、强交互性、快速性和直观性要求的时空大数据可视化功能；⑥时空大数据分析与挖掘、知识发现与知识表达功能（实现"数据隐含价值→计算发现价值→应用实现价值"）；⑦基于时空大数据、模型算法和知识的辅助决策功能；⑧网络空间数据安全态势监控与防范功能；⑨时空大数据平台应用接口功能。

（四）时空大数据平台的构建

1. 时空大数据平台的服务模式

目前有三种基本服务模式。一是基于网络服务（Web Service）的空间信息共享和空间数据互操作服务模式，二是基于网格服务（Grid Service）的信息资源共享与协同解决问题（协同工作）服务模式，三是基于云计算（Cloud Computing）的时空信息服务模式。总体来说，第一种服务模式强调的是空间信息资源共享和空间数据互操作；第二种服务模式是第一种服务模式的发展，强调的是广义信息资源（数据、功能、平台、基础设施、知识）共享和多层次、多节点协同解决重大而复杂的科学及工程问题；第三种服务模式是第二种服务模式的简化版或商业化实现。

这里就三种服务模式的内涵、功能、关键技术、标准、技术架构、发展趋势、服务共享特点等进行比较（见表2）。

根据前述时空大数据平台构建的三种基本服务模式及其特点比较，得出如下结论：①三种基本服务模式都采用面向服务的体系架构（Service-Oriented Architecture，SOA）。②都是解决"共享"与"服务"问题，只不过"共享"的程度与"服务"的范围、方式不完全相同。③网络服务与网格服务的技术标准既有相同的，也有不同的，大趋势是兼容或"融合"，但服务提供方和服务请求方对标准都必须清楚；而云服务标准可以是内部统一

表2　时空大数据平台三种服务模式比较

比较内容		网络服务	网格服务	云计算
内涵		架构在各种异构平台上的一层通用的,与平台无关的或独立于平台和实现的软件架构	核心是把网格节点上的所有信息资源都抽象为服务,根据用户需求,向用户提供服务聚合后的协同计算资源和及时的个性化服务	是一种新的计算能力的服务模式,它把IT资源、数据资源等通过虚拟化技术管理起来,组成一个庞大的"资源池",并将其作为服务通过网络传递给用户
功能	运行环境	网络(Web)	网格(Grid)	云平台
	服务内容	DaaS、SaaS	DaaS、SaaS、PaaS、IaaS、KaaS	DaaS、SaaS、PaaS、IaaS、KaaS
	生命周期	无	有	无
	临时服务	不支持,永久服务	支持创建临时服务	无
关键技术		XML、SOAP、UDDI、WSDL	DGSM、WSRF、MDS、GSDL	分布式编程模型(Map Reduce)、分布式存储和管理技术、虚拟技术、云计算平台管理技术
标准	服务描述	WSDL	GSDL	内部统一标准
	服务发现	UDDI	WSIL、MDS(监控与发现服务)	
	服务组合	OGSA（开放网格服务架构） OGSI（开放网格服务基础设施）⟹ WSRF（网络服务资源框架）		
技术架构		SOA	SOA	SOA
发展趋势		Web Service 标准协议 / OGSA / Grid Service 特有的标准协议		
服务共享特点		地理信息共享与空间数据互操作	不同类型层次节点间信息资源共享与协同工作	统一服务方为用户提供信息资源共享

的,用户不一定要清楚。④网络服务（Web Service）是基本的,网格服务（Grid Service）是网络服务的发展,云服务（Cloud Service）是网格服务的简化版或商业化实现。

2. 时空大数据平台构建的技术方法

根据对三种服务模式特点的比较和综合分析，提出兼顾网格服务和云服务特点的时空大数据平台构建的技术方法。

（1）构建一个开放共享的面向服务的体系架构（SOA），强化共用，整合通用，开放应用。SOA 由三个角色和四个基本操作构成：服务注册（描述/发布）、服务查找（访问/定位）、服务绑定（WSDL 描述的服务地址）和服务调用（见图3）。在图3中，简单对象访问协议（SOAP）用于消息传递，本质上是一种基于 XML 的远程调用（RPC）机制；网络服务描述语言（WSDL）是基于 XML 的 Web Service 描述规范，用来描述一个 Web Service 能做什么、该服务在什么地方，以及如何调用该服务，当由 Web Service 发展到 Grid Service 时，WSDL 发展到 GSDL（网格服务描述语言）；统一描述、发现和集成（UDDI）定义一个发布和发现有关 Web Service 信息的标准方式，是一套基于 Web 的、分布式的、描述 Web Service 注册信息标准规范和用户发现该服务的访问协议实现标准；当 Web Service 升级到 Grid Service 时，UDDI 发展到监视与发现服务（MDS）；开放网格服务体系（OGSA）是为适应开放标准的需要而提出的，其核心是基于简单的基本服务组合成更复杂、更高效、更抽象的服务，OGSA 实现的基础架构经历了由开放网格服务基础设施（OGSI）到目前的网络服务资源框架（WSRF）的过程，Grid Service 吸取了 Web Service 的优点，并没有改变 OGSA 的模式，用 WSRF 构建的 Grid Service 所表现出来的一切都是"服务"，更加贴近实现资源共享和协同解决问题这一目标。

图3　SOA 的构成

（2）构建一个天地一体的信息服务网格（Grid），为实现范围更加广泛的信息资源共享与多层次、多节点的协同工作提供崭新的运行环境，包括时空信息获取（传感网接入）、处理（生产）、应用（服务）的一体化运行环境，多源异构时空信息集成、融合与同化的环境，实现 DaaS、SaaS、PaaS、IaaS、KaaS 等的信息资源共享的环境，多层次多节点协同解决问题（协同工作）的环境，以及已建分布异构地理信息系统、数据库等的网络/网格化集成应用环境。

（3）构建一个科学实用的数据体系（数据分类、编码、数据目录和元数据），为时空大数据平台提供全球一致、陆海一体、无缝连续的一致性时空大数据支撑。

（4）构建一个通用的功能平台，通过服务化封装，实现各类信息资源的高效调度，支撑信息服务的智能化（见图4）。

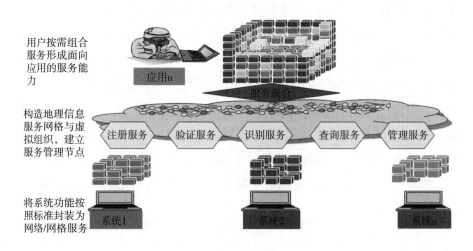

图4 时空大数据平台通用功能

（5）采用虚拟组织（Virtual Organization，VO）技术，构建一个高效运行的组织管理指挥体系，实现信息资源的汇聚共享和跨部门的协调联动，为时空大数据平台安全可靠运行提供支撑（见图5、图6）。

（6）建立一套标准体系，保证时空大数据平台规范、有序、健康、

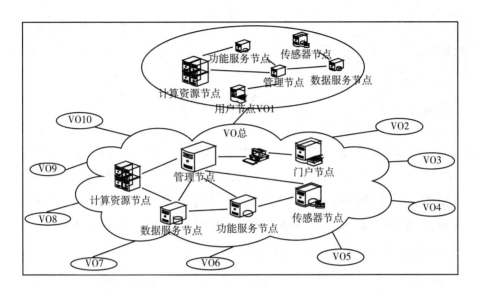

图5 虚拟组织（VO）

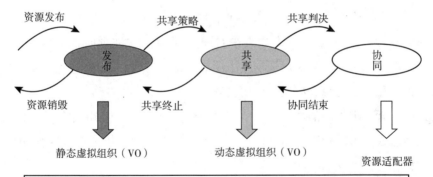

静态VO以资源为中心，固定存在，执行信息资源发布功能；动态VO以任务为中心，随建随销，执行信息资源共享和使用。二者配合，构成了资源共享生命周期管理的主体。

图6 静态 VO 与动态 VO

安全、可持续运行。这是目前亟须研究解决的问题。在国外，地理信息标准和网络/网格（栅格网）服务的标准已基本形成体系，包括服务分类标准、服务描述标准、服务注册标准、服务"三角色"（服务提供者、请求者与服务代理）之间的通信标准、监控与发现服务标准等；在国内，地理信息标准已基本形成体系，但网络/网格服务标准尚未形成自主的标准体系。

四　总结和讨论

大数据时代的到来，正在改变着人们的思维、工作和生活，开启了以思维变革、商业变革和管理变革为主要标志的时代转型，全球数据呈现爆发式增长和海量集聚的特点，对经济发展、社会治理、国家管理、人民生活等方方面面都产生了重大影响，大数据已成为推进以数据为关键要素的数字经济和建设现代经济体系的重要动能。

强调大数据的时空观，这有其哲学基础，同时也是社会治理、作战指挥和军事行动、复杂非线性世界表达同时间与空间的依赖关系所决定的，具有重要的科学和实践意义。

时空大数据平台是时空大数据应用的解决方案，是实现时空大数据核心价值的关键。"通用时空大数据平台＋"是时空大数据时代两大类（即"＋"民用和"＋"军用）基本应用模式，这是构建一系列军民各部门时空大数据应用特别是综合应用平台的基础。

时空大数据平台的功能，不但满足当前及今后一个时期的需求，而且随着社会需求的不断增强和新兴信息技术特别是人工智能技术的不断进步将更加多样化、个性化和智能化。

在分析比较目前服务模式的特点及综合分析结论的基础上，提出的兼顾"网格服务"和"云服务"的优势（互补）的时空大数据平台构建技术体制和方法，在"通用时空大数据平台＋"应用模式的实际应用中已得到有效验证。当然，在多源异构时空大数据实时动态接入、融合、更新、数据分析与数据挖掘、知识发现与知识表达、信息资源共享与面向各类用户服务，以及提供主题多变性、强交互性、快速性和直观性的可视化服务的智能化水平和自动化程度等关键技术方面，尚需进一步深化研究。

参考文献

［1］〔英〕维克托·迈尔－舍恩伯格、肯尼斯·库克耶：《大数据时代：生活、工作与思维的大变革》，盛杨燕、周涛译，浙江人民出版社，2013。

［2］〔美〕Bill Franks：《驾驭大数据》，黄海、车皓阳、王悦等译，人民邮电出版社，2013。

［3］〔英〕维克托·迈尔－舍恩伯格：《删除：大数据取舍之道》，袁杰译，浙江人民出版社，2013。

［4］〔美〕MARR B.：《智能大数据 SMART 准则：数据分析方法、案例和行动纲领》，秦磊、曹正凤译，电子工业出版社，2015。

［5］〔美〕埃里克·西格尔：《大数据预测》，周昕译，中信出版集团，2014。

［6］涂子沛：《大数据》，广西师范大学出版社，2012。

［7］谭磊：《New Internet：大数据挖掘》，电子工业出版社，2013。

［8］段云峰、秦晓飞：《大数据的互联网思维》，电子工业出版社，2015。

［9］陈建英、黄演红：《互联网 + 大数据：精准营销的利器》，人民邮电出版社，2015。

［10］〔美〕迈克尔·马诺切里：《寻路大数据：海量数据与大规模分析》，戴志伟、许杨毅等译，电子工业出版社，2014。

［11］杨轶莘：《大数据时代下的统计学》，电子工业出版社，2015。

［12］杨旭：《重构大数据统计》，电子工业出版社，2014。

［13］姚海鹏、王露瑶、刘韵洁：《大数据与人工智能导论》，人民邮电出版社，2017。

［14］王宏志：《大数据分析：原理与实践》，机械工业出版社，2017。

［15］涂子沛：《数据之巅：大数据革命，历史、现实与未来》，中信出版集团，2014。

［16］王家耀、武芳、郭建忠等：《时空大数据面临的挑战与机遇》，《测绘科学》2017 年第 7 期。

［17］王家耀：《时空大数据时代的地图学》，《测绘学报》2017 年第 10 期。

［18］刘利、孙威：《大数据时代的地理信息产业发展趋势》，载库热西·买合苏提主编《新常态下的测绘地理信息研究报告（2015）》，社会科学文献出版社，2015。

［19］连玉明：《中国大数据发展报告 No.1》，社会科学文献出版社，2017。

［20］王家耀、武芳：《地理信息产业转型升级的驱动力》，《武汉大学学报》（信息

科学版）2019 年第 1 期。

[21] 王家耀：《时空大数据时代——我们面临前所未有的机遇》，《数字经济》2018 年第 1 期。

[22] 王家耀、崔晓杰：《"互联网＋"时代的地理时空大数据与智慧城市》，载库热西·买合苏提主编《新常态下的测绘地理信息研究报告（2015）》，社会科学文献出版社，2015。

[23] 连玉明主编《重新定义大数据：改变未来的十大驱动力》，机械工业出版社，2017。

[24] 连玉明主编《块数据 3.0：秩序互联网与主权区块链》，中信出版集团，2017。

[25] 王家耀、徐青、成毅等：《网格地理信息服务概论》，科学出版社，2014。

[26] 王家耀：《地理信息系统的发展与发展中的地理信息系统》，《中国工程科学》2009 年第 2 期。

[27] 王家耀、祝玉华、吴明光：《论网格与网格地理信息系统》，《测绘科学技术学报》2006 年第 1 期。

[28] 王家耀、孙庆辉、吴明光、成毅：《面向智能服务的网格 GIS 节点构建》，《武汉大学学报》（信息科学版）2009 年第 1 期。

[29] 王家耀、成毅、蓝荣钦：《什么是网格（栅格）——军事地理信息栅格系列论文之一》，《军事测绘》2012 年第 2 期。

[30] 王家耀、成毅、蓝荣钦：《由网络服务到网格服务——军事地理信息栅格系列论文之二》，《军事测绘》2012 年第 3 期。

[31] 王家耀、蓝荣钦、成毅：《转变军事地理信息服务能力生成模式的必然选择——军事地理信息栅格系统论文之三》，《军事测绘》2012 年第 4 期。

[32] 王家耀、成毅、蓝荣钦：《地理信息服务分类与注册——军事地理信息栅格系列论文之四》，《军事测绘》2012 年第 5 期。

[33] 王家耀、陈科、成毅：《地理信息服务发现和组合——军事地理信息栅格系列论文之五》，《军事测绘》2012 年第 6 期。

[34] 王家耀：《基于网格的广义地理空间信息服务》，《测绘科学与工程》2013 年第 1 期。

地理信息产业转型升级的驱动力[*]

王家耀　武　芳^{**}

摘　要：当前，地理信息产业的发展面临着转型升级的严峻挑战，同时也迎来了大好的发展机遇。"互联网＋"、大数据、云计算、人工智能等新兴信息技术的迅速发展为地理信息产业的转型升级提供了强有力的支撑。在这种情况下，人们要认真思考和探索地理信息产业转型升级的背景、目标、途径和方法、驱动力等一系列问题。针对地理信息产业转型升级的背景问题，从如何认识地理信息产业和大数据入手，提出大数据的时空观和时空大数据的理论；针对地理信息产业转型升级的目标问题，提出时空大数据平台理论和"通用时空大数据平台＋"模式，通过军民融合实现时空大数据产业化，使之成为地理信息产业的转型升级版；针对地理信息产业转型升级的途径和方法问题，提出构建时空大数据平台的技术体制和技术方法，探讨从基础研究起步的时空大数据产业化之路，构建由硬件产品、软件产品、软硬件集成产品和各类（种）数据产品组成的时空大数据产品体系；针对地理信息产业转型升级的驱动力问题，探讨人工智能技术将成为地理信息产业转

---

　* 本文发表于《武汉大学学报》（信息科学版）2019 年第 1 期。
 ** 王家耀，现任河南大学教授、博士生导师，河南省时空大数据产业技术研究院院长，中国地图学家和地理信息工程专家，中国工程院院士，研究领域涉及现代地图学理论、军事地理信息系统、军事地理信息网络/网格服务、数字城市和智慧城市、时空大数据及其应用等领域；武芳，博士，教授，研究方向为数字地图综合、空间数据更新等。

型升级的核心驱动力，并分析人工智能的算法、数据和计算能力三要素在时空大数据产业化中的作用及三者之间的关系。

关键词： 地理信息产业　时空大数据　人工智能

一　地理信息产业与时空大数据产业

地理信息产业与时空大数据产业二者的内涵及其区别和联系是一个很难说清楚但是又应该说清楚的问题。

（一）地理信息与地理信息产业

地理信息是指人对地理现象的感知。其内容包括地理系统诸要素的数量、质量、分布特征、相互联系和变化规律等，分为空间位置信息和属性特征信息两大类，在计算机中以数据的形式存储和处理。

地理信息产业是指以全球导航卫星系统（Global Navigation Satellite System，GNSS）、遥感（Remote Sensing，RS）、地理信息系统（Geographic Information System，GIS）及计算机通信网络技术为支撑，以地理信息"获取（传感网）→处理（生产）→应用（服务）"作为产业链的信息产业，属于信息服务产业，即地理信息服务产业，是信息产业的基础和重要组成部分。

地理信息产业的发展取得了可喜的成绩，表现出了明显的发展趋势：一是实现了模拟测绘产品生产到数字测绘产品的转变，二是实现了延续多年的以基础测绘生产任务为主到基础测绘产品与深加工产品的转变，三是实现了基础测绘向地理国情普查和监测的延伸与拓展，四是正在经历从沿袭多年的计划经济体制机制到适应市场经济体制机制转变，五是正在建立"基础地理信息＋"（跨界融合）的地理信息产业新理念和新思维，六是正在思考和迎接当前迅速发展的云计算、大数据、人工智能等新兴信息技术给地理信息产业的转型发展带来的挑战和机遇。

（二）时空大数据与时空大数据产业

时空大数据是指基于统一时空基准活动或存在于时间和空间与位置直接或间接相关联的大数据。据此，时空大数据由时空框架数据和时空变化数据两大类数据组成。时空框架数据指基于统一时空基准的卫星导航定位数据［含连续运行参考站（Continuously Operating Reference Stations，CORS）数据］、遥感影像数据、地图数据、地名数据等；时空变化数据包括社会经济人文数据、位置轨迹数据、与位置相关联的空间媒体数据、社交网络数据、搜索引擎数据、视频观测数据、生态环境监测数据等。时空变化数据聚合（关联）在时空框架数据上，就构成了时空大数据。时空大数据具有位置、属性、时间、尺度、分辨率、多样性、异构性、多维性、价值隐含性、快速性等特性。

这样定义时空大数据的科学依据如下。其一，从哲学上讲，空间与时间一起构成运动着的物质存在的两种基本形式，二者相互联系且不可分割。其二，从全球治理的角度讲，当今社会的一个重要特点是，随着全球化进程的加快，世界（区域、国家、城市）管理和治理对空间与时间的依赖程度越来越高，时空大数据正日益成为全球治理体系和治理能力现代化的核心驱动力。其三，从作战指挥的角度看，时间和空间的使用任何时候都是至关重要的。作战指挥特别是一体化联合作战指挥，武器平台特别是远程精确打击武器等，需要精确的时间和空间协同。对于未来的非接触、非线性作战，需要天空地海一体实时动态的全球一致、陆海一体、无缝连续的时空大数据引领和支撑。其四，从复杂世界的表达看，世界上变化着的万事万物只能通过时间维、空间维、属性维来表达多维特征信息，即在空间维上关联随时变化的各种属性信息。其五，从大数据的本质看，大数据是包括人类活动在内的事物（现象）运动变化的产物，而且这种运动变化都是在确定的时间和空间中进行的，都具有时间参照和空间参照两个基本特征，因此，大数据本质上就是时空大数据。时空大数据产业（简称"大数据产业"），指以天空地海传感器网络为基础，以时空信息"获取（传感网）→处理（生产）→

应用（服务）"为产业链，以人工智能等新兴信息技术为支撑，以数据密集型计算为特征的知识密集型信息产业，属于第四产业的范畴（从第三产业中分离出来）。

同地理信息产业相比较，时空大数据产业内涵要宽泛得多，规模要大得多，类型更具多维性和多样性，知识更密集，速度更快，产品更加多样化和个性化。与大数据相比较，时空大数据的概念提出较晚，但内涵外延都有了很大的丰富和扩展，时空大数据的应用领域更加广阔和有效，产业发展态势很好。

二　时空大数据发展的现状与趋势

（一）国外时空大数据发展态势

目前，时空大数据已进入从概念到推广应用的关键转折期。

（1）时空大数据全球战略布局全面提升。以美国为代表的发达国家期望通过大数据竞争优势巩固其在该领域的领先地位。美国最早实施国家大数据战略，2012年3月发布《大数据研究和发展倡议》，2016年5月出台《联邦大数据研究与开发战略计划》；欧盟继2011年发布《开放数据：创新、增长和透明治理的引擎》之后，又出台了《数据驱动经济战略》；澳大利亚先后于2011年5月和2013年8月发布了《国家数字经济战略报告》和《公共服务大数据战略》；英国于2013年10月发布了《英国数据能力发展战略规划》；日本于2012年、2013年先后发布了《面向2020年和ICTS综合战略》和《新IT战略——创建最顶尖IT国家宣言》；韩国于2011年提出《大数据中心战略》，2013年又宣布建设首个面向社会公共开放的"全行业数据中心"计划；等等。

（2）时空大数据已成为战略性资源，判断大数据的核心价值已成为核心。据有关统计分析资料，2020年前，全球数据量将保持40%以上的指数级增长速度，大约每年翻一番，到2020年人类将拥有40ZB（1ZB =

1048576GB）的数据量，相当于地球上的每个人产生5200GB数据，数据将成为核心生产资料。数据总量的爆炸式增长也给数据存储、分析和使用带来巨大挑战，对大数据的分析和挖掘能力提出了更高的要求，判断大数据的价值成为核心问题，这就要求加大对大数据处理和分析挖掘技术研究的投入力量，以实现"数据隐含价值→计算发现价值→应用实现价值"的目标。

（3）跨境数据流驱动全球商品流、服务贸易流、资本流，标志着全球化进入了新的发展阶段。根据麦卡锡全球研究院发布的《数字全球化：新时代的全球性流动》，2000～2014年，全球数据流从4.7TB增长到211.3TB，约增长了44倍，与之相对应的，全球商品流从10.6万亿美元增长到19万亿美元，全球服务贸易流从2.5万亿美元增长到4.9万亿美元，全球资本流（外商直接投资）从1.39万亿美元增长到1.63万亿美元。这就是大数据的力量。

时空大数据产业保持快速增长。时空大数据产业较之一般大数据产业更加宽泛和丰富。仅就一般大数据产业而言，据有关文献对2012～2018年全球大数据市场规模分析，2015年全球大数据产业规模同比增长24.2%，预计2015～2018年全球大数据产业规模的复合增长率为21.8%。

（二）中国时空大数据发展态势

中国政府高度重视大数据作为一种前瞻领域的战略意义，正在加快推进相关政策的制定和实施，启动促进大数据发展的数据强国计划。

（1）国家大数据战略体系基本形成。2014年，中国首次将大数据战略写入《政府工作报告》；2015年8月，国务院发布了《促进大数据发展行动纲要》；同年10月，中共十八届五中全会将大数据写入会议公报并升级为国家战略；2016年3月公布的《国家"十三五"规划纲要》中，明确提出"大数据战略及行动计划"；2017年1月，正式发布《大数据产业发展规划（2016～2020年）》，为大数据产业的持续健康发展确立了目标与路径。国家大数据战略体系基本形成。

（2）地区大数据发展格局初步形成。在国务院2015年发布《促进大数据发展行动纲要》之前，广东（2012 年 12 月）、上海（2013 年 7 月）、贵州（2014 年 2 月）等省（市）率先开展了大数据地方政策的先行先试；在《促进大数据发展行动纲要》发布之后，各地政府加快跟进，截至 2017 年 2 月，全国已有 28 个省份出台与大数据相关的政策文件；特别是两批国家大数据综合试验区的获批启动，对中国大数据发展起到了重要的辐射带动作用。

（3）数据开放取得初步成效。面对开放数据所能带来的经济发展的巨大潜能，中国政府正在启动全国范围的数据开放工作。2015 年发布的《促进大数据发展行动纲要》明确提出，要在 2017 年底前形成跨部门数据资源共享共用格局，2018 年底以前建成国家政府数据统一开放平台，到 2020 年逐步实现交通、医疗、卫生、环境、气象、企业登记监管等领域的数据向社会开放。从实际执行情况来看，中央各部门间的数据共享与开放已取得一定进展，同时辐射带动了各省、市、县下设的十余万个单位；以上海、北京为代表的十多个地方政府自 2011 年便陆续启动了自己的数据开放计划。

（4）大数据产业规模快速增长。据有关文献，中国大数据产业规模到 2018 年将超过 500 亿元人民币，2015～2018 年的复合增长率将达到 47%，是全球大数据产业复合增长率的 2.2 倍，2018 年以后的两年，大数核心产业将有 40% 左右的高增长空间。2017 年发布的《大数据产业发展规划（2016～2020 年）》提出，到 2020 年大数据产业将突破 1 万亿元人民币的规模，年复合增长率将达到 30%。

（三）国内外时空大数据发展水平和存在的问题

从世界范围看，美国是大数据的策源地和创新引领者。可以说，美国 200 多年的发展史也是一部围绕美国人口普查的数据科学和数据文化形成的发展史。200 多年前的美国第一次人口普查拉开了这个新生国家初数时代的序幕，数据在内战时期的成功应用成为 1863 年终结奴隶制的灯塔，从 1865 年内战结束到 1900 年"镀金时代的三重崛起"（思维变革、组织变革和技术创新）影响了其后整整一个世纪，20 世纪 30 年代对选举结果的预测研究催生了统计科学的一次重大变革——科学抽样，1951 年电子计算机走出

"象牙塔"到20世纪80年代互联网的普及促成了开放时代的到来，与数据总量急骤增加相适应的摩尔定律、社交网络、数据挖掘成为"改变世界的三股力量"，标志着大数据时代的到来，万物皆联网、无处不计算的普适计算即计算型社会时代正在到来。

美国200多年来数据科学和数据文化的形成与发展，使美国在大数据理论和技术方面走在了世界各国的前面。尽管如此，目前大数据领域仍然存在许多问题。例如，关注商业大数据的多，而研究科学大数据的少；讨论一般大数据的多，而研究时空大数据的少，忽视大数据的时空观，这涉及对大数据本质的认识问题；"一切凭数据说话，一切靠数据决策"的尊重事实（数据）、强调精准、推崇理性和逻辑的大数据理念尚未普遍建立；等等。人们应深刻认识到，大数据不仅涉及自然科学，也涉及社会人文科学；不仅涉及社会经济，也涉及内政外交和国防军事。文化本质上是人类及其社会的品格，或一个国家及其社会的品格，数据文化是人类及其社会对待数据（事实）的品格。

中国大数据发展总体态势很好，但也存在一些亟待解决的问题。例如，部分领域过热，盲目建设大数据中心和重建设轻应用、重硬件轻软件，重复建设问题突出；数据开放进展相对滞后，地方数据开放的积极性不高，总体水平较低，质量参差不齐，试图拥有或占有大数据的多，而真正开发应用大数据的少；投入大数据领域研究的人力、物力、财力不足和产学研相结合的政策、体制机制不落实，数据隐含价值→计算发现价值→应用实现价值的大数据理论、技术、产品和服务模式体系远未形成；数据文化的培育和普及未受到应有的重视，没有认识到数据文化是我国大数据及其产业化发展的灵魂，是推动数据科学不断发展的更基本、更深沉、更持久的力量。

尽管中国的大数据和数据文化相对滞后，但占有后发优势，特别是2017年5月贵阳大数据博览会期间，大数据战略重点实验室和全国科学技术名词审定委员会发布的"大数据十大新名词"，即块数据、主权区块链、秩序互联网、激活数据学、5G社会、开放数据、数据交易、数据铁笼、数据安全、数权法等，既揭示了大数据的时代特征，又反映了大数据的发展趋势。"大数据十大新名词"的发布代表了中国在实施大数据战略方面取得的成绩与经验，说明中国在推动大数据发展中正在抢占理论创新、实践创新和规则创新的制高点。

三 时空大数据及其产业化——地理信息产业的转型升级版

（一）时空大数据平台

时空大数据平台是时空大数据产业化的核心。它是指把各种分散的和分割的大数据即时空框架数据和时空变化数据汇聚到一个特定的平台上，并使之发生持续的聚合效应。这种聚合效应就是通过数据多维融合和关联分析与数据挖掘，揭示事物的本质规律，对事物做出更加快捷、更加全面、更加精准和更加有效的研判与预测。从这个意义上讲，时空大数据平台是大数据的核心价值，是大数据发展的高级形态，是大数据时代的解决方案。

（二）"通用时空大数据平台＋"模式

从产业化的角度讲，通用时空大数据平台是指将时空框架数据汇聚在一个特定平台上，利用这个平台生产军民两用的基础测绘地理信息产品。所谓"通用时空大数据平台＋"模式，即以通用时空大数据平台作为框架，聚合民用、军用的时空变化数据，分别构成民用、军用时空大数据平台。对于"通用时空大数据平台＋民用"模式，即将地方政府各部门各行业的政务、自然资源、规划、交通、水利、管网、人口、经济、人文、社会、医疗、教育、电力、公安等数据汇聚在通用时空大数据平台上，使之成为新型智慧城市的"智脑"，通过持续的聚合效应，生成各类（种）民用深加工知识产品，为政府综合决策、各部门各行业和社会公众提供智能化服务；对于"通用时空大数据平台＋军用"模式，即将战场（作战）环境、兵要、目标、情报、态势等数据汇聚在通用时空大数据平台上，使之成为联合作战一体化指挥的"智脑",通过数据分析与数据挖掘,生成各类军用深加工知识产品,为国防建设、作战指挥和作战行动提供智能化决策支持。

(三)时空大数据平台的构建

从目前信息技术发展情况看,时空大数据平台的构建有4种模式可供借鉴:一是基于网络服务(Web Service)的空间信息共享与空间数据互操作技术模式,二是基于网格服务(Grid Service)的信息资源共享与协同工作(协同解决问题)技术模式,三是基于云计算(Cloud Computer)的时空信息服务技术模式,四是基于网格集成与弹性云的混合式时空信息服务技术模式。

上述4种模式中,第一、第三种技术模式是分别基于网络计算和云计算的,应用较普遍,特别是第三种技术模式;第二种技术模式是基于网格计算的,这里的网格(Grid)是指新一代网络(Web)或第三代互联网(Internet),主要用于重大工程和复杂科学计算的广义信息资源共享与协同工作,技术门框相对要高;而第四种则是吸取了网格服务和云服务各自特点的优势互补的技术模式。

针对上述4种模式,从内涵、功能、技术架构、关键技术、标准、服务共享特点和发展趋势7个方面分析,可以看出,4种技术模式都是采用面向服务的体系架构(Service Oriented Architecture,SOA),都是解决"共享"与"服务"问题,只不过"共享"的程度与"服务"的范围、方式不完全相同;网络服务与网格服务的技术标准有相同的,也有不同的,二者的大趋势是兼容或融合,但标准是国际或国家统一的,服务提供方和服务请求方都必须清楚;而云服务标准可以是内部统一的,用户不必清楚;网格服务是网络服务的发展,云服务是网格服务的简化版或商业化实现。据此,提出如下构建时空大数据平台的技术重点。

(1)构建一个开放共享的体系架构,强化共用,整合通用,开放应用。SOA由3个角色(服务提供者、服务请求者、服务注册中心)和4个基本操作(服务提供者将自己的"服务"描述和发布到服务注册中心,服务请求者在服务注册中心访问和发现自己所需的"服务",根据服务注册中心的

"服务"定位直接"服务"服务提供者的"服务",调用"服务")构成。

（2）构建一张天地一体的信息服务网络，为实现范围更加广泛的信息资源共享与多层次、多节点的协同工作提供崭新的运行环境。包括时空信息获取（实时化）、处理（智能化）、服务（网络/网格化）的一体化运行环境，多源异构时空信息融合的环境，实现数据即服务（Data as a Service，DaaS）、软件即服务（Software as a Service，SaaS）、基础设施即服务（Infrastructure as a Service，IaaS）、平台即服务（Platform as a Service，PaaS）和知识即服务（Knowledge as a Service，KaaS）的信息资源共享环境，多层次、多节点协同工作（协同解决问题）的环境，以及分布异构时空信息系统网格集成的环境。

（3）构建一个开放共享的时空信息服务"资源池"，为时空大数据平台应用服务提供强大支撑（数据体系）。通过多源异构时空大数据融合（聚合），形成一致性的数据集（全球一致、陆海一体、无缝连续），通过数据挖掘与知识发现，进一步提升治理体系和指挥决策的现代化水平。

（4）构建一个通用功能平台，通过服务化封装，实现各类信息资源的高效调度，支撑信息服务的智能化。

（5）构建一个高效运行的组织管理指挥体系，实现信息资源的汇聚共享和跨部门的多层次、多节点的协调联动，保证时空大数据平台安全、可靠运行。

（6）构建一套标准体系，保证时空大数据平台规范、有序、健康、安全、可持续运行。

（四）时空大数据的产业化

时空大数据产业化是通过时空大数据平台产业化实现的。因为时空大数据产业化是一个新问题，应该走一条从基础研究起步的产业化创新之路。

（1）要研究和建立以数据科学为核心的时空大数据理论体系。目前，"数据科学"的边界还不清晰，时空大数据理论研究薄弱，更未形成时空大数据的理论体系，而这是时空大数据产业化的基础。

（2）要研究和建立以"数据隐含价值→计算发现价值→应用实现价值"为核心，以"数据获取（传感器网）→处理（生产）→应用（服务）"为产业链的时空大数据产业化的技术体系。

（3）研究和设计包括软件产品、硬件产品、软硬件集成产品、各类（种）应用平台产品和数字产品在内的时空大数据产品体系。

四 地理信息产业转型升级的驱动力

信息化的发展遵循数字化→网络化→智能化的规律，地理信息产业的发展亦如此，智能化是地理信息产业发展的高级阶段。

（1）"互联网＋"改变地理信息产业发展的思维方式：跨界融合。"互联网＋"本质上是互联网、物联网、云计算等新兴信息技术在包括地理信息产业在内的各行各业"全工作流""全产业链""全价值链"中的深度融合和集成创新应用，已经成为包括地理信息产业在内的信息服务业发展的新动力。因此，"互联网＋"的本质是跨界融合，"基础地理信息＋"和"通用时空大数据平台＋"的本质也是跨界融合，"＋"是核心，提出跨界融合的解决方案是关键。只有这样，才能更充分地发挥基础地理信息和通用时空大数据平台的"基础"和"通用"作用，实现地理信息产业到时空大数据产业的转型升级。

（2）云计算具有的信息资源管理、处理和应用的"全面弹性"支撑"地理信息产业"到"时空大数据产业"的转型。时空大数据产业化需要超强计算能力的支持。云计算是一种新的计算模式，它通过"池化"和"云化"把数千台甚至上万台机器都放在一个"池子"里面，具有时间弹性和空间弹性，用户不管需要多少 CPU、内存、硬盘的"虚拟电脑"，只要通过一种叫作"调度（Scheduler）"的算法，就可以在"池子"里面找到并使用自己所需的信息资源。这就是"资源弹性"即基础设施即服务（IaaS）。云计算在"资源弹性"即基础设施即服务（IaaS）之上增加了一层"用弹性"，即平台即服务（PaaS）和软件即服务（SaaS），以满足时空大数据的

"应用弹性"需求。云计算支撑时空大数据处理的分布式、协作（同）化和智能化。通过任务分解，解决分布式问题；通过工作流重构，解决并行问题；通过算法调度，解决协作（同）化问题。

（3）人工智能是地理信息产业转型升级的核心驱动力。人工智能技术的发展经历了推理期（20世纪50年代至70年代初）、知识期（20世纪中期开始）、学习期（20世纪80年代以来）。机器学习是人工智能技术发展进入学习期的标志性事件，即计算机通过学习获取知识。算法、大数据和计算能力构成了人工智能的三要素或"三驾马车"。其中，算法是用好大数据和计算能力的关键，需要靠机器学习来不断优化，而算法的不断优化又是靠不断输入大数据进行深度学习来实现的，没有大数据，算法就成了"无源之水、无本之木"，数据质量不好，就会算不准。算法、大数据还要靠超算能力，没有计算能力，算法就失去了引擎，大数据处理的快速性也不可能实现。

在人工智能的算法、大数据、计算能力三要素中，随着智能感知技术的快速发展，时空大数据已出现爆炸式增长态势，为时空大数据产业化提供充足的数据支撑；随着计算机技术的快速发展，适应时空大数据产业化需求的计算能力已经完全具备；需要人们更加关注的是算法研究，特别需要加强多源异构时空大数据融合、分析、挖掘与知识发现、可视化等方面的算法研究。在人工智能算法、大数据、计算能力"三驾马车"的驱动下，地理信息产业到时空大数据产业的转型升级必将加速实现。

参考文献

［1］《辞海》（第六版）（缩印本），上海辞书出版社，2010。

［2］王家耀、崔晓杰：《创新驱动地理信息产业转型发展》，载测绘地理信息蓝皮书《测绘地理信息转型升级研究报告（2014）》，社会科学文献出版社，2014。

［3］王家耀、崔晓杰：《"互联网＋"时代的地理时空大数据与智慧城市》，载测绘地理信息蓝皮书《新常态下的测绘地理信息研究报告（2015）》，社会科学文

献出版社，2015。

［4］刘利、孙威：《大数据时代的地理信息产业发展趋势》，载测绘地理信息蓝皮书《新常态下的测绘地理信息研究报告（2015）》，社会科学文献出版社，2015。

［5］连玉明：　《重新定义大数据：改变未来的十大驱动力》，机械工业出版社，2017。

［6］涂子沛：《数据之巅：大数据革命，历史、现实与未来》，中信出版社，2014。

［7］王家耀：《时空大数据时代，我们面临前所未有的机遇》，《数字经济》2018年第1期。

［8］王家耀：《时空大数据时代的地图学》，《测绘学报》2017年第10期。

［9］王家耀：《时空大数据及其在智慧城市中的应用》，《卫星应用》2017年第3期。

2015年中国1:10万土地覆被数据
河南地区精度评价[*]

朱筠 孙九林 秦奋 王航[**]

摘 要：研究目的：针对国内首套2015年中国1:10万土地覆被数据产品，以河南省为研究区进行精度评价。研究方法：采用实地考察与格网抽样融合的样本设计方法，共采集区域全覆盖样本1894个，其中，实地样本271个，正六边形格网样本1623个；通过混淆矩阵精度评价方法，评价数据产品精度，分析影响土地覆被分类精度的原因。研究结果：耕地、建设用地、水体、林地一级地类制图精度都在90%以上，草地和其他制图精度分别为84.68%和85.70%；20个二级地类的总体精度为91.34%，其中，旱地、城镇建设用地、农村居民地、交通用地、河流、水库/坑塘、裸岩二级地类精度在90%以上，除常绿阔叶林、灌丛、灌丛草地、草甸、河湖滩地、裸地几个地类分类精度较低，其余地类精度均在80%以上。研究结论：该数据产品在河南地区具有较高的精度，可为气候、水文、生态等相关科研领

---

* 本文发表于《中国土地科学》2019年第3期。

** 朱筠，河南大学博士研究生，主要研究方向为生态环境遥感；孙九林，资源学家、地球与农业信息科学专家，中国工程院院士、中国科学院地理科学与资源研究所研究员、博士生导师，主要从事地理信息系统与遥感应用、虚拟地理环境、信息化农业研究；秦奋，博士，教授，博士生导师，地图制图学与地理信息工程学科带头人，主要研究领域包括科学数据共享、地理过程模拟、生态环境遥感等；王航，博士，主要研究方向为水资源遥感。

域提供基础数据。

关键词：土地覆被　实地采样　格网采样　混淆矩阵

一　引言

　　土地覆被数据是认识人类活动和全球变化之间复杂关系的关键信息源。它可以广泛应用于气候和水文过程模型、碳循环模型参数确定、公共健康和生态系统评价、自然资源或农业活动管理等研究领域。20 世纪 90 年代以来，学术界一直高度关注全球和区域土地利用/土地覆被变化的研究。目前，国内外土地覆被数据产品空间分辨率在 30m ~ 1km，国际上，有马里兰大学的全球土地覆被数据集 UMD（1km）、美国地质调查局的全球土地覆被数据集 IGBP-DISCover（1km）、波士顿大学的全球土地覆被数据集 MOD12Q1（1km）、欧盟联合研究中心的全球土地覆盖数据集 GLC2000（1km）、欧洲空间局的全球土地覆被数据集 Glob Cover 2005（300m）；在国内，有国家基础地理信息中心、中国科学院遥感应用研究所、国家气候中心等单位共同研制的全球土地覆被数据集 Globe Land 30（30m），清华大学 2013 年研发的全球土地覆被数据集 FROM-GLC（30m），国家科技基础条件平台——国家地球系统科学数据共享平台牵头完成的 2015 年中国 1:10 万土地覆被数据产品。

　　以上土地覆被数据产品都以遥感影像作为数据源，受空间分辨率、光谱分辨率、地物特性等影响，影像质量具有不确定性，分类结果与地面实际情况也有不完全一致性，这些因素都影响土地覆被数据产品的精度，因此，土地覆被数据产品的精度评价是一项十分重要的工作。研究表明，多数常用的全球 1km 土地覆被数据集在中国区域的总体分类精度较低，对于较高分辨率土地覆被数据产品，由于精度评价方法不同，分类精度也不完全一致。因此，研究一种合理的土地覆被数据产品精度评价方法，科学界定土地覆被数据产品精度，对于土地覆被数据产品的应用具有重要意义。

2016 年国家地球系统科学数据共享平台发布了国内首套"2015 年中国 1:10 万土地覆被数据产品",这是国际上首套反映近 5 年来中国地表覆盖动态变化且精度较高的土地覆被数据产品,其数据精度还有待进行更为详细的检验和评价。

二 数据与方法

(一)研究区概况

河南省位于中国中东部、黄河中下游(110°21′E～116°39′E、31°23′N～36°22′N),全省土地总面积约 16.7 万 km²,占全国土地面积的 1.73%。河南省地处北亚热带与暖温带两个气候带,境内秦岭东延部分伏牛山主脉与淮河干流构成两个生物气候带的分界线,南北各地气候显著不同,山地和平原气候也有显著差异;横跨中国第二、第三两级地貌阶梯,地貌类型多样;自北向南横跨海河、黄河、淮河、长江四大水系,境内有 1500 多条主干河流纵横交错;土壤类型多样,西部和南部山地主要为棕壤、褐土和黄棕壤,东部平原主要为潮土和砂姜黑土,还有少量盐碱土、草甸土等;植被类型复杂多样,分布有常绿针叶林、常绿阔叶林、落叶阔叶林等。河南省地域辽阔,加之地形、气候、植被等分异因素,土地覆被类型丰富,是研究中国土地覆被数据产品的典型地区。

(二)数据来源

2015 年中国 1:10 万土地覆被数据产品由国家地球系统科学数据共享平台研制,并于 2016 年底面向中国科学领域发布。该数据集的研发,在已有国内外土地覆被分类系统的基础上,针对中国土地覆被实际情况,从遥感制图角度和陆地生态系统观点出发,建立一种新的土地覆被分类体系,包括一级地类 7 类,二级地类 28 类,并对每一种土地覆被类型二级类分别进行编码、定义，以及主要特征和空间分布的描述（见表1）。以2015年Landsat8 OLI多光谱数据为主要数据源（选用2014年9月至2015年10月各期高质量遥感数据，云量控制在10%以内），辅以高空间分辨率影像和其他参考数据，包括Google earth影像数据、无人机影像数据、MODIS时间序列数据、中国植被区划数据、DEM数据等。通过野外考察建立分区域分类别的样点解译标志辞典，采用面向对象自动分类和人工目视解译两种分类方法生产全国1∶10万土地覆被数据集，其中，河南地区数据基于ArcGIS软件平台人工目视解译获得。

表1　2015年全国土地覆被分类体系

序号	一级分类	二级类型	代码	含义
1	林地	常绿针叶林	11	郁闭度>30%,高度>3米,包括常绿针叶天然林和人工林
		常绿阔叶林	12	郁闭度>30%,高度>3米,包括常绿阔叶天然林和人工林
		落叶针叶林	13	郁闭度>30%,高度>3米,包括有一定落叶周期、针状叶片天然林和人工林
		落叶阔叶林	14	郁闭度>30%,高度>3米,包括有一定落叶周期、较宽叶片天然林和人工林
		针阔混交林	15	郁闭度>30%,高度>3米,针阔混交林中的每种类型的覆盖度不超过75%
		灌丛	16	郁闭度>30%,高3m以下,通常丛生、无明显主干的木本植物,但有时也有明显主干
2	草地	草原	21	温带半干旱气候下有旱生草本植物组成的植被
		草丛	22	中生和旱生中生多年草本植物为主要建群种的植物群落
		草甸	23	生长在低温和温凉气候、中度湿润条件下的多年生中生草本植被为优势的植被群落
		灌丛草地	24	草地中灌丛郁闭度<30%,灌丛高度<2米
3	耕地	水田	31	用于种植水稻、莲藕等水生农作物的耕地。在多类作物轮作中,只要有一季节为水稻或水生作物,则视为水田
		旱地	32	主要种植旱生作物,菜地等可以获得一定产量的耕地,包括没有灌溉、引洪淤灌的耕地
		园地	33	种植以采集果、叶、干、茎、汁为主的集约经营的多年生木本和草本植物

续表

序号	一级分类	二级类型	代码	含义
4	建设用地	城镇建设用地	41	镇建制以上的城镇及附近公共配套设施等建设用地
		农村居民地	42	居民以农业为主要活动形式的聚落,包括农村居民点、定居放牧点等
		交通用地	43	居民点以外的各种道路及其附属设施和民用机场港口用地
		工矿用地	44	工业、采矿、仓储业等工业生产及附属设施的用地
5	湿地	沼泽	51	植被覆盖度高的湿生草地及地势平坦低洼、排水不畅、长期潮湿多积水且表层生长湿生草本植被的土地
		近海湿地	52	各种近海及海岸的海涂、珊瑚礁、红树林沼泽等
6	水体	河流	61	陆地河流经常或间歇地沿着狭长凹地流动的水流地带
		湖泊	62	地表相对封闭可蓄水的天然洼池及其所承纳的水体
		水库/坑塘	63	水库指在山沟或河流的狭口处建造拦河坝形成的人工水面,坑塘指人工开挖或天然形成的蓄水量小于 10 万立方米的常水位以下的土地及其承载水体
		河湖滩地	64	河流沿岸或湖泊周边,包括边滩、心滩等
		冰川积雪	65	常年积雪或冰川覆盖的土地
7	其他	沙漠、戈壁	71	地面完全被松散沙粒或碎砾石所覆盖、植被覆盖度小于 4% 的土地
		裸岩	72	地表以岩石或石砾为主、植被覆盖度在 5% 以下的裸露石山等无植被地段
		裸地	73	地表为土质、植被覆盖度在 5% 以下的裸土地、盐碱地等无植被地段
		苔地	74	以耐寒的北极和北极—高山成分的藓类、地衣、小灌木及多年生草本植物组成的植物群落

资料来源:《2015 年全国 1∶10 万土地覆被遥感解译技术规范》,2015 年 5 月。

根据研究区地理环境本底状况,按照《2015 年全国土地覆被分类体系》,河南省土地覆被类型除去落叶针叶林、草原、沼泽、近海湿地、湖泊、冰川积雪、沙漠/戈壁,以及苔地 8 个地物类型,共包含 6 个一级地类,20 个二级地类。

(三)样本设计方法

目前,常用的土地覆被数据精度评价方法主要有两种,一是利用已有的土地覆被数据进行比较分析的间接评价法，二是利用验证样本计算土地覆被数据精度的直接评价法。前者通过多个数据集的对比研究，分析数据集间的空间一致性和面积一致性，从而得到数据的相对精度，该方法成本低、速度快，但由于不同的土地覆被数据使用的数据源、分类体系、分类方法等的不同，可比性受到限制，且精度评价结果受参考数据精度影响较大；后者通过野外实地考察，或从中高分辨率遥感影像中采集一定数量的土地覆被样本，与数据集的像元类型进行对比，建立混淆矩阵或评价模型，从而计算出数据集精度，此评价方法得到的验证结果不依赖于其他土地覆被数据集精度，更具客观性，但样本获取成本高，且样本数量、样本质量和抽样设计是制约评价结果客观性的重要因素。

本文采用样本评价方法，考虑到野外实地验证样本的真实性、客观性，部分样本来自实地采样，但由于采样成本、可达性、时间等因素的限制，无法进行区域全覆盖野外采样。因此，采取一种野外实地采样与格网采样融合的区域全覆盖样本设计方法（见图1），既能更大程度地保证样本质量，又能保证样本分布的密度。

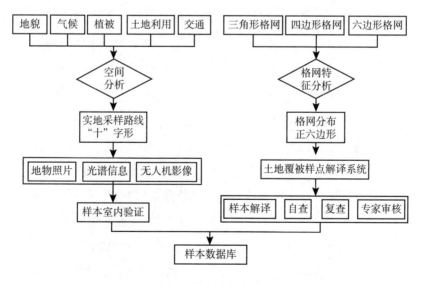

图1 样本设计方法

1. 实地采样设计与样本采集

野外实地采样综合分析河南省地貌、气候、植被分异等生态环境特征，土地利用类型分布特征，交通可达性特征，采样路线设定为从北向南、由东向西跨越地貌阶梯、气候带的"十"字形线路。共获取 2015 年 1 月、8 月、11 月 3 次实地采样结果，考察覆盖中东部平原、南部山区、西部山区以及北部山区和平原等河南省大部分区域，每个采样点的土地覆被调查面积不小于 $500m \times 500m$，采集了样本所在位置的地物照片、光谱信息、无人机影像等信息，对样本进行室内高分影像对比验证，形成 271 个实地样本点数据（见图 2）。

2. 格网样本设计与样点解译

格网样本的采样设计基于多面体剖分的全球离散格网系统，选取斯奈德等面积二十面体格网，格网单元不仅等面积，且当投影到一个二十面体时，它们是六边形；在三角形、四边形、六边形 3 种常见的能够进行规则化空间剖分的几何格网图形中，六边形是最紧凑的一种，它具有各向同性、邻域一致、角分辨率大等特性，目前，这种采样方法已应用于全球环境变化与监测领域。研究采用全球离散格网软件生成全球等面积正六边形格网，每个正六边形面积约为 $96km^2$，整个研究区被分割成约 1900 个正六边形格网，剔除 271 个实地采样点所在的格网，剩余每个正六边形生成一个中心点作为样本点，共 1623 个格网样本（见图 2）。

研究中样本数据库共包含 1894 个验证样本，通过对一级地类样本点个数百分比和地类面积百分比进行相关分析（见表 2），得出相关系数为 0.99，可见样本点地物类型分配符合研究区土地覆被类型面积比例。

格网样本解译利用国家地球系统科学数据共享平台——土地覆被样点解译系统，系统充分利用多源信息，整合多时期、多时相的 Landsat 影像、Bing Maps 高分影像、MODIS 时间序列数据，通过时空匹配在影像上自动提取样本点，并生成 NDVI 时间序列曲线，在辅助解译人员快速完成样本点位置不同时期土地覆被类型解译的同时，大大提高了样本点解译的准确度。

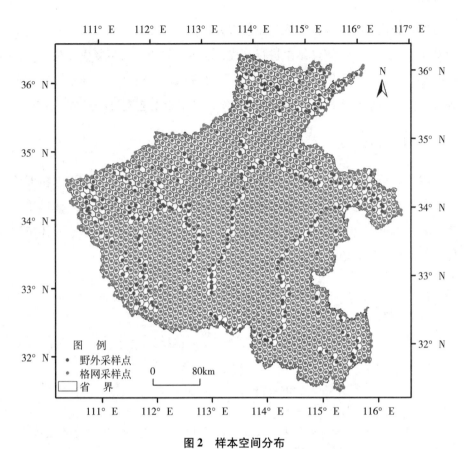

图2 样本空间分布

表2 一级地类样本点个数占比和一级地类面积占比

单位：个，%

一级地类名称	样本点个数	样本点个数占比	一级地类面积百分比
林　　地	439	23.18	22.32
草　　地	64	3.38	2.41
耕　　地	987	52.11	57.72
建设用地	329	17.37	14.62
水　　体	68	3.59	2.74
其　　他	7	0.37	0.19
合　　计	1894	100.00	100.00

样点解译和质量控制过程采用三轮核查方式,先由 2 人初步解译出样点土地覆被类型,并对样点解译结果进行自查,再由 1 名技术人员复查,最后,由 1 名解译经验丰富的专家对样点类型进行最终审核。最终,对样本进行质量评价,评价结果显示样本精度达到 100%,可用于土地覆被数据精度评价。

(四)评价方法

混淆矩阵被广泛应用于遥感分类数据精度评价,是土地覆被数据精度评价重要的方法,它是反映地表观测或参考数据与分类结果关系的一张简单纵横列表,为精度评价提供一个明显的基础,用来计算 Kappa 系数、总体精度以及制图精度等评价信息。

$$\text{Kappa 系数} = \frac{N\sum_{k=1}^{6} \cdot X_{kk} - \sum_{k=1}^{6}(X_{k+} \cdot X_{+k})}{N^2 - \sum_{k=1}^{6}(X_{k+} \cdot X_{+k})} \tag{1}$$

$$\text{总体精度} = \frac{\sum_{k=1}^{6} X_{kk}}{N} \times 100\% \tag{2}$$

$$\text{制图精度} = \frac{X_{kk}}{X_{k+}} \times 100\% \tag{3}$$

式中,N 表示真实参考像元总数,X_{kk} 表示 k 类中正确分类的像元数量,X_{k+} 表示 k 类中真实参考像元数量,X_{+k} 表示 k 类中被分类像元数量。

三 结果分析

(一)混淆矩阵分析

利用验证样本建立研究区土地覆被数据一级地类混淆矩阵,计算得出耕地、建设用地、水体、林地一级地类制图精度都在 90% 以上;草地制图精度为 84.68%,其他地类制图精度为 85.7%;从二级地类混淆矩阵(见表3)计算得到该数据产品在研究区内二级地类总体精度达到 91.34%,kappa 系数为 0.88。

表3　二级地类混淆矩阵

代码	11	12	14	15	16	22	23	24	31	32	33	41	42	43	44	61	63	64	72	73	合计
11	46	0	4	5	0	0	0	0	1	0	0	0	0	0	0	0	0	0	0	0	56
12	0	2	0	0	0	0	0	0	0	0	0	0	0	0	0	0	0	0	0	0	2
14	4	0	248	6	2	1	0	6	3	7	0	0	2	0	0	0	0	0	0	0	279
15	4	1	20	56	1	0	0	1	1	0	0	0	0	0	0	0	0	0	0	0	84
16	0	0	2	0	14	0	0	0	0	0	0	0	0	0	0	0	0	0	0	0	16
22	0	0	2	0	0	19	1	0	0	0	0	0	0	0	0	0	0	0	0	0	22
23	1	0	0	0	0	0	2	0	0	0	0	0	0	0	0	0	0	0	0	0	3
24	0	0	2	1	1	2	0	30	0	0	0	0	0	0	0	0	0	0	0	0	36
31	0	0	1	1	0	0	0	0	99	2	0	0	0	0	0	0	1	0	0	0	105
32	0	0	11	0	0	1	0	1	13	785	7	0	4	0	0	0	1	0	0	1	824
33	0	0	2	0	0	0	0	0	0	1	56	0	0	0	0	0	0	0	0	0	59
41	1	0	0	0	0	0	0	0	0	1	0	82	12	1	3	0	0	0	0	0	100
42	0	0	1	0	0	0	0	0	0	4	0	1	176	0	1	0	0	0	0	0	183
43	0	0	0	0	0	0	0	0	0	0	0	1	0	15	0	0	0	0	0	0	16
44	0	0	0	0	1	0	0	0	0	0	0	0	0	0	29	0	0	0	0	0	30
61	0	0	0	0	0	0	0	0	0	0	0	0	0	0	0	36	0	0	0	0	40
63	0	0	0	0	0	0	0	0	0	0	0	0	0	0	0	0	23	0	0	0	24
64	0	0	0	0	0	0	0	0	0	0	0	0	0	0	0	0	0	6	0	0	6
72	0	0	0	0	0	0	0	0	0	0	0	0	0	0	0	0	0	0	3	0	3
73	0	0	0	0	0	0	0	0	0	0	0	0	0	1	0	0	0	1	0	3	6
合计	56	3	293	69	19	23	3	38	117	806	63	84	195	16	34	36	24	8	3	4	1894

由图3可以看到，所有土地覆被二级地类中，旱地、城镇建设用地、农村居民地、交通用地、河流、水库/坑塘、裸岩制图精度达到90%以上；常绿针叶林、落叶阔叶林、针阔混交林、草丛、水田、园地、工矿用地制图精度在80%以上；灌丛、灌丛草地、河湖滩地、裸地4个地类精度稍低，在75%左右；常绿阔叶林、草甸2个地类精度最低，均为66.67%。

（1）建设用地。建设用地包括城镇建设用地、农村居民地、交通用地、工矿用地四种类型，解译过程中参考中国1∶10万基础地理数据（2012年）中居民点图层，加之建设用地在Landsat影像上光谱特征明显，相对容易判读，因此，建设用地解译精度较高。建设用地中精度最低的一类是工矿用地，制图精度为85.29%，共有5个样点被误分，包括3个分布在城镇建设用地和1个农村居民地中的工矿用地样点漏分，1个尾矿样点被误分成了裸

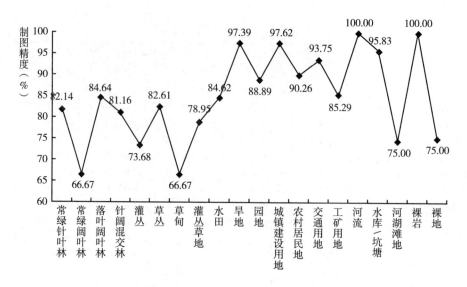

图3　二级地类制图精度

地。农村居民地精度为90.26%，略低于城镇建设用地和交通用地，从混淆矩阵可以看出，该类样点中有6.15%被误分为城镇建设用地，这些误分样点所在斑块的共同特点是面积较大，容易划分为城镇建设用地。

（2）耕地。水田、旱地、园地3个二级地类中，旱地制图精度超过90%，水田和园地制图精度分别为84.62%和88.89%，主要是因为11.11%的水田被错分成旱地，从空间分布看，表现在淮河北部平原部分水田被误分成旱地，南部山区交错在林地中的少部分水田漏分；平原地区多数园地分布在旱地周边，或与旱地交错种植，人工目视解译过程中容易出现园地漏分现象，导致11.11%的园地被误分为旱地。

（3）水体。河流和水库/坑塘2类精度比较高，但河湖滩地多与其他土地覆被类型的界限比较模糊，分类精度仅为75%，从混淆矩阵可以看出，6个河湖滩地样点中有2个被错分，其中，1个样点被误分为旱地，1个样点被误分为裸地。

（4）林地。林地的分类误差主要表现在：8个常绿针叶林样点被误分为落叶阔叶林和针阔混交林，1个常绿阔叶林样点被误分为针阔混交林，

6.83%和3.75%的落叶阔叶林样点被误分为针阔混交林和旱地，8.70%的针阔混交林样点被误分为落叶阔叶林，灌丛样点中有2个被误分为落叶阔叶林，1个被误分为针阔混交林，1个被误分灌丛草地。总体来看，针阔混交林易产生与其他林地二级地类的混分，是因为目视解译中，对于针阔混交林中的每种类型的覆盖度不超过75%的判断受主观因素影响较大；灌丛易与落叶阔叶林、针阔混交林、灌丛草地产生光谱混淆，精度较低。

（5）草地。草地在所有土地覆被中精度较低，主要由于草地3种二级地类本身，极其容易与林地二级地类产生光谱混淆。草甸是几种地类中精度最低的，因为研究区典型草甸稀少，共3个样点，其中1个被错分成草丛是导致制图精度低的主要原因。

（6）其他。其他地类包含裸岩和裸地，裸岩在遥感影像上光谱特征明显，易于识别，样点没有出现错分现象；裸地精度比较低，主要是因为修耕地的光谱特征和裸地相近，3个裸地样点中有1个被误分为旱地。

（二）地形对分类精度的影响分析

地形因素是影响土地利用/土地覆被的基本因素，通过研究区DEM与误分样点空间分布之间的对比（见图4）发现：在海拔低于200m（含）的平原和盆地，误分样点的比例是5.5%（见表4），该区域占研究区总面积的67.63%，土地覆被类型以耕地、建设用地、水体为主，误分地类主要体现在耕地周边林地的漏分（17.65%）、信阳北部地区水田和旱地的混淆（17.65%）及城镇建设用地和农村居民地的混淆（16.18%）；在海拔201～500m的丘陵地带，误分样点的比例为14.87%，该区域是平原向山地过渡地带，地形破碎度增加，土地覆被类型交错分布、复杂度提高，判读难度增加，误分地类以林地、草地间二级地类的混淆为主（63.83%），其次是耕地与林地的混淆（14.89%）；在海拔501～999米的低山区，误分样点所占比例为14.29%，有林地、耕地、草地三种主要地类，主要为落叶阔叶林、针阔混交林、灌丛和灌丛草地几个地类之间的混淆（58.62%）；在大于1000m（含）海拔高度的豫西山地，样点所在图斑错分比例最高，为

17.65%，该区域土地覆被类型以林地、草地为主，混淆地类集中体现在落叶阔叶林和针阔混交林（55.56%）、常绿针叶林和针阔混交林（22.22%）、针阔混交林和灌丛草地（11.11%）（见表4）。

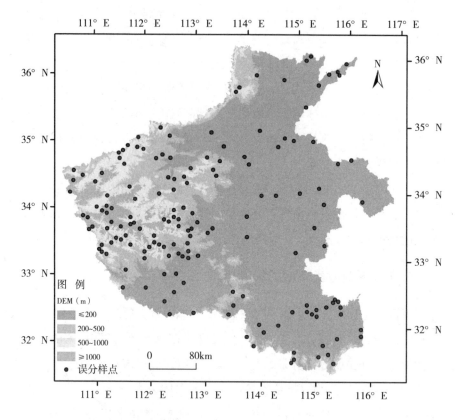

图4　研究区 DEM 与误分样点空间分布

表4　不同海拔范围的误分样点比例

单位：%

	≤200 米	201~500 米	501~999 米	≥1000 米
面积占比	67.63	16.89	10.64	3.01
误分样点比例	5.50	14.87	14.29	17.65

　　从以上对比分析看出，研究区样点所在图斑被误分的比例随海拔高度的提升呈现上升趋势，海拔在200m及以下的区域，地势平坦，地物类型复杂度

低，被误分的样点比例最低。201~500m 和 501~999m 两个海拔范围内，误分样点的比例提高且趋于一致，因为两个区域主要地物类型相似，地物类型交错区增多。在1000m 及以上的山地，虽然地物类型复杂度降低，但其主要地类林地、草地的二级地类光谱信息相似度高，造成样点所在斑块错分比例最高。

（三）误分样点的分布模式分析

利用平均最近邻指数方法来分析误分样点的空间分布集聚特征，误分样点平均最近邻计算结果如图5所示，误分样点的平均观测距离为 16.76km，

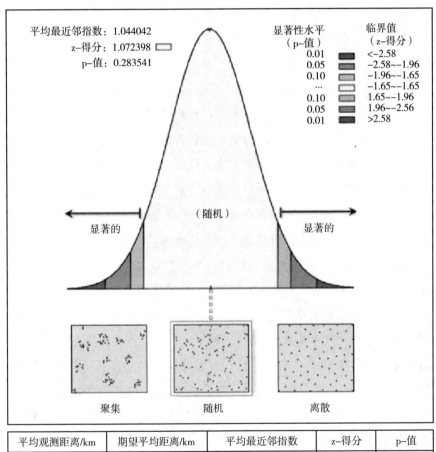

平均观测距离/km	期望平均距离/km	平均最近邻指数	z-得分	p-值
16.76	16.05	1.04	1.07	0.28

图5 误分样点平均最近邻统计结果

期望平均距离为 16.05km，平均最近邻指数为 1.04，z 值为 1.07，p 值为
0.28，平均观测距离接近期望平均距离，z 得分在 -1.65 和 1.65 之间，分
布模式与随机模式没有显著差异，表明误分样点呈现随机分布的趋势。因
此，研究中计算得到的土地覆被数据误差是非系统性误差，说明本文的精度
评价结果可信。

四 结论

为给 2015 年中国 1∶10 万土地覆被数据产品的用户提供科学依据，采用
融合实地采样与格网采样的区域全覆盖样本对河南地区数据产品进行精度评
价，结合评价结果，得到以下结论。

（1）样本设计方法可行。首先，精度验证样本库融合实地采样与格网
采样结果，在野外采样的基础上，补充正六边形格网采样点，保证样本在研
究区的全覆盖。其次，样点个数和地类面积百分比相关分析结果表明，样点
布局合理，能够代表区域土地覆被类型。最后，样本采集和获取能够充分利
用历史数据和已有数据资源，提高精度评价的工作效率和科学性。本文的样
本设计方法，兼具样本典型性和分布均匀性的优势，使得精度评价结果更加
客观、合理，且此方法可以推广到全国其他地区。

（2）评价区域的数据产品精度较高。通过区域全覆盖样本评价可知，
数据总体精度为 91.34%，一级地类除草地、其他两种地类的精度在 80% 以
上，其余 4 种地类精度都超过 90%；二级地类中建设用地、耕地、水体除
个别地类较低外，其余均超过 90%，林地、草地、其他 3 类除去研究区内
少数地类，其余在 80% 左右。并且，通过对误分样点的空间分布集聚特征
分析可知，误分样点在空间上随机分布，说明这套数据产品质量较高。

（3）从混淆矩阵分析和地形对分类精度影响的分析可以看出，对于高
分辨率土地覆被遥感制图，可以从以下几方面提升制图精度。第一，耕地中
平原地区的水田易与旱地混分，解译过程中引入作物物候特征，有助于区分
一年中多类作物轮作的耕地类型。第二，针对林地、草地二级地类光谱特征

相似、容易产生混淆的问题，解译过程中除了参考植被物候信息外，可结合地形特征，尽量丰富地貌过渡地带各地类的解译标志库，为解译者提供更加丰富的参考信息，从而提高解译精度。第三，针对农村居民地和城镇建设用地混分问题，随着中国城镇化进程的加快，农村人口逐渐向城镇聚集，农村居民地逐渐转变为城镇建设用地，建议土地覆被分类体系中，农村居民地合并到城镇建设用地中。第四，研究区内土地覆被分类精度随海拔提升呈现降低趋势，在解译过程中，重点控制高海拔地区的数据质量有助于数据产品总体精度的提升。

综上所述，2015年中国1:10万土地覆被数据产品在河南地区具有较高的精度，可为气候、水文、生态等相关科研领域提供基础数据。需要指出的是，采用样本评价法，特别是区域全覆盖样本评价这种直接精度评价方法对于大范围的土地覆被数据精度验证较少，实地采样点的野外采集和格网采样点的目视解译，都需要较高的成本和很大的工作量，并且样本自身质量也影响数据评价结果，在未来的研究中，在全国范围内建立一套通用的野外采样体系以及高质量格网样本库，是提高土地覆被数据精度评价科学性、可信度的重要工作，对未来持续更新的全国土地覆被数据精度评价也具有深远的意义。

致谢：感谢国家科技基础条件平台——国家地球系统科学数据共享平台提供的"土地覆被样点解译系统"，感谢国家科技基础条件平台——国家地球系统科学数据共享平台黄河下游科学数据中心提供数据支撑。

参考文献

［1］ Running S W., "Ecosystem Disturbance, Carbon, and Climate," *Science*, 2008, 321 (5889).

［2］ Gong P, Wang J, Yu L, et al., "Finer Resolution Observation and Monitoring of Global Land Cover: First Mapping Results with Landsat TM and ETM + Data,"

International Journal of Remote Sensing，2013，34（7）．

［3］ Dickinson R E, Errico R M, Giorgi F, et al.，"A Regional Climate Model for the Western United States，" *Climatic Change*, 1989, 15（3）．

［4］ Yang J, Gong P, Fu R, et al.，"The Role of Satellite Remote Sensing in Climate Change Studies，" *Nature Climate Change*, 2013, 3（10）．

［5］ Matheussen B, Kirschbaum R L, Goodman I A, et al.，"Effects of Land Cover Change on Streamflow in the Interior Columbia River Basin（USA and Canada），" *Hydrological Processes*, 2015, 14（5）．

［6］ Yigini Y, Panagos P.，"Assessment of Soil Organic Carbon Stocks Under Future Climate and Land Cover Changes in Europe，" *Science of the Total Environment*, 2016.

［7］ Wang Z G, Hoffmann T, Six J, et al.，"Human-induced Erosion has Offset One-third of Carbon Emissions from Land Cover Change，" *Nature Climate Change*, 2017, 7（5）．

［8］ Alcock I, White M, Cherrie M, et al.，"Land Cover and Air Pollution are Associated with Asthma Hospitalisations：A Cross-sectional Study，"，*Environment International*, 2017.

［9］ 王航、秦奋、朱筠等：《土地利用及景观格局演变对生态系统服务价值的影响》，《生态学报》2017 年第 4 期。

［10］ 廖顺宝、秦耀辰：《草地理论载畜量调查数据空间化方法及应用》，《地理研究》2014 年第 1 期。

［11］ Hamilton S K, Hussain M Z, Bhardwaj A K, et al.，"Comparative Water Use by Maize, Perennial Crops, Restored prairie, and Poplar Trees in the US Midwest，" *Environmental Research Letters*, 2015, 10（6）．

［12］ Herold M, Mayaux P, Woodcock C E, et al.，"Some Challenges in Global Land Cover Mapping：An Assessment of Agreement and Accuracy in Existing 1 Km Datasets，" *Remote Sensing of Environment*, 2008, 112（5）．

［13］ 陈军、陈晋、廖安平等：《全球 30m 地表覆盖遥感制图的总体技术》，《测绘学报》2014 年第 6 期。

［14］ Gong P, Yu L, Li C C, et al.，"A New Research Paradigm for Global Land Cover Mapping，" *Geographic Information Sciences*, 2016, 22（2）．

［15］ Inglada J, Vincent A, Arias M, et al.，"Operational High Resolution Land Cover Map Production at the Country Scale Using Satellite Image Time Series"，*Remote Sensing*, 2017, 9（1）．

［16］ Yang Y K, Xiao P F, Feng X Z, et al.，"Accuracy Assessment of Seven Global Land Cover Datasets Over China，" *ISPRS Journal of Photogrammetry and Remote*

Sensing，2017，125.

［17］Foody G M. ，"Status of Land Cover Classification Accuracy Assessment," *Remote Sensing of Environment*，2002，80（1）.

［18］An Y M，Zhao W W，Zhang Y H. ，"Accuracy Assessments of the GLOBCOVER Dataset Using Global Statistical Inventories and FLUXNET Site Data," *Acta Ecologica Sinica*，2012，32（6）.

［19］Bai Y，Feng M，Jiang H，et al. ，"Validation of Land Cover Maps in China Using a Sampling-based Labeling Approach," *Remote Sensing*，2015，7（8）.

［20］冉有华、李新、卢玲：《四种常用的全球1km土地覆盖数据中国区域的精度评价》，《冰川冻土》2009年第3期。

［21］黄亚博、廖顺宝：《首套全球30m分辨率土地覆被产品区域尺度精度评价——以河南省为例》，《地理研究》2016年第8期。

［22］Foody G M. ，"Assessing the Accuracy of Land Cover Change with Imperfect Ground Reference Data," *Remote Sensing of Environment*，2010，114（10）.

［23］Mayaux P，Eva H，Gallego J，et al. ，"Validation of the Global Land Cover 2000 Map," *IEEE Transactions on Geoscience and Remote Sensing*，2006，44（7）.

［24］Mahdavi-Amiri A，Harrison E，Samavati F. ，"Hexagonal Connectivity Maps For Digital Earth," *International Journal of Digital Earth*，2015，8（9）.

［25］Lin B X，Zhou L C，Xu D P，et al. ，"A Discrete Global Grid System for Earth System Modeling," *International Journal of Geographical Information Science*，2017.

［26］White D，Kimerling J A，Overton S W. ，"Cartographic and Geometric Components of a Global Sampling Design for Environmental Monitoring," *Cartography and geographic information systems*，1992，19（1）.

［27］Woodall C W，Walters B F，Coulston J W，et al. ，"Monitoring Network Confirms Land Use Change is a Substantial Component of the Forest Carbon Sink in the Eastern United States," *Scientific Reports*，2015，5.

［28］Theobald D M. ，"A General-purpose Spatial Survey Design for Collaborative Science and Monitoring of Global Environmental Change：the Global Grid," *Remote Sensing*，2016，8（10）.

［29］Canters F. ，"Evaluating the Uncertainty of Area Estimates Derived from Fuzzy Land-cover Classification," *Photogrammetric Engineering & Remote Sensing*，1997，63（4）.

2002～2016年华北平原植被生长状况及水文要素时空特征分析[*]

曹艳萍 秦奋 庞营军 赵芳 黄金亭[**]

摘 要：基于 MODIS 增强型植被指数（EVI）资料，结合降水、GRACE 重力卫星水储量（TWS）、地下水、土壤水等资料，分析华北平原植被 2002～2016 年的生长状况及各水文要素时空分布特征。研究结果表明：（1）2002～2016 年华北平原植被呈好转趋势，降水、水储量、土壤水、地下水等水文要素值呈减少趋势。（2）黄淮平原区植被以农作物为主，植被覆盖度呈增加趋势，而降水、水储量、地下水、土壤水均呈减少趋势，超采地下水灌溉农作物是短期内保障粮食安全的重要措施。（3）燕山—太行山山麓平原区、冀鲁豫低洼平原区的城乡居民用地区域植被覆盖显著减少，而降水增多，水储量、土壤水、地下水减少，人类活动对植被和水文要素贡献量大。（4）山东丘陵农林区分布着林地和草地，这些区域生长季的植被指数呈减少趋势，与降水量减少呈正相关关系。在气候变化和人类活动影响的大背景下，探讨不同生态环境的植被生长特征，清楚植被对水文变化的响应机理，可以消除影响植被生长的不利因素，为制定合理用水制度提供理论

---

[*] 本文发表于《生态学报》2019 年第 5 期。

[**] 曹艳萍，博士，河南大学讲师，主要从事气候变化等方面的研究；秦奋，博士，教授，博士生导师，地图制图学与地理信息工程学科带头人，主要研究领域包括科学数据共享、地理过程模拟、生态环境遥感；庞营军，博士，助理研究员，主要从事荒漠化进程与机理方面的研究；赵芳，博士，研究方向为 GIS 教学和应用；黄金亭，研究方向为土地利用/覆被变化。

依据。

关键词： 华北平原　植被　降水　水储量　地下水　土壤水

陆地表面植被是监测全球气候变化的敏感指示器，是陆地地表生态系统的核心组成部分，也是连接大气、水体和土壤的纽带。气候和水分环境是植被生长状况的重要影响因素；而植被生长状态变化又将改变陆地地表下垫面属性，进一步影响气候调节、水土保持以及整个生态系统的稳定性。地表植被变化是气候变化、人类活动等多种因素共同作用的结果。因此，研究植被变化及其与气候、水文环境因子之间的关系可为应对气候和水环境变化提供重要的理论依据，也是有效预测生物圈对自然气候系统和人类活动反馈的前提。

降水、土壤水直接影像区域植被生长。而当光照充足、降水有限时，地下水是土壤水补给的重要来源，因而地下水也会对生态系统产生一定的影响。Koirala 等利用一系列高分辨率数据对全球尺度上地下水和植被的关系做了研究，结果表明全球 2/3 的植被区的总初级生产力（GPP）至少在一个季节内与地下水位（WTD）有关：湿润地区的 GPP 和 WTD 主要呈负相关，干旱区主要呈正相关。

华北平原既是中国重要的政治、经济、文化中心，也是重要的粮棉油生产基地。水资源短缺是该地区社会经济和农业持续发展的主要限制因素。近年来，随着工农业的发展，用水量急剧增加；同时降水量明显减少，造成了华北平原水资源匮乏，地表干枯；连年超采地下水，使地下水位持续下降，形成大面积地下水漏斗区。因此，迫切需要分析华北平原植被生长状况及水文要素时空动态变化特征。

对于大、中尺度研究区域，遥感方法是监测其植被变化的有效手段。植被指数是植被覆盖度、植被初级生产力等植被生态参数的重要指示器。研究表明，归一化植被指数（Normalized Difference Vegetation Index，NDVI）是目前最为广泛应用的植被指数。但是由于 NDVI 算法本身并非线性，对于覆盖度较高的天然植被和农作物区域，NDVI 饱和现象比较严重，且土壤背景的干扰噪声也在一定程度上损害 NDVI 的空间一致性；增强型植被指数

（Enhanced Vegetation Index，EVI）较好地解决了 NDVI 的红光饱和、大气和
土壤背景的干扰影响，更加适合高植被覆盖度的区域。

表 1 中列举了一些基于不同植被指标在中国不同区域的相关研究。尽管
基于遥感的植被状况相关研究逐渐增多，多数研究集中在气候或人类活动有
关因素与植被变化之间的定量关系。探究气候变化且人口活动密集区域的植
被生长状况及其与水文要素变化关系对于区域植被利用与保护有一定意义。
本文分析华北平原 MODIS EVI 植被指数、关键水文要素的时空分布特征和
变化趋势，重点探讨不同生态系统分区植被生长状况和水文要素的关系。

表 1　基于遥感监测分析中国以及不同区域植被生长状况

区域	数据与方法	研究时段	重要结论
中国	AVHRR NDVI	1985～1990 年	植被指数较真实反映地表植被覆盖状况
青藏高原	MODIS NDVI	2000～2016 年	1. 青藏高原东南部植被状况好于西北部； 2. 年降水量与年最大合成 NDVI 呈较好正相关
黄土高原	GIMMS 和 SPOT VGT NDVI	1981～2006 年	1. 1981～1989 年植被覆盖持续增加，1990～1998 年为相对稳定时期，1999～2001 年植被覆盖度迅速下降，2002～2006 年植被覆盖度迅速上升； 2. 降水是黄土高原植被变化的重要原因； 3. 农区 NDVI 不断上升
珠江流域	MODIS EVI	2004～2013 年	1. 美国国防气象卫星（Defense Meteorological Satellite Program，DMSP）灯光变化与 EVI 变化的相关系数明显高于气温和降水； 2. 2004～2014 年期间珠江流域内年均 EVI 介于 0.33～0.38
塔里木河流域	MODIS NDVI	2000～2013 年	1. 2000～2013 年，塔里木河流域植被生长季 NDVI 呈增加趋势，速率为 0.0008/a； 2. 平原区植被受降水和温度共同作用，山区植被变化的主要限制因子是温度；平原绿洲区植被变化的主要驱动力因子是人类活动
黄河流域	MODIS NDVI	2000～2010 年	2000～2010 年黄河流域植被改善区域远远大于退化区域
京津冀城市群	MODIS NDVI	2005～2015 年	1. 2005～2015 年京津冀植被覆盖度呈上升趋势，速率为 0.0065/a； 2. 京津冀地区植被变化不显著区域以华北平原为中心展布，退化区域比重为 6.8%

续表

区域	数据与方法	研究时段	重要结论
华北平原	GIMMS NDVI 和 MODIS NDVI	1981~2013 年	1. 1981~1994 年,华北平原植被覆盖度的平均增加趋势为 0.0018/a,1994~2013 年的增加趋势为 0.0012/a; 2. 1981~2013 年,华北平原年际植被覆盖度与年降水、年气温的偏相关系数分别为 0.018 和 0.006; 3. 人类活动不仅加速了区域植被覆盖度的降低,也加剧了降低速率的变快
华北地区	MODIS NDVI	2001~2013 年	1. 2001~2013 年,华北平原植被覆盖主要呈上升趋势; 2. 华北地区植被覆盖与气候干旱程度的平均相关系数为 0.2

一 研究区域概况

华北平原是我国三大平原之一,主要农业区域之一;位于中国东部沿海,地跨 112.4°~122.7°E,32.5°~40.6°N,北抵燕山山麓,南达大别山北侧,西依太行山—伏牛山,东邻渤海和黄海。研究区域总面积约 39.2 万 km²,除山东半岛为丘陵外,大部分地区为平原;土地利用类型多为耕地。

研究区属于温带大陆季风气候,年均气温 8~15℃,年均降水 500~900mm。降水集中分布在 6~9 月份,四季变化明显,夏季高温多雨,冬季寒冷干燥。华北平原是以旱作为主的农业区,农作物以一年两熟为主,主要的粮食作物是冬小麦、夏玉米,主要经济作物是棉花和花生。华北平原人均水资源量仅为 456 米³/年,不足全国的 1/6。地表水时空分布不均,地下水已成为华北平原经济、社会、农业可持续发展的重要支柱。

为探讨不同生态系统分区植被生长的变化特征,将研究区域已有自然分区按照地形和综合农业区划等分为 4 个子区域(见图 1),分别为:燕山—太行山山麓平原区、冀鲁豫低洼平原区、黄淮平原区、山东丘陵农林区。山东丘陵农林区的植被以落叶阔叶林为主,其他 3 个子区域的植被以农作物为主,仅在太行山、燕山山麓边缘等生长灌丛、小片落叶阔叶林、乔木等植被。如图 1 所示，2002～2016 年该区域 EVI 分布范围为 0～0.75，黄淮平原区、冀鲁豫低洼平原区中南部地区的植被生长最佳，燕山—太行山山麓平原区、冀鲁豫低洼平原区的北部和山东丘陵农林区的部分地区植被覆盖度较低。

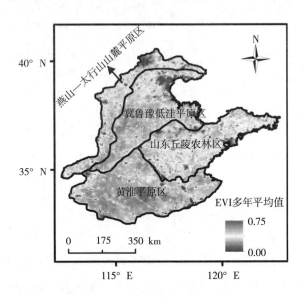

图 1　2002～2016 年华北平原增强型植被指数均值空间分布

二　数据与方法

（一）MODIS EVI 数据

本文采用 2002～2016 年的 Terra MODIS 传感器的 0.05°空间分辨率的 L3 级逐月增强型植被指数（MODIS/Terra Vegetation Indices Monthly L3 Global 0.05deg CMG），源于 NASA 陆地分布式数据档案中心（Land Processes Distributed Active Archive Center，LPDAAC）。

EVI 的计算公式为：

$$\text{EVI} = G \times \frac{(\rho_{\text{NIR}} - \rho_{\text{R}})}{(\rho_{\text{NIR}} + C_1 \times \rho_{\text{R}} - C_2 \times \rho_{\text{B}} + L)} \tag{1}$$

其中 G 为增益因子，L 为背景调整项，C_1 和 C_2 为拟合系数；ρ_B、ρ_R、ρ_{NIR} 分别为 MODIS 的蓝光、红光和近红外波段的光谱反射率。MODIS EVI 产品数据反演过程中，$G = 2.5$，$L = 1$，$C_1 = 6$，$C_2 = 7.5$。

基于月 EVI 数据，根据国际通用的最大值合成法（Maximum Value Composite，MVC）得到研究区域 2002～2016 年的逐年 EVI 最大值序列图谱，代表年内生长季的植被状态。此外，基于最大值合成法思路，根据公式 2 求研究区域逐格网的逐年 EVI 最小值序列图谱，代表年内非生长季的植被状态。

$$EVI_i = \min(EVI_{i,j}) \tag{2}$$

式中，EVI_i 指 i（$i = 2002～2016$）年的 EVI 数据，$EVI_{i,j}$ 指 i 年的 j 月（$j = 1～12$）的 EVI 数据。

（二）GRACE 重力卫星数据

本文采用 GRACE CSR RL05 Mascon 水储量变化量数据，时间分辨率为月，空间分辨率为 0.5°。该水储量变化量在垂直方向上是地下水、土壤水、地表水、冰雪水和生物含水量五部分变化量的集成量。研究表明基于 Mascon 算法反演得到的水储量变化量精度更高。

本文基于 GRACE 水储量变化量和 Global Land Data Assimilation System（GLDAS）的土壤水和雪水当量数据，根据公式 3，反演得到华北平原地下水数据集。Feng 等利用 GRACE 重力卫星反演 2003～2010 年华北平原地下水，研究时段内由于农业灌溉抽取地下水造成该地区地下水以（2.2 ± 0.3）cm/a 的速率减少，与地下水井实测数据相一致。

$$\Delta GW = TWSA - \Delta SM - \Delta SWE \tag{3}$$

式中，Δ 代表变化量，GW 是地下水，TWSA 是水储量变化量，SM 是土壤水，SWE 是雪水当量。

（三）GLDAS 数据

本文采用最新版本 GLDAS - 2.1 的 Noah 模型的输出变量，包括 0.25°×

0.25°空间分辨率的月时间尺度的土壤水和雪水当量，时间跨度为 2000 年 1 月至现在。数据获取后，基于 ArcMap 平台进行投影（WGS84 地理坐标系），从规则格网数据集中裁剪出研究区域的栅格数据，将 0.25°数据进行重采样得到 0.5°空间格网数据，最后基于月土壤水和雪水当量，分别求得其在 2002～2016 年的月距平值，即月值（土壤水或雪水当量）减去 2002～2016 年所有月份的平均值。

（四）降水数据

2002～2015 年的降水数据来自中国区域高时空地面气象要素驱动数据集。该套数据覆盖整个中国，时间跨度为 1979～2015 年，时间分辨率为 3h，空间分辨率为 0.1°，从基金委国家地球系统科学数据平台——寒区旱区科学数据中心（http：//westdc. westgis. ac. cn/）获取。

2016 年的降水数据采用 Global Precipitation Measurement（简称 GPM）最新的 3 级融合降水产品 IMERG（Integrated Multi-satellitE Retrievals for GPM），空间分辨率为 0.1°×0.1°，时间分辨率为月。从 NASA 降水测量计划网站（www. pmm. nasa. gov）获得。

（五）一元线性回归法

本文采用一元线性回归法分析每个像元的植被和水文变量在 2002～2016 年的变化趋势，计算公式为：

$$\theta_{slope} = \frac{n \times \sum_{i=1}^{n}(i \times Y_i) - \sum_{i=1}^{n}i \times \sum_{i=1}^{n}Y_i}{n \times \sum_{i=1}^{n}i^2 - \left(\sum_{i=1}^{n}i\right)^2} \tag{4}$$

式中，θ_{slope} 表示趋势线的斜率；n 表示年份，i 表示第 i 年（$1 \leqslant i \leqslant n$），$Y_i$ 表示第 i 年 Y 值，Y 表示植被指数、水文要素等变量。

关于时间序列趋势显著性检验的统计方法很多，本文采用非参数 Mann-Kendall 趋势检验方法（简称 "MK 趋势检验法"）进行趋势性检验。

（六）植被与水文要素的相关关系

相关系数能够定量描述两个变量之间线性关系的紧密程度。对于两个要素 x 与 y，如果它们的样本值分别为 x_i 与 y_i（$i=1$，2，…，n），则它们之间的相关系数被定义为：

$$r_{x,y} = \frac{\sum_{i=1}^{n}(x_i-\tilde{x})(y_i-\tilde{y})}{\sqrt{\sum_{i=1}^{n}(x_i-\tilde{x})^2 \times \sum_{i=1}^{n}(y_i-\tilde{y})^2}} \tag{5}$$

式中，$r_{x,y}$ 为要素 x 与 y 的相关系数；$\tilde{x}$ 和 $\tilde{y}$ 分别表示两个要素样本值的平均值；x_i 为 EVI 数据，y_i 为水文要素数据，如降水、水储量、土壤水和地下水。

三　结果与分析

（一）华北平原 EVI 和水文要素年内分布特征

图 2 为华北平原 EVI、降水、水储量、土壤水、地下水月值的年内分布特征。由 2002～2016 年月值求平均得到，例如 1 月降水量，为 2002～2016 年 15 个 1 月份降水量的平均值。如图 2 所示，华北平原降水集中分布在 6～9 月份；7 月份为峰值，高达 124.3mm。植被指数 EVI 与降水年内分布基本一致，相关系数高达 0.9。不同于降水的典型"单峰"年内分布特征，华北平原 EVI 年内呈"双峰"分布特征，于 5 月份、8 月份分别达到峰值，这一分布特征与华北平原的农作物生长季相匹配，5 月份是冬小麦生长高峰期，8 月份是夏玉米及其他非农作物生长峰值期。2002～2016 年水储量大致呈典型单峰年内分布特征，在丰水季（6～9 月份）水储量变化量处于年内峰值。由 EVI 年内分布特征发现，研究区域 5 月份植被指数 EVI 处于次峰值，但是 6 月份 EVI 处于明显低谷值；水储量在 6 月份也处于严重亏损状态，与该

月份 EVI 的低谷状态相一致。6 月份上旬是小麦农作物收割期，下旬是玉米等农作物播种期，小麦农作物的收割造成植被覆盖降低，EVI 值减少。而 6 月份玉米等农作物的播种期后需要大面积灌溉，抽取大量地下水满足农作物需求，造成区域水储量、地下水的严重减少。区域年内月 EVI 与土壤水相关系数为 0.59，二者的峰值时刻相一致（8 月份）。已有研究表明华北平原地下水是该区域水储量减少的主要因素，由图 2 可知，地下水在 7 月份和 11 月份出现低谷值，7 月份的明显低谷值是华北平原夏季农作物需求大量地下水导致的，11 月份低谷值是由抽取地下水灌溉冬小麦造成的。整体上，华北平原植被生长和水文要素的年内分布特征具有极强的相关性。

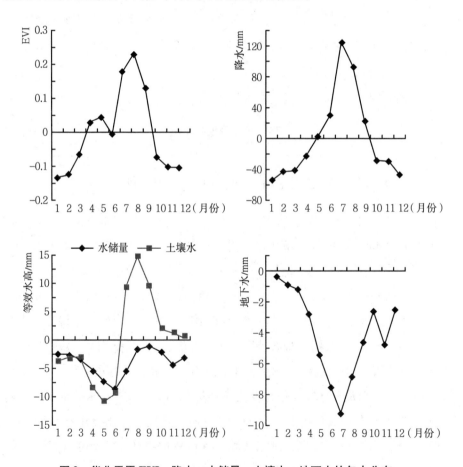

图 2　华北平原 EVI、降水、水储量、土壤水、地下水的年内分布

（二）华北平原 EVI 和水文要素年际变化趋势空间分布特征

基于月 EVI 影像，根据最大值合成法和最小值合成法分别得到 2002～2016 年的逐年 EVI 最大值和最小值空间分布，利用一元线性回归法计算得到该时期华北平原 EVI 年最大值和年最小值的变化趋势空间分布（见图3）。从空间格网变化速率的幅度可知，EVI 年最小值年变化速率的幅度（－0.01/a～0.01/a）小于 EVI 年最大值变化速率的幅度（－0.02/a～0.02/a），且二者变化趋势空间分布差异明显。研究区域 53% 格网的 EVI 年最大值的趋势分析值为正值，表明这些格网的 EVI 年最大值呈增长趋势；47% 格网的 EVI 年最大值趋势分析值为负值，表明这些格网的 EVI 年最大值呈减少趋势。研究区域 81% 格网的 EVI 年最小值的趋势分析值为正值，表明这些格网的 EVI 年最小值呈增长趋势；19% 格网的 EVI 年最小值趋势分析值为负值，表明这些格网的 EVI 年最小值呈减少趋势。对 EVI 年最大值和 EVI 年最小值的变化趋势分别进行 MK 显著性检验。整个华北平原 29% 格网的 EVI 年最大值的年际变化通过显著性检验（$P<0.1$）；49% 格网的 EVI 年最小值的年际变化通过显著性检验（$P<0.1$）。从空间分布特征发现：EVI 年最大值显著变化格网（$P<0.1$）集中分布在黄淮平原的南部地区，冀鲁豫低洼平原区北部，燕山—太行山山麓平原北部及山东丘陵农林区的东部；EVI 年最小值显著变化格网（$P<0.1$）集中分布在黄淮平原区的中北部、西部及冀鲁豫低洼平原区中南部地区。

对图 3 变化趋势空间分布进行统计得到整个华北平原及 4 个不同生态子区域的 EVI 年最大值和 EVI 年最小值在 2002～2016 年的年际变化速率的平均值（见表2）。研究时段内，整个华北平原及其子区域的 EVI 年最大值年际变化趋势的区域格网平均值小于 EVI 年最小值年际变化趋势的区域格网平均值。华北平原的 EVI 年最大值呈微弱增长趋势，区域平均年际变化速率为 0.001/10a，除黄淮平原区呈增长趋势外，其他 3 个子区域呈减弱趋势，其中燕山—太行山山麓平原区的 EVI 年最大值年际减少速率最大，值为 －0.008/10a，冀鲁豫低洼平原区次之，速率为 －0.007/10a，山东丘陵农

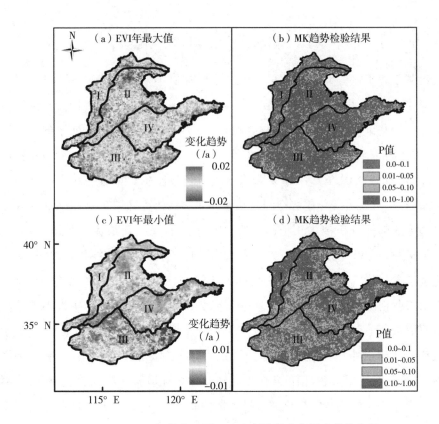

图3 2002～2016年华北平原EVI年最大值和年最小值的年际
变化趋势和MK显著性检验空间分布

注：（a）为燕山—太行山山麓平原区，（b）为冀鲁豫低洼平原区，（c）为黄淮平原区，（d）为山东丘陵农林区。

林区 EVI 年最大值以 -0.001/10a 的速率减少。华北平原 EVI 年最小值呈增长趋势，速率为 0.017/10a。4 个子区域的 EVI 年最小值亦呈增长趋势，其中黄淮平原区增长速率最大（0.024/10a），冀鲁豫低洼平原区次之（0.018/10a），山东丘陵农林区 EVI 年最小值变化速率最小（0.010/10a）。2002～2016 年，黄淮平原区的 EVI 年最大值和年最小值均呈增长趋势，其他 3 个子区域 EVI 年最大值呈减少趋势，而 EVI 年最小值呈增长趋势。总之，华北平原非生长季植被状况好转，生长季的植被状况除黄淮平原区植被好转外，其他区域植被整体呈退化趋势。

表2 2002～2016年华北平原及不同生态子区域的降水、水储量、
地下水、土壤水、EVI年最大值和EVI年最小值的年变化速率

变量	华北平原	燕山—太行山山麓平原	冀鲁豫低洼平原区	山东丘陵农林区	黄淮平原区
降水/(mm/a)	-2.61	8.73	7.23	-10.67	-9.80
水储量/(mm/a)	-1.19	-1.41	-1.29	-1.23	-1.07
地下水/(mm/a)	-0.75	-0.96	-1.01	-0.85	-0.53
土壤水/(mm/a)	-0.53	-0.15	-0.43	-0.38	-0.93
EVI年最大值/(/10a)	0.001	-0.008	-0.007	-0.001	0.013
EVI年最小值/(/10a)	0.017	0.012	0.018	0.010	0.024

　　由图4中华北平原的降水、水储量、土壤水及地下水的年际变化趋势空间分布可知，2002～2016年，燕山—太行山山麓平原区和冀鲁豫低洼平原区降水呈增加趋势，山东丘陵农林区和黄淮平原区的降水呈减少趋势。整个研究区域的水储量变化量呈减少趋势，且减少速率由东向西逐渐递增，最小值达-2.4mm/a。燕山—太行山山麓平原的中北部及山东丘陵农林区中部局部地区的土壤水呈微弱增加趋势；华北平原其他区域的土壤水呈减少趋势，且减少速率由北向南逐渐递增，黄淮平原区达到最大减少速率，为-2mm/a。由图4中地下水变化率空间分布图可知华北平原地下水呈减少趋势，中西部地区减少速率最大，为-1.6mm/a；黄淮平原区南部3个格网和山东丘陵农林区近海地区的1个格网的地下水呈微弱增加（高达0.25mm/a），可忽略不计。

　　对图4变化趋势空间分布进行统计得到整个华北平原及4个不同生态子区域的降水、水储量、土壤水、地下水在2002～2016年的年际变化速率的平均值（见表2）。2002～2016年，华北平原降水以-2.61mm/a的速率减少；水储量、土壤水和地下水均以不同速率呈减少趋势。燕山—太行山山麓平原区和冀鲁豫低洼平原区的降水的增多与EVI年最小值的增多呈正相关；水储量、地下水、土壤水的减少趋势与EVI年最大值的减少呈正相关。黄淮平原区的降水、水储量、地下水和土壤水呈减少趋势，且土壤水减少速率是四个子区域中最大的，降水、水储量、地下水、土壤水的减少趋势与EVI

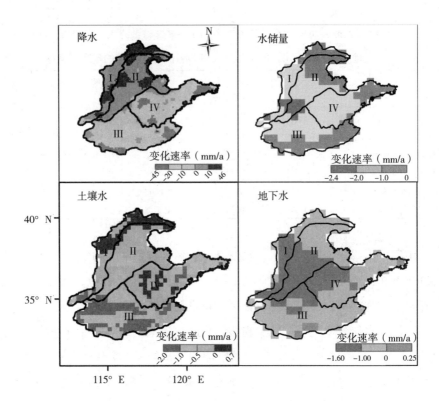

图 4　2002～2016 年华北平原的降水、水储量、土壤水、
地下水年际变化趋势空间分布

注：Ⅰ为燕山—太行山山麓平原区，Ⅱ为冀鲁豫低洼平原区，Ⅲ为黄淮平原区，
Ⅳ为山东丘陵农林区。

年最大值和 EVI 年最小值的增大趋势呈负相关。山东丘陵农林区的降水减少速率较大，与该区域 EVI 年最大值的减少趋势呈正相关关系，与 EVI 年最小值的增长趋势呈负相关关系。

四　讨论

（一）华北平原植被生长状况及与其他区域异同

表1 展示了华北平原与中国和其他地区（青藏高原、黄土高原、黄河

流域、珠江流域、塔里木河流域、京津冀地区）的植被生长状况。基于 MODIS NDVI 数据赵舒怡等发现2001～2013年华北平原植被覆盖主要呈上升趋势。本文基于 MODIS EVI 年最大值发现2001～2013年华北平原植被亦呈增长趋势（见图5），与已有研究结果相一致。不同区域或同一区域不同时段的植被生长状况存在异同，且不同区域气候变化和人类活动对地表植被变化的贡献量不同。青藏高原植被覆盖主要受降水影响，黄土高原、黄河流域、塔里木河流域、华北平原植被覆盖变化受气候变化和人类活动共同作用，珠江流域、京津冀城市群植被覆盖主要受人类活动影响。

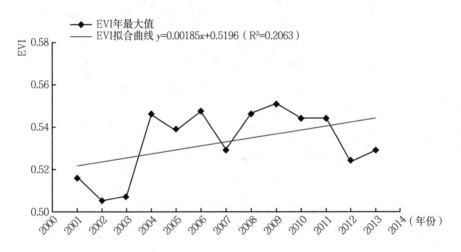

图5　2001～2013年华北平原植被指数 EVI 年最大值年际分布

图6为华北平原土地覆盖/土地利用分布，主要包括耕地、草地、林地、水域、城乡工矿居民用地、未利用地6个一级类型，其中耕地面积约占总面积的72.4%，城乡、工矿、居民用地面积约为15.6%，草地、林地、水域、未利用地的分布面积分别为4.3%、3.5%、3.6%和0.6%。耕地以旱地为主，面积占耕地总面积的94.4%。黄淮平原区植被类型以农作物为主，生长季植被长势最佳，EVI 值最高（见图1）；华北平原的林地和草地等自然植被占少部分，集中分布在山东丘陵农林区，该区域 EVI 指数低于黄淮平原区（见图1）；燕山—太行山山麓平原区北部和冀鲁豫低洼平原区北部是

城乡、工矿、居民用地集中分布区，该区域植被指数最低（见图1）。整体上，华北平原以农作物为主，植被指数分布呈典型季节分布规律，人类活动（例如灌溉、城市扩张等）直接影响植被生长状况。

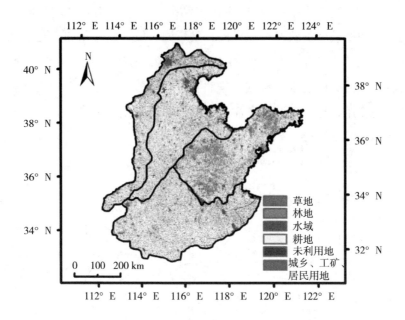

图6　华北平原土地覆盖/土地利用分布

（二）华北平原植被生长与水文要素相关性分析

EVI年最大值和年最小值与降水、水储量、土壤水、地下水等水文要素多年时序数据之间的相关系数见表3。2002～2016年，华北平原EVI年最大值与降水、水储量、土壤水和地下水的相关系数均为正值，而EVI年最小值与各水文变量的相关系数均成负值，且后者的绝对值大于前者的绝对值（见表3）。从相关性角度分析，降水、水储量、土壤水、地下水的增多对EVI年最大值起正面作用，促使植被好转；而EVI年最小值的增长需要消耗更多水资源量。从相关系数数值上看，水储量、土壤水、地下水与EVI年最大值及EVI年最小值的相关系数明显大于降水，说明华北平原植被与水储量、土壤水和地下水的相关性更好，即水储量、地下水、土壤水能够更敏感地反映区域植被的动态变化。

表3 EVI年最大值和年最小值与降水、水储量、土壤水、
地下水年时序数据的相关系数

变量	降水	水储量	土壤水	地下水
EVI 最大值	0.03	0.38	0.41	0.41
EVI 最小值	-0.19	-0.62	-0.46	-0.56

基于年时序数据和多年平均值，计算得到各变量年距平值。图7为EVI年最大值、EVI年最小值、水储量、土壤水、地下水、降水2002～2016年间的年距平值时序分布。依据降水多年时序分布特征将华北平原气候分为四个阶段（见表4），2002年，降水距平值为21世纪以来的极小值，定义为枯年；2003～2008年，多年平均降水距平值为66.4mm，为丰年；2009～2014年，多年平均降水距平值为-48.7mm，为枯年；2015～2016年，平均降水距平值54.7mm，为丰年。4个阶段植被生长状况和水文要素的分布情况是：受2002年降水量极少影响，该年EVI年最大值、EVI年最小值、水储量、土壤水和地下水等要素低于多年平均值；2003～2008年为丰水年，EVI年最大值、水储量、土壤水、地下水等要素较2002年明显增多，且较多年平均状态高或者基本持平，EVI年最小值较多年平均状态略微偏低；2009～2014年为枯水年，EVI年最大值和EVI年最小值高于多年平均值，EVI年最大值较相邻丰水年阶段偏低，同时区域水储量、土壤水和地下水较多年平均量偏低；2015～2016年为丰水年，EVI年最小值多于多年平均值，而EVI年最大值、水储量、土壤水和地下水等低于多年平均值，且分别低于上一时段的植被和水文要素状态。

研究表明，降水影响华北平原生长季和非生长季的植被状况，而植被生长状况还受人类活动（如地下水灌溉、城市扩张等）影响，并未与降水保持完全同步。这主要是因为华北平原的降水已不能满足其植被生长需求，为满足植被生长需求，需消耗水储量、土壤水和地下水。目前，华北平原的农

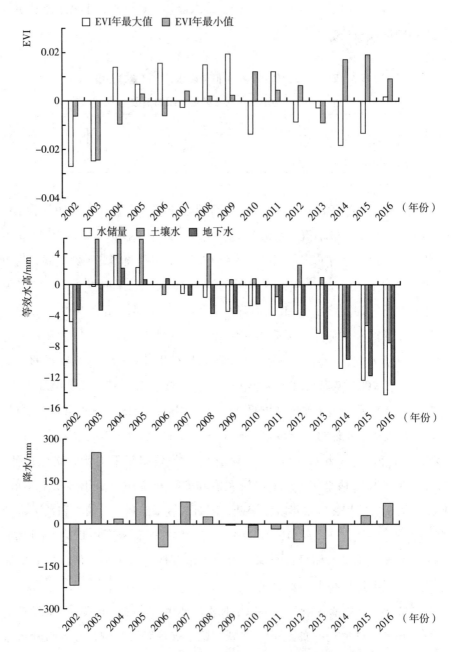

图 7　2002～2016 年 EVI 年最大值、EVI 年最小值、水储量、
土壤水、地下水、降水的年距平值时序分布

业用水以抽取地下水灌溉为主。特别是冬小麦的大范围种植，在解决粮食安全问题的同时，也带来了地下水超采等问题。"为维持农作物生长消耗地下水"这一现象与本文结果"EVI年最小值与水储量、土壤水、地下水呈负相关关系"相一致。

表4　不同气候状态下植被和水文要素变化

变量	2002年	2003～2008年	2009～2014年	2015～2016年
降水/mm	－215.6	66.4	－48.7	54.7
EVI年最大值	－0.027	0.004	0.002	－0.006
EVI年最小值	－0.006	－0.005	0.001	0.014
水储量/mm	－4.7	0.5	－5.1	－13.3
土壤水/mm	－13.1	4.8	－0.5	－6.3
地下水/mm	－3.2	－0.8	－4.9	－12.3

五　结论

本文采用线性回归、Mann-Kendall趋势检验、相关系数等方法，利用2002～2016年MODIS EVI植被指数及降水、水储量、地下水和土壤水等数据，分析华北平原植被生长状况和水文要素时空变化特征，探讨植被生长状况与水文变化量之间的相关关系，得到以下结论。

（1）2002～2016年，华北平原的EVI年最大值呈微弱增加趋势，速率为0.001/10a；EVI年最小值呈明显增长趋势，速率为0.017/10a；区域降水、水储量、土壤水、地下水等水文要素值均呈减少趋势。

（2）黄淮平原区EVI年最大值、EVI年最小值呈增长趋势，降水呈减少趋势；燕山—太行山山麓平原区、冀鲁豫低洼平原区的EVI年最大值呈减少趋势，EVI年最小值呈增长趋势，降水呈增长趋势；山东丘陵农林区EVI年最大值呈减少趋势，EVI年最小值呈增长趋势，降水呈减少趋势。4个子区域的水储量、土壤水、地下水均以不同速率呈减少趋势。

（3）华北平原植被生长状况受水文要素、人类活动（灌溉、土地利用）

双重影响。降水影响华北平原生长季和非生长季的植被状况，而植被生长状况由于还受人类活动影响，并未与降水保持完全同步。生长季植被生长状况与水储量、土壤水、地下水呈正相关关系，非生长季的植被生长状况与水储量、土壤水、地下水呈负相关关系。

华北平原水文要素变化十分重要，它关系区域内人类生存及社会经济发展。从近十来年华北平原植被生长状况时空特征变化可以看出，华北平原植被生长依赖降水和地下水，地下水在供给该地区植被生长中发挥了极为重要的作用，但也存在较多问题。本区降水量远远无法满足植被生长需求，很多地区依靠地下水维持植被生长，而地下水消耗量大且更新慢，对未来植被生长需求有一定的胁迫。在全球变暖的大背景下，如果人类活动继续加强，将会使华北平原水资源日趋减少，对区域内生态环境、人类生存以及社会经济发展产生灾难性影响。因此，在气候变化和人类活动影响的大背景下，研究植被对水文变化的响应机理，探讨不同生态环境的植被生长特征，可以为制定合理的地下水开采制度提供理论依据，消除影响植被生长的不利因素，对区域生态环境产生积极影响。下一步工作将定量计算出区域人类活动对华北平原水资源的消耗及植被生长状况的贡献量，为制定合理有效的水资源管理制度、生态保护政策等提供理论依据。

参考文献

[1] Cornelissen J H C, van Bodegom P M, Aerts R, Callaghan T V, van Logtestijn R S P, Alatalo J, Chapin F S, Gerdol R, Gudmundsson J, Gwynn-Jones D, Hartley A E, Hik D S, Hofgaard A, Jónsdóttir I S, Karlsson S, Klein J A, Laundre J, Magnusson B, Michelsen A, Molau U, Onipchenko V G, Quested H M, Sandvik S M, Schmidt I K, Shaver G R, Solheim B, Soudzilovskaia N A, Stenström A, Tolvanen A, Totland Ø, Wada N, Welker J M, Zhao X Q, Team M O L., "Global Negative Vegetation Feedback to Climate Warming Responses of Leaf Litter Decomposition Rates in Cold Biomes," *Ecology Letters*, 2007, 10 (7).

[2] 孙红雨、王长耀、牛铮、布和敖斯尔、李兵：《中国地表植被覆盖变化及其与

气候因子关系——基于 NOAA 时间序列数据分析》，《遥感学报》1998 年第
3 期。

［3］ Koirala S, Jung M, Reichstein M, de Graaf I E M, Camps-Valls G, Ichii K,
Papale D, Ráduly B, Schwalm C R, Tramontana G, Carvalhais N., "Global
Distribution of Groundwater-vegetation Spatial Covariation," *Geophysical Research
Letters*, 2017, 44 (9).

［4］ Liu C M, Yu J J, Eloise K., "Groundwater Exploitation and Its Impact on the
Environment in the North China plain," *Water International*, 2001, 26 (2).

［5］ Yu F F, Price K P, Ellis J, Shi P J., "Response of Seasonal Vegetation
Development to Climatic Variations in Eastern Central Asia," *Remote Sensing of
Environment*, 2003, 87 (1).

［6］ Huete A, Didan K, Miura T, Rodriguez E P, Gao X, Ferreira L G., "Overview
of the Radiometric and Biophysical Performance of the MODIS Vegetation Indices,"
Remote Sensing of Environment, 2002, 83 (1/2).

［7］ 卓嘎、陈思荣、周兵：《青藏高原植被覆盖时空变化及其对气候因子的响应》，
《生态学报》2018 年第 9 期。

［8］ 信忠保、许炯心、郑伟：《气候变化和人类活动对黄土高原植被覆盖变化的影
响》，《中国科学》D 辑《地球科学》2007 年第 11 期。

［9］ 王行汉、丛沛桐、刘超群、亢庆、扶卿华、赵敏、王晓刚、刘晓林：《2004～
2013 年珠江流域植被变化及其胁迫分析》，《生态学报》2017 年第 9 期。

［10］ 罗敏、古丽·加帕尔、郭浩、郭辉、张鹏飞、孟凡浩、刘铁：《2000～2013 年
塔里木河流域生长季 NDVI 时空变化特征及其影响因素分析》，《自然资源学
报》2017 年第 1 期。

［11］ 袁丽华、蒋卫国、申文明、刘颖慧、王文杰、陶亮亮、郑华、刘孝富：《2000～
2010 年黄河流域植被覆盖的时空变化》，《生态学报》2013 年第 24 期。

［12］ 李卓、孙然好、张继超、张翀：《京津冀城市群地区植被覆盖动态变化时空分
析》，《生态学报》2017 年第 22 期。

［13］ 阿多、赵文吉、宫兆宁、张敏、范云豹：《1981～2013 华北平原气候时空变化
及其对植被覆盖度的影响》，《生态学报》2017 年第 2 期。

［14］ 赵舒怡、宫兆宁、刘旭颖：《2001～2013 年华北地区植被覆盖度与干旱条件的
相关分析》，《地理学报》2015 年第 5 期。

［15］ Wang Q F, Shi P J, Lei T J, Geng G P, Liu J H, Mo X Y, Li X H, Zhou H K,
Wu J J., "The Alleviating Trend of Drought in the Huang-Huai-Hai Plain of China
Based on the Daily SPEI," *International Journal of Climatology*, 2015, 35 (13).

［16］ Cao Y P, Nan Z T, Cheng G D., "GRACE Gravity Satellite Observations of
Terrestrial Water Storage Changes for Drought Characterization in the Arid Land of

Northwestern China," *Remote Sensing*, 2015, 7 (1).

［17］Save H, Bettadpur S, Tapley B D., "High-resolution CSR GRACE RL05 Mascons," *Journal of Geophysical Research*: *Solid Earth*, 2016, 121 (10).

［18］Feng W, Zhong M, Lemoine J M, Biancale R, Hsu H T, Xia J, "Evaluation of Groundwater Depletion in North China Using the Gravity Recovery and Climate Experiment (GRACE) Data and Ground-based Measurements," *Water Resources Research*, 2013, 49 (4).

［19］Chen Y Y, Yang K, He J, Qin J, Shi J C, Du J Y, He Q, "Improving Land Surface Temperature Modeling for Dry Land of China," *Journal of Geophysical Research*: *Atmospheres*, 2011, 116 (D20): D20104.

［20］刘洋、李诚志、刘志辉、邓兴耀:《1982～2013 年基于 GIMMS-NDVI 的新疆植被覆盖时空变化》,《生态学报》2016 年第 19 期。

王家耀院士谈中国新型智慧城市的发展[*]

问：目前，正在推进"新型智慧城市"建设试点，那么如何定义"新型智慧城市"呢？

王：关于这个问题，我想首先分析一下城市信息化的进程。20世纪80年代，开启了以个人计算机的大规模普及和应用为标志的数字化浪潮，人类第一次体会到信息化带来的巨大变化。20世纪90年代中期，开启了以美国提出的"信息高速公路"建设计划为标志的互联网应用的网络化浪潮，人类开启了在网络空间的数字化生存和生活方式。进入21世纪，随着人工智能技术的快速发展，对已有的城市信息系统进行深入分析，找出其中的瓶颈或需要优化的环节，用人工智能技术加以解决，以提高智能化水平和自动化程度。这就是城市信息化的三次浪潮，即数字化、网络化和智能化。

与城市信息化进程相应的，就出现了数字城市、无线（网络）城市、智慧城市。

"新型智慧城市"是在什么背景下提出的呢？"新型智慧城市"是与"新型城镇化"的概念相呼应的。同时，"新型智慧城市"也是针对"数字城市""智慧城市"建设中存在的问题提出的，如许多部门都各自搞了"试点"，缺乏顶层设计、统筹规划，系统之间不能互联互通、信息不能共享、"信息孤岛"问题突出，需要加强顶层设计、统筹规划、科学引导、有序推

* 河南省时空大数据产业技术研究院院长王家耀院士接受"慧天地"微信公众号院士专访。

进。正是在这样的背景下，国家发改委、中央网信办等25个部门于2016年5月联合国成立了"新型智慧城市"部级协调工作组。其职责包括：研究新型智慧城市建设过程中跨部门、跨行业的重大问题，协调各部门研究新型智慧城市建设的配套政策；建立监督考核机制，加强对各地区新型智慧城市建设的指导和监督；组织各部门制定统一的智慧城市评价指标体系，协调发布智慧城市年度发展情况；协调组织对外交流合作。提出了新型智慧城市建设的"四大目标"和"五大任务"。

到底什么是"新型智慧城市"呢？要弄清什么是"新型智慧城市"，首先得弄清什么是"智慧城市"。

智慧城市是通过互联网把无处不在的智能传感器连接起来形成物联网实现对物理城市的全面感知，利用云计算等技术对感知信息进行智能处理和分析，实现网上"数字城市"与物联网（物理城市）的融合，并发出指令，对包括政务、民生、环境、公共安全、城市服务、工商活动等在内的各种需求做出智能化的响应和智能化的决策支持。

新型智慧城市，是适应新型城镇化发展建设需要，以信息化创新引领城市发展转型，全面推进新一代信息通信技术与城市发展融合创新，加快工业化、信息化、城镇化、农业现代化融合即"四化"融合，提高城市治理体系和治理能力现代化水平，实现城市可持续发展的新路线、新模式、新形态。

问：新型智慧城市到底"新"在哪和"智"在哪呢？

王：我个人认为，新型智慧城市就"新"在新理念、新思维和新方法。新理念，指创新、协调、绿色、开放、共享的发展理念和"一切为了服务、一切都是服务"的服务化理念，以人为核心成为新型智慧城市的基本价值取向；新思维，指"互联网＋"思维（跨界思维），认识互联网、适应互联网、使用互联网，时空大数据思维，"一切凭大数据说话、一切靠大数据决策"成为社会常态；新方法，指系统科学与系统工程方法，把新型智慧城市建设作为一个复杂巨系统工程。新型智慧城市的"智"主要表现在七个方面：一是智能感知，无处不在的智能传感器实现全面综合的感知感测，实时智能地获取城市各种信息；二是全面互联，通过物联网将无处不在的智能传感器连接起来，通过互联网实现感知感测数据的传输和云存储；三是深度融合，将多源异构大数据融合为一致性的数据集；四是资源共享，实现数据即服务（Daas）、功能即服务（Saas）、平台即服务（Paas）、基础设施即服务（Iaas）和知识即服务（Kaas）；五是协同运作，各部门、各行业高效、有序、可控运行，达到城市运行的最佳状态；六是智能服务，为人们提供各种不同层次、不同要求的低成本、高效率的智能化服务；七是激励创新，政府、企业、个人都可以在"新型智慧城市"这个大平台上进行科技和业务的创新应用。

综上所述，数字城市是城市信息化的初级阶段，智慧城市是城市信息化的高级阶段，新型智慧城市是新型城镇化条件下智慧城市水平的进一步提升，更加强调了智慧城市建设与工业化、信息化、城镇化、农业现代化的融合发展。

问：中国智慧城市的概念与欧洲或北美智慧城市的概念有哪些不同点和共同点？

王：我国关于智慧城市/新型智慧城市的概念前面已经介绍了，"四大目标"和"五大任务"很明确，"四大目标"：一是实现"以人为本"的指导思想，以人的"幸福度""获得感"作为智慧城市/新型智慧城市的价值取向；二是实现"资源驱动发展→创新驱动发展"的城市发展转型，以创新引领发展；三是实现"互联网＋"、时空大数据、云计算等新兴信息技术与城市发展融合创新，提高科技创新能力，构建技术创新体制，消除"孤岛现象"；四是实现城市治理体系和治理能力的现代化，促进城市可持续发展。为了实现"四大目标"，提出了新型智慧城市建设的"五大任务"：一是大力实施"互联网＋城市"行动，二是加强体制机制创新和城市资源整合，三是推进工业化、信息化、城镇化、农业现代化融合创新，四是着力解决"城市病"（交通拥堵、环境恶化、洪涝灾害等）和民生领域（医疗健康服务、教育、就业、住房等）的问题，五是构建无处不在的惠民服务体系和透明高效的政府治理体系。

我认为，我国关于智慧城市/新型智慧城市的概念和理解是由自身城市（镇）化进程和城市信息化进程决定的，是符合中国国情的智慧城市/新型智慧城市。

在国外，美国能源部的 Hall 认为，智慧城市是"通过监测和整合各种重要基础设施的运营情况，优化其资源配置，规划其维护措施，监督城市安全，同时最大化地服务城市居民"；美国 IBM 公司的 Harrison 等认为，智慧城市是"通过物理基础设施、信息技术基础设施、社会基础设施和商业基础设施整合群体智慧（Collective Intelligence）的城市"。欧盟委员会认为，"智慧城市被认为具有可持续发展、经济型发展和高质量生活等特点，这些可以通过物理基础设施、人力资本、社会资本和信息技术的基础设施获得"。联合国国际电讯联盟认为，智慧城市是"知识化、数字化、虚拟化和生态化"的城市，"是以信息和信息技术为基础设施，对当今城市功能和结构的一个改善"。但是，无论是中国还是外国，关于智慧城市还是有一些共同的元素，即市民参与、技术支撑、服务社会、运维运营、政府主导。智慧城市本身就是城市信息化的高级阶段，信息（网络通信、大数据）技术确实是核心推动力量；市民是城市生活的主体，只有市民的参与和应用，才能使技术真正释放出力量；智慧城市的服务对象是全社会，包括政府、企业、公众，只有全社会的广泛应用，才能提升国家管理和治理的现代化水平；只有采用科学合理的运维运营方式，才能保证智慧城市可持续发展，实现跨层级、跨地域、跨系统、跨部门、跨行业的协同管理和服务；政府对智慧城市的政策主导至关重要，否则，智慧城市建设这样的复杂巨系统工程就难以变成现实。

问：中国新型智慧城市的发展现状如何？在建设新型智慧城市过程中我们会面临哪些挑战？如何应对这些挑战？

王：从整体上看，我国城市信息化已基本完成数字化、网络化，正在向智慧化迈进，估计全国现在已有 500 多个城市在推进智慧城市建设。其中，做得好或某些方面做得好的，如中共宁波市委 2010 年出台了宁波市智慧城市规划，而且在智慧交通建设方面收到较好效果；苏州市在 2003 年开始的数字苏州建设的基础上，2010年制定了"智慧苏州"规划纲要（2010～2015），并且每个年度都有"行动计划"和"年度总结"；福州市在"数字福建"的大背景下，"智慧福州"建设效果明显，特别是在统一建设数据（信息）中心和数据集中共享方面取得了很好的经验；深圳市的"智慧城市"建设做得很实在，特别是在基于时空框架数据的大数据集中整合、共享服务和统一运维方面很有特色；"智慧银川"在服务和保障民生方面做得很有特色，收到了很好的效果。在智慧城市的平台建设方面，智慧武汉时空信息云平台、智慧重庆时空信息云平台等也取得了很好的应用效果。

但是，我们必须清醒地看到，正在推进新智慧城市建设的500多个城市中，真正做得好的不多，在建设新型智慧城市的过程中我们还面临许多挑战。

挑战之一：顶层设计缘何难以落地？新型智慧城市建设规划必须具有权威性、针对性、可操作性和继承性。新型智慧城市建设是一个复杂的巨系统工程，必须要有科学、合理、可行的顶层设计（总体规划），坚决防止目前一些地方新型智慧城市顶层设计问题的发生，如随领导更换而"翻烧饼"不具权威性，规划千篇一律不具针对性，目标和任务不明确、不具体不具可操作性，一切"从头来"不具继承性（迭代发展），注重面上顶层设计、不注重智慧基层（社区）建设而不具群众性等，避免造成重复建设和人力物力财力的浪费。新型智慧城市顶层设计"翻烧饼"对城市的可持续发展是一"大忌"，顶层设计必须经过科学论证、经市人大常委会批准，使之具有权威性，在推进过程中可以修改调整、迭代演进，但不能"推倒重来"；新型智慧城市顶层设计千篇一律不具针对性的根本原因，是调查研究不够甚至没有进行调查研究，因此，顶层设计的前期必须花大力气进行调查研究，要调查城市信息化进程即数字城市、智慧城市建设的状况尤其要弄清存在的问题，调查政府、企业、公众的需求，这样做出来的顶层设计才具针对性、才有特色；要解决目标和任务不明确、不具体的问题，必须深刻理解新型智慧城市部级协调工作组提出的"四项目标"和为了实现"四项目标"而提出的"五项任务"，并结合具体城市的实际和特点，提炼出新型智慧城市建设的具体目标、任务和相应的具体"智慧工程"项目，制订各项目的实施方案和计划，这样才具有可操作性；从数字城市到智慧城市再到新型智慧城市，是城市信息化进程中的"迭代演进"过程，当我们进行新型智慧城市建设时，不能把前面的都推翻、一切"从头来"，坚持继承创新才是正确之道。

挑战之二：数据集中共享缘何难以实现？建设"全国一体化的国家大数据中心"是解决之道。全国一体化的国家大数据中心是新型智慧城市建设的重中之重。深刻领会和落实习近平总书记2016年10月9日在主持中央政治局第36次集体学习时的重要讲话精神，真正做到"以数据集中和共享为途径，建设全国一体化的国家大数据中心，推进技术融合、业务融合、数据融合，实现跨层级、跨地域、跨系统、跨部门、跨业务等协同管理和服务"。目前，许多地方领导对数据作为新型智慧城市建设重要基础支撑认识不够、缺少配套的集中整合与开放共享的政策和机制保障，导致信息资源不能共享，系统之间不能互联互通互操作、孤岛现象仍然严重等。要解决这个问题，首先要大力培育和推进"数据文化"，使各级领导认识到大数据是新型智慧城市建设的重中之重，让"一切凭数据说话、一切靠数据决策"成为常态，把数据基础设施建设摆在"重中之重"的位置；要出台数据集中整合与开放共享的配套政策，明确数据的控制权、所有权、管理权和使用权，做到"各得其所"；要深刻认识和理解建设全国一体化的国家大数据中心的内涵，国家只能有一个国家级大数据中心，各省（自治区、直辖市）只能有一个省级大数据中心，各市（州、盟）只能有一个市级大数据中心，国家级、省级、市级的大数据中心必须是与全国"一体化"的，必须"纵向贯通、横向联通"，而这是要通过"推进技术融合、业务融合、数据融合"才能达到的，其目标是要"实现跨层级、跨地域、跨系统、跨部门、跨业务等协同管理和服务"。

挑战之三：新型智慧城市的"大脑"到底是什么和长成什么样？建设时空大数据平台是正确选择。

新型智慧城市建设的核心，即新型智慧城市的"大脑"是什么，对此众说纷纭。在建设"数字城市"时，提出建设"数字城市基础地理空间框架"；在建设智慧城市和建设新型智慧城市时，一段时间内，提出建设"时空信息云平台"，最近国家业务主管部门（国家自然资源部）又提出建设"时空大数据平台"。可是一直以来，"数字城市基础地理空间框架"应用效果不好，有的甚至基本没什么用；"时空信息云平台"效果也不尽如人意，作用不明显；"时空大数据平台"内涵是什么、怎么建、采用什么样的技术体制，不清楚。

之所以出现上述问题，最主要的是我们对数字城市、智慧城市、新型智慧城市的数据基础支撑理解片面。说白了，圈外（非测绘地理信息行业）的人不了解"空间数据"或"时空数据"及其重要作用，圈内（测绘地理信息行业）的人又跳不出"空间数据"或"时空数据"的"小圈子"，缺乏"＋"即"跨界融合"的意识。总结"数字城市"到"智慧城市"再到"新型智慧城市"的过程，我认为"新型智慧城市"只能有一个"大脑"，这个"大脑"就是"时空大数据平台"。这个"大脑"长成什么样呢？

首先要回答为什么提出"时空大数据"这个概念。"时空大数据"的提出，就是要解决"＋"即"跨界融合"的问题，其依据是哲学时空观、社会治理的时空观、作战指挥与军事行动的时空观、非线性复杂地理世界表达的时空观和大数据的时空观。据此，时空大数据可定义为"基于统一时空基准（空间参照系统与时间参照系统）、活动（运动变化）在时间和空间中，与位置直接（定位）或间接（空间位置关联）相关联的大数据"。时空大数据由"时空框架数据"（测绘导航基础数据）和"时空变化数据"（通常说的"大数据"）融合而成，具有位置、属性、时间、尺度、分辨率、异构性、多样性、多维、价值隐含性、快速性（事前而非事后）等特性。"时空大数据"是通过"时空大数据平台"来加工处理和提供应用的。

什么是"时空大数据平台"呢？所谓"时空大数据平台"，是"把各种分散的和分割的时空大数据汇聚在一个特定的平台上，并使之发生持续的聚合效应。这种聚合效应就是通过数据多维融合和关联分析与数据挖掘，揭示事物的本质规律，对事物做出更加快捷、更加全面、更加精准和更加有效的研判和预测。从这个意义讲,时空大数据平台是时空大数据的核心价值,是时空大数据发展的高级形态,是时空大数据时代的解决方案"。作为新型智慧城市"大脑"的"时空大数据平台",应该具有很强大的功能,例如,传感器网络(简称"传感网")实时动态接入功能,已建分布式地理信息系统(GIS)、数据库的网格化(第三代互联网/新一代 Web)集成应用功能,多源异构时空大数据融合、共享、交换功能,时空大数据分布式存储、管理和动态更新功能,时空大数据分析、挖掘与知识发现及知识表达功能,面向主题多变性、强交互性、快速性和直观性要求的时空大数据可视化功能,决策支持(数据、模型算法、知识)功能,时空大数据平台应用接口功能,网络空间数据安全态势监控与防范功能等。这就是作为新型智慧城市"大脑"的"时空大数据平台"的模样。

挑战之四:新型智慧城市建设与服务为何难以长期可持续发展?长期存在的、统筹协调的建设运维运营机制至关重要。

为什么一些城市在数字城市、智慧城市乃至目前正在推进的新型智慧城市建设过程中,建立了一个又一个的"系统"或"平台",可是建成不多久就"用不好"甚至"没用了",很重要一点就是很多人并未认识到这是一项复杂巨系统工程,是一项长期的战略性工程,必须运用系统科学理论和系统工程方法,必须有战略思维。

新型智慧城市建设是需要全社会广泛参与的,政府、部门、企业(行业)和公众统筹协调的建设运维运营机制至关重要。总结我国目前新型智慧城市建设推进比较好的城市的经验,必须通过四个方面来发挥政府、部门、企业、科研院所、高校和用户等各自的作用及优势,实现全过程的统筹协调。一是创新组织机构保障。成立城市"一把手"任组长、各部门主要领导参与的新型智慧城市领导小组、设立办公室,突出政府的主导作用,具体落实国家新型智慧城市部级协调工作组提出的"四项职责"、"四项建设目标"和"五项任务",抓好机制建设,如共建共享机制、工作机制和考核机制等。二是协同创新机制保障。建设"政产学研用"新模式,发挥政府指导下的产业(企业)、院校、科研机构和用户(政府、企业、公众)优势互补的综合优势，提升协同创新能力，为新型智慧城市的高水平、高质量发展提供可持续的技术支撑，按照"一个体系架构（SOA）、一张天地一体的网格（新一代网络 Web）、一个通用功能平台、一个数据集（一致性数据集合）、一个城市运行中心、一套标准"的"六个一"工程推进新型智慧城市建设，从而实现治理更现代、运行更智慧、发展更安全、人民更幸福的宏伟目标。三是创新运维运营模式保障。根据我国城市信息化进展情况，有两种运维运营模式可供选择：对于信息化建设条件较好的城市，可以采用政府主管部门下属事业单位主导的运维运营模式，如依托技术队伍规模较大、实力较强的城市地理信息中心及相关单位；对于不具备前述条件的城市，可采用所谓"PPP"运维运营模式，即政府（以软件部分的第三方评估价值作为注册资本）与企业社会资本合资成立项目公司，以项目公司作为运维运营主体，明确政府与企业的风险分配框架、项目运行方式、交易结构、采购方式、合同体系和监管架构等。

问：您认为我国新型智慧城市发展趋势如何？我们离进入成熟的新型智慧城市时代还有多久？人们在哪些方面能真切地感受到新型智慧城市带来的服务与便利？

王：对于第一个问题，即我国新型智慧城市发展趋势如何，据《科技日报》记者叶青报道（2019 年 6 月 25 日），"我国智慧城市已基本完成数字化、网络化，正在向智能化、智慧化迈进"。总体来看，这个判断不能说错。但我一直认为城市的数字化、网络化、智能化是一个迭代演进过程。总体上讲，大规模数字化基本完成，不过有的城市至今"四大数据库"还未建成，而且如何用好这些数据还有差距；城市网络基础设施建设取得了很好成绩，但并没有通过互联网把城市各部门建立的数据库、业务应用部门信息系统全面连接起来，实现信息资源共享和系统之间互联互通；全国有 500 个城市（镇）正在推进新型智慧城市建设，可总体做得好的并不多；数据显示，2019 年中国智慧城市市场规模预计将突破 10 万亿元，未来 5 年将保持年均 33.38% 的复合增长率，2022 年将达到 25 万亿元，可是我们不能陶醉于这样的"市场规模"，我们追求的是城市"治理更现代、运行更智慧、发展更安全、人民更幸福"的目标。我们要认真地按照国家部级协调工作组确定的目标和任务，从创新组织机构保障、协同创新机制保障和创新运维运营模式保障 3 个方面，扎扎实实地推进新型智慧城市建设，少开甚至不开那种"大轰大嗡"的"高端论坛"之类的"大会"，多开一些针对新型智慧城市的某些专题的研讨会，坐下来讨论几天，真正解决新型智慧城市建设中的问题。随着国家治理体系和治理能力现代化的不断推进，随着"创新、协调、绿色、开放、共享"发展理念的不断深化，随着网络强国战略、国家大数据战略、"互联网 +"行动计划的实施和"数字中国"建设的不断发展，城市被赋予了新的内涵和新的要求，这不仅推动了智慧城市向新型智慧城市演进，更为新型智慧城市建设带来了前所未有的发展机遇，我国新型智慧城市发展必将越来越好。

对于第二个问题，即我们离进入成熟的新型智慧城市时代还有多久，前面我说过，由"数字城市"到"智慧城市"再到"新型智慧城市"是一个长期的战略目标，城市是不断发展演进的，城市信息化也是不断发展演进的，只有起点没有终点。当然，如同城市发展演进到一定程度会进入相对成熟期一样，新型智慧城市发展演进到一定程度也会进入相对成熟期。关键在于这个"程度"如何掌握，我想还是应以新型智慧城市的 4 项目标的基本实现作为衡量这个"程度"的标志。我国从 1998 年举办第一届"数字城市"国际学术研讨会（广州），2003 年制定"数字苏州"建设方案，到 2010 年中共宁波市委发布宁波智慧城市规划、苏州市发改委推出"智慧苏州"规划纲要（2010~2020），再到 2016 年中国"十三五"规划进一步提出建设新型智慧城市，短短十多年间经历了三次迭代演进。在这个过程中，已经出现了一些新型智慧城市建设比较成功的城市，积累了一定的经验（当然也有教训）；网络基础设施具备较高水平，数据基础设施建设也有较好的基础；人工智能技术应用越来越广泛，创新驱动城市发展转型已见成效；城市管理治理能力的现代化有了良好的开端，必将有力地促进城市可持续发展；"以人为本"的指导思想贯穿新型智慧城市建设全过程，为民、便民、惠民工程收到了好的效果。因此，我想再过 10~15 年，我国的新型智慧城市有可能进入相对成熟期。

对于第三个问题，即人们在哪些方面能真切地感受到新型智慧城市带来的服务与便利，新型智慧城市的第一个目标，就是坚持"以人为本"的指导思想，以人的"幸福度""获得感"作为新型智慧城市建设的价值取向。新型智慧城市给人们带来的服务和便利是多方面的。例如：智慧路面交通，使人们出行前就可获取城市天气、路面拥堵、路面施工等路面交通信息，帮助人们确定出行方式和行车路线，开车出行过程中可通过电子支付（ETC系统）快速通过（不用排长队）；智慧地下交通（地铁），人们可通过人工智能（算法、大数据、计算能力）打造的智能运维、综合安防、支付安检一体化、行车自动化等平台，感受到安全可靠、便捷精准和高效运行的便利感和舒适感；智慧文化旅游，人们可通过"智慧文化旅游信息平台"查询景区景点并制定文化旅游线路、通过智慧引导到达需要观赏的景点，购买所需要的文化产品；智慧医疗与健康服务，可以使人们的健康检查资料在医院之间互认，可以享受到在线远程诊断与治疗、远程指导精准手术；智慧商务（如网上购物），可使人们在网上遍览各种相关商品，足不出户就可发出订单和网上电子支付，并且很快收到自己所需要的商品；智慧农业，实现"选种育种、作物生长过程监测预警预报（土、水、肥、病虫害）、产量估算、收割入仓、销售、加工、餐桌"全产业链的智能化和智慧化，农民将从传统农业中解放出来，实现真正意义上的科学种田，成为农业师和农业工人；智能制造，以"3D打印"为例，它是人工智能算法、大数据、计算能力"三驾马车"一体化的集成应用，是对传统制造技术工艺的颠覆性革命，能把制造业工人从繁杂的体力劳动中解放出来，而且速度快、成本低；智能家居，更是人们最能体验到的，智能锁、智能电表、智能电饭锅、智能空调等，使家居更加舒适化；等等。

2019 年 11 月

关于实施河南省大数据战略发展的提案[*]

秦　奋　高晓阳　秦耀辰^{**}

人类社会进入大规模生产、分享和应用数据的大数据时代，社会、经济和生活都发生了巨大的变化，进而影响人类的价值体系、知识体系和生活方式，因此，大数据研究及应用都十分重要。我国十分重视大数据战略发展，2015 年，国务院印发《促进大数据发展行动纲要》，中共十八届五中全会提出"实施国家大数据战略"，加快建设数据强国，中共十九大又进一步强调"推动互联网、大数据、人工智能和实体经济深度融合"，2017 年 12 月 8 日，习近平总书记在中共中央政治局第二次集体学习时强调，实施国家大数据战略，加快建设数字中国，为我国大数据发展指明了前进方向，明确了工作重点。2016 年，我省获批了国家级大数据综合试验区，这个国字头的试验区建设，对我省实施创新驱动发展战略，加快产业转型升级起到了积极的促进作用。

为了更好地推进实施我省大数据发展战略，我们提出以下几点建议。

---

* 政协河南省第十二届委员会第一次会议提案，被选为2019年重点提案和好提案。

** 秦奋，博士，教授，博士生导师，地图制图学与地理信息工程学科带头人，主要研究领域包括科学数据共享、地理过程模拟、生态环境遥感等；高晓阳，民建开封市委员会主委；秦耀辰，河南大学环境与规划学院院长、教授、博士生导师，长期从事人文地理学、地理信息系统专业的教学与研究工作。

一　加快推进我省大数据国家综合试验区建设

一是成立高规格的领导管理机构，统筹试验区及全省大数据领域发展，建议设立河南省大数据管理委员会，负责河南省大数据管理、应用与产业发展等方面事务，为更好地协调各部门开放共享使用数据，该机构规格要高一些。二是建立试验区大数据发展智库，选聘国内外大数据领域专家、鼓励我省高校、科研院所、企业的专家进入智库，为试验区大数据发展提供强大的智力支持。三是进一步推进支持试验区发展的政策措施，狠抓试验区实施方案和实施意见的落实，细化各项扶持政策，推动大数据技术产业快速发展。四是推动大数据试验区技术产业创新，推进人工智能等新技术在大数据领域的应用，推动大数据产业的创新发展。五是进一步深化大数据试验区发展战略，开展经济社会生活等方面大数据深度应用示范，为建立智慧社会模式提供示范样本。

二　推动我省数字经济发展

一是要编制我省数字经济发展规划，从数字经济顶层设计、战略规划及重大工程等方面确定我省数字经济发展方略，谋划大数据产业发展战略与举措，抢占数字经济发展先机。二是推动数字经济和实体经济融合发展，将互联网、大数据、人工智能同实体经济深度融合，推进实体经济科技创新，促进实体经济转型升级。三是做好信息化和工业化深度融合，推动制造业加速向数字化、网络化、智能化发展，推进工业互联网基础设施和数据资源管理体系建设，推动 3D 打印技术在工业中的应用，使大数据成为工业生产的核心要素，推动工业智能制造和个性化产品生产。四是创立数字经济环境下的政府治理新模式，提升政府治理智能化、科学化、系统化水平。建立基于大数据的政府决策支持系统，及时给出决策方案，实时跟踪评估方案的执行过程，适时科学调整方案的执行问题，准确评价方案的执行效果。

三 推进数据资源开放共享

一是出台我省数据资源开放共享政策，制定我省数据开放共享法律，依法推进我省数据资源开放共享。二是制定数据共享标准和技术系统，为我省数据开放共享打下坚实基础。三是建立我省数据资源开放共享服务网站，建立大数据服务云平台，为我省大数据应用提供"一站式"服务，强力推进政府部门数据开放，引导扶持企业等单位数据共享使用，为全社会提供大数据资源。

四 加强大数据知识学习

让全社会认识了解大数据是实施大数据发展战略的重要基础。一是要加强领导干部大数据知识培训，让大数据进入各级各类领导干部学习教育的课堂，让领导干部全面充分认识大数据及其作用，引领领导干部在工作中建立大数据时代管理新理念，提出并实施以大数据推进经济社会发展的创新措施。二是编制大数据知识培训读本，在中学、大学开展大数据科普教育，让学生们充分认识大数据和大数据的作用，养成大数据思维模式。三是在各类继续教育中加强大数据知识培训，培育大数据文化，让人们认识到大数据带来的社会变革、思维变革、生活方式变革和产业变革，培育大数据时代的数据文化，推进社会进步。

五 启动智慧河南建设

党的十九大提出了乡村振兴战略，习近平总书记强调建立数字中国，这些都表明建设智慧河南势在必行。一是继续推进智慧城市建设，运用大数据提升城市管理系统化、精细化、科学化，及城市运行的智能化、自动化水平，改善城市生产生活条件，提升城市建设质量。二是开展智慧农村建设，运用大数据提升农业生产、农村管理的智能化、科学化水平，提高农民生活的幸福水平，促进乡村振兴。三是推动大数据在我省行业、部门的创新应用，提升我省大数据应用智能化水平，加快智慧河南建设进程。

六 建立我省网上"丝绸之路"

一是建立网上丝绸之路服务平台，建立我省网络丝绸之路云服务中心，推进丝绸之路国家和节点城市建立分中心，推进网络丝绸之路数据、项目和人员共享交流。二是集成网上丝绸之路大数据库，建立数据采集标准和方法，建立网络丝绸之路的数据库，为丝绸之路沿线国家和节点城市提供大数据服务。三是推进网上丝绸之路落地国家项目、产业和经贸合作，扩大我省对外开放交流，推进我省及网络丝绸之路经济发展。

第二部分 | 应用案例

北京农信通科技有限责任公司——"农产品质量安全追溯"应用案例

北京农信通科技有限责任公司*

物联网技术的出现，为建立农产品质量安全追溯平台提供了解决之道。构建一套基于物联网相关技术的农产品质量安全追溯平台势在必行，不但能够为农产品质量安全监管追溯提供技术保障，而且能够促进物联网技术的应用发展。农产品质量安全追溯平台是依托现代数据库管理技术、网络技术和条码技术，将整个食品链从生产、加工、包装、储运、流通和销售所有环节进行信息记录、采集和查询的系统，可以溯源查询到农产品源头和流向，当农产品发生问题时，可以追溯查询到每个环节，为农产品的安全保障提供有效的监管。

将"物联网、移动互联网、云计算"技术与传统农业生产相结合，自主研发"农产品质量安全追溯平台"，帮助农产品生产企业建立产品可追溯体系，从传统农业生产环节入手，逐步向"农资—生产—加工—流通—使用"全产业链扩展，从源头上推动农产品"安全、高质、标准化"生产，在农村与城市之间架起一座信任的桥梁，让人们的生活更加美好。

一 农产品质量安全追溯所需基础设备

该平台基础设备主要是通过物联网采集农作物环境参数，通过智能录入

---

* 执笔人：陶莉慧。

生产过程信息，包括农业智能传感终端、无线传感网通信终端、视频监控系统和数据监控中心。在农作物生育期内，通过建设实施传感器、小型气象站、视频监控等设备，自动监测和采集农作物信息进行控制和管理，并对上传信息进行汇总、存储。

（一）数据采集设备

传感器数据采集：各类传感器监测获得的数据首先通过数据线传输到数据采集终端，然后由数据采集终端采用 GPRS 数据包方式发送到管理服务器，数据采集终端集成 GPRS 通信模块。控制指令也是采用 GPRS 方式发送到控制终端，由控制终端执行操作。

视频监控数据传输：由于视频监控数据码流比较大，1080P 高清摄像机必须由 4M 以上的线路进行传输。因此，视频监控的数据必须通过有线或无线局域网方式传输。有线局域网可通过铺设光缆实现，无线局域网主要是采用 5.8G 的点对多点传输网络，可实现 3 千米半径范围内的 4M 数据传输。

1. 农田小气候监测站

各传感器及摄像头组成一架农田环境气象站即一个信息采集点，气象站每分钟会对种植区内的信息进行采集，并通过无线传输的模式，把采集来的空气温湿度、土壤温度、土壤水分、二氧化碳、光照、风速和风向等通过中间把模拟信号转化为数据信号，通过电脑、手机客户端来实现数据的实时显示，达到精准管理农田，节约用水、施肥、农药的作用。

LED 显示屏可实时显示种植园内各种物联网传感器参数，集中监控所有温室的温度、湿度等参数。采用本系统能将所有温室的温湿度传到"大屏幕数据屏"一同显示，同时，在计算机上也能同步显示。

2. 土壤墒情监测站

土壤墒情监测系统能够实现对土壤墒情（土壤湿度）的长时间连续监测。用户可以根据监测需要，灵活布置土壤水分传感器；也可将传感器布置在不同的深度，测量剖面土壤水分情况。系统还提供了额外的扩展能力，可根据监测需求增加对应传感器，监测土壤温度、土壤电导率、土壤 pH 值、地下水水位、地下水水质以及空气温度、空气湿度、光照强度、风速风向、雨量等信息，从而满足系统功能升级的需要。

土壤墒情监测系统能够全面、科学、真实地反映被监测区的土壤变化，可及时、准确地提供各监测点的土壤墒情状况，为减灾抗旱提供了重要的基础信息。土壤墒情监测系统主要由监控中心、通信网络、远程监测设备和土壤墒情检测设备四部分构成。

3. 常用传感器

各传感器及摄像头组成一架农田环境气象站即一个信息采集点，采用太阳能电磁板供电，方便安装与使用，节约布线成本。对农作物内的信息进行采集，并通过无线传输的模式，把采集来的空气温湿度、土壤温度、土壤水分、二氧化碳、光照、风速风向等通过中间把模拟信号转化为数据信号，通过电脑、手机客户端来实现数据的实时显示。

（二）视频监控设备

通过安装在示范园区内的高清网络球机，360°调节视角，对农作物生长状况进行全天候视频监控，管理人员可以随时随地通过计算机或手机清楚地看到大棚的情况，减少人工现场巡查次数，增加监管的有效性和实时性。

（三）无线传输网络

主要通过无线网络将前端数据采集部分传送给服务器，并提供远程终端访问主服务器，是整个项目数据的传输通道。各类传感器监测获得的数据首先通过数据线传输到数据采集终端，然后由数据采集终端采用 GPRS 数据包方式发送到管理服务器。数据采集终端集成 GPRS 通信模块。

二 农产品质量安全追溯流程分析

农产品质量安全追溯流程如图 1 所示。

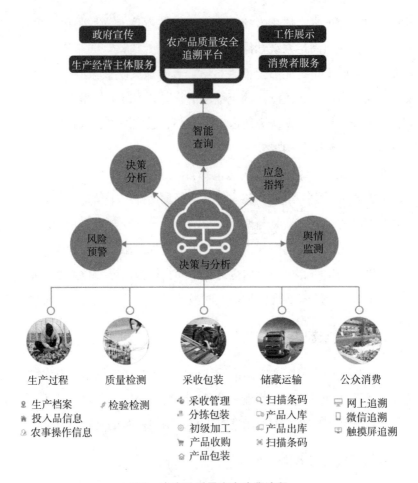

图1　农产品质量安全追溯流程

（一）生长种植阶段

企业需要按时提供种植信息，涉及灌溉、施肥、通风、保湿、修剪、除草、除虫、农药、化肥、农膜、植物生长调节剂和农机具等一系列种植的详细内容。相对于不同的植物，种植信息需要提供不同的详细的标准，化肥需提供品牌和施肥量，农药需提供原药品牌、稀释度和喷洒度，并将这些信息写入便携式设备，上传到食品安全平台数据中心，建立农作物档案（见图2）。

图2　种植业生产档案记录

（1）环境精准监控：根据农产品的需求，可以增加农业物联网远程监测系统24小时不间断地监控农产品种植地的空气、土壤温湿度、pH值大小、光照、CO_2含量（每个种植基地的情况不一样，采集参数个数也不一样）等指标，当某一指标不在安全范围内时，系统会自动发送警示至农户或生产管理者手机。

（2）选种质量记录：进行产地检测和种苗处理，并将合格种子信息输入便携式设备，上传到平台数据中心。

（3）施肥除草记录：每一次的施肥除草都将记录，相对于不同的种植物，记录信息需要提供不同的标准，化肥需提供品牌和施肥量，农药需提供原药品牌、稀释度和喷洒度。信息输入到便携式设备上，上传到平台数据中心。

（4）生长收割记录：记录产品的种植时间，生长过程的显著变化等信息。当产品成熟时，将按照产地标签分别收获并且分批进行农残、成分等质量检测。合格产品进行筛选、分级、称重、包装。质量认证机构采集食品详细信息、认证状况等食品安全数据，将数据信息上传到食品安全追溯数据中心。

当产品成熟且质量检测合格后，转换产地标签为产品追溯二维码标签，并利用二维码在线生成系统,打印标签,粘贴在食品包装上打印生产履历编号,此时的二维码标签内需含有生产者的姓名、产地编号/大棚编号、产品生长环境(如温度标准、湿度标准、日光标准等)、出棚日期、品种、检查结果及生产过程中的用药、施肥、灌溉、运输、销售地等追溯档案,方便实现上网查询。装箱:关联合格蔬菜二维码标签信息到周转箱 RFID 标签。装车:车厢内需有 RFID 识别器,用来读取装车蔬菜箱的标签信息,还需有温度传感器,监测车厢内温度。

(二)加工生产阶段

首先,将产品运输至食品加工厂时,加工厂需建立第二标签,采集所加工原料的标签信息,同时将食品加工工作人员及相关食品检验检疫技术人员信息写入标签。其次,当产品加工完成后,将标签标识在加工完成的产品上,并上传服务器数据库中,方便消费者的查询。最后,仓储管理记录:当产品装箱进仓库储存时,读取箱 RDIF 标签,写入进库时间和地点等信息,传入平台数据中心,当出库时,写入车辆信息、出库时间,上传数据中心。

(三)运输配送阶段

首先,装车过程环节监控:关联合格蔬菜二维码标签信息到周转箱RFID 标签,运输车车厢内需有 RFID 识别器,用来读取装车蔬菜箱的标签信息,还需有温度传感器,监测车厢内温度。其次,运输车辆在途监控:运输车统一配置 GPS 系统,用来监测运输车即时位置,同时可以将温度信息、运输车地理位置、所运送蔬菜信息,通过移动运营商基站上传至食品安全服务器中。最后,运输车辆目的地监控:对运输车通过 GPS 进行定位、监测,防止发生盗换蔬菜的现象发生。保证运输情况一目了然,确保产品不被假冒,安全送到农贸集散中心、超市、饭店、直销店、市场等定点地方。

对农产品及其属性以及参与方的信息进行有效标识是基础,对相关信息的获取、传输以及管理是成功开展食品跟踪的关键。供应链中的所有参与方应各负其责地提供正确的条码数据信息,确保记录与维护这些信息安全、可靠、准确。实施产品跟踪与追溯，要求系统具有"可靠、快速、精确、一致"的特点，有效地建立起食品安全的"预警机制"（见图3）。

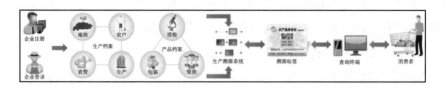

图3 运输配送

（四）销售阶段

在农产品运输阶段，运输车将农产品送到农贸集散中心、超市、饭店、直销店、市场等定点地方。搬卸农产品时，读取农产品周转箱RDIF标签上传到追溯平台数据库，通过查询上传地点获悉农产品运输目的地和农产品种类、数量，便于对照，防止假冒。消费者可以通过手机扫描食品二维码标签，从而通过查询食品来源决定是否购买。市场巡查人员和工商人员可以用手持读卡机读取标签，对比数据中心存储信息，保证市场的销售环境，确保食品的安全。

在购买食品后，消费者可以通过超市系统终端机、电子秤读取食品标签，打印小票，手机无扫描功能的消费者可以根据小票通过超市终端机查询和上网查询，或通过市场巡查人员、工商人员的手持机检查来源，随时随地查询食品源信息与质量认证等信息，并可及时举报虚假、错误信息，从而保证农产品的质量。

多渠道追溯查询结合当前各类IT及应用技术的迅猛发展，同时依托目前已经成熟的多种信息发布渠道，建立以互联网络、无线通信网络和有线电视网络为载体的多元化信息查询途径。

查询农产品信息时，不仅可以通过传统的平台查询来实现，还可以通过手机客户端拍码、手动输入，短信查询、电话语音查询以及在商超的触摸屏查询。

（1）网站平台查询：在农产品追溯查询平台（产品通）网站上，能够通过手动输入的方式来查询产品的追溯信息。通过手动输入追溯码进行产品信息查询的，在搜索框中输入所需要查询的追溯码，然后点击"查询"按钮，即可实现对产品信息的溯源。当输入正确的条码或者是追溯码时，将显示出商品的所有信息，从诊疗记录到免疫记录、从病虫害处理记录到检测结果等。

（2）手机客户端查询：提供与系统配套的安卓手机客户端，通过手机客户端可以直接对农产品进行追溯查询。客户端有拍码、手动输入两种查询方式，当输入正确的追溯码时，客户端会连接到中央数据服务器，提取与追溯码匹配的相关信息。当消费者需要更多的追溯信息时，可以点击"更多追溯信息"按钮，即可得到该农产品进一步的信息。

（3）短信查询：短信查询是基于 SMS 系统来实现的。具体是指发送追溯码到指定的号码，服务器收到短信后，会提取产品的一些重要信息，以短信的形式下发给用户。通过集成手机短信模块，开发实时追溯的短信平台，平台以网络为通信介质，提供有关产品实时的信息追溯，达到追溯与防伪的统一，消费者通过将产品追溯号通过手机短信发送到追溯服务号，系统自动返回相关追溯信息。

（4）语音查询：语音查询是基于 IVR（Interactive Voice Response）即互动式语音应答来实现的，用户可以直接拨打 4006 – 965 – 360 来查询，系统提供 $7 \times 24 \times 365$ 的自助服务。

（5）触摸屏查询：为了方便消费者在商超现场进行查询，开发在各大超市及市场适用的追溯触摸屏系统，实现触摸式的操作，触摸屏带有二维条码扫描模块，消费者通过扫描产品标签上的二维码，系统自动解码，返回相关质量安全信息到触摸屏，消费者可进一步点击触摸屏查看感兴趣的信息，从而实现消费者在购买产品时即可浏览到追溯信息。

查询功能主要是建立在二维码基础之上的，是面向用户的信息查询：用户通过互联网、手机终端等输入产品识别码或扫描二维码查询农产品的相关信息。二维码生成与打印：以国际通用的 Code 49 系统为编码基础，用户只需填入相关产品、地块等信息，即可自动生成条码并按标准化二维码格式打印出来，系统支持不同打印机和不同的码制。

（五）政府监管服务阶段

政府监管是指实现对农产品全流程的信息跟踪。从初级农产品的种植到初级农产品的收获运输以及检验、产品的再加工/包装及储藏，再到产品的运输及流通全过程必须做到关键信息的跟踪，以便对关键环节、重点农产品进行有效监控，确保各级政府监管部门为农产品安全提供服务支撑。

针对工商局监管：市场抽查、市场监管、餐饮等定点单位监管，确保消费阶段的顺畅。针对商务局监管：质检人员监管农产品品质、来源、流向。针对农贸市场监管：凭借手持机到市场巡查或进行电子秤销售重量监管并进行记录。针对质监局监管：通过登录互联网查看食品加工企业的加工环节。针对卫生局监管：餐饮、食堂等定点单位监管并记录。针对药监局监管：通过登录互联网对农产品用药情况进行检验和监管。

当发现产品有问题的时候，可以召回产品，通过农产品追溯系统，第一时间发现问题环节，通过对农业生产各个环节的感知和监控，做到责任到人，能够有效地防止食品安全问题的发生。

（六）系统架构

该系统以二维条码为载体，构建农产品质量安全溯源系统。通过在生产基地应用便携式农事信息采集系统，实现生产履历信息的快速采集与实时上传；通过在生产企业应用农产品安全生产管理系统，实现有机生产的产前提示、产中预警和产后检测；通过将各生产企业数据汇集到管理部门，构建追溯平台数据库，实现上网、二维条码扫描、短信和触摸屏等方式的追溯，从而保障农产品质量。

（七）远程控制设备

远程控制设备由测控模块、配电控制柜及安装附件组成，利用 GPRS 等无线通信技术与管理监控中心连接，当环境采集系统监测到大棚内空气温湿度、土壤温湿度、光照等参数超标时，户主可通过计算机或手机远程控制相应设备，并将数据自动上传到追溯系统中，生成生产过程记录。

三　农产品质量安全具体应用案例

（一）江西赣南脐橙通过农产品质量安全追溯系统的实施提高售价

2017 年北京农信通科技有限责任公司在江西省建设智慧农业项目，通过农产品质量安全追溯系统的建设实现赣南脐橙的全过程追溯与电子商务众筹，原来江西赣南脐橙面临仿造品牌众多，赣南的脐橙价格反而不高等现象，通过项目的实施赣南脐橙从 4.5 元/斤提高至 6.8 元/斤，该项目安排了两名实施人员，对江西都昌晨晖农业合作社 20 多名工作人员进行远程培训，并在生产园区安装了关键的物联网采集设备，包括数据采集设备（农田小气候监测站、土壤墒情监测站、常用传感器）、远程控制设备、视频监控设备、无线传输网络、数据查询设备等。建设了农产品质量安全追溯系统，包括追溯编码与标签管理子系统、便携式农事信息采集子系统、农产品安全生产管理子系统、农产品质量安全追溯子系统、农产品质量安全监管系统、农产品质量安全大数据可视化系统等业务应用系统。通过项目建设赣南脐橙的市场售价提升了 51.1%，高出市场平均售价 50% 左右，江西都昌晨晖农业合作社年产量达 23 万斤，促使当年脐橙增收了约 53 万元，在实际应用中得到了农业厅领导和农业企业的认可和好评。

（二）内蒙古多伦县羊肉通过农产品质量安全追溯系统的实施提高售价

2016 年，北京农信通科技有限责任公司在内蒙古多伦县羊肉实施羊只养殖全过程质量安全追溯系统，并与公司电商平台对接，开展"草原有我一只羊"众筹活动。原来内蒙古多伦县羊肉的售价是半只 600 元，通过项目的实施售价为半只 1200 元，同时用户可以参与众筹活动，促进了产品销售的渠道。该项目安排了两名技术人员对中亿牧业养殖公司的养殖工作人员进行了远程培训，在羊场安装了关键设备，包括增温控制、换气控制、通风小窗、导流板控制和喷淋喷雾控制等设备，羊场智慧管理与质量安全追溯系统包括对羊只个体、设备做唯一标识，在羊舍、产房等关键位置节点安装数据自动采集设备，为羊场管理人员配备移动数据采集设备（PDA），实现对管理环节的全无线专有网络覆盖，切实保障源头数据的真实、有效和及时，提高数据质量。该系统与公司电商众筹系统对接，在销售市场上受到欢迎，售价也比市场行情的价值高出了80%左右，整个羊场有3000多只羊，当年收益增加了约360万元，得到了政府和消费者的认可与好评。

（三）东北五常大米通过农产品质量安全追溯系统的实施提高产品可信度

2018年，北京农信通科技有限责任公司在哈尔滨市实施"互联网＋"现代农业项目，实施五常大米全过程质量安全追溯系统与五常大米舆情预警与监测系统。五常市是典型农业大县（市）、国家重要的商品粮食基地、全国粮食生产十大先进县之一，也是全国水稻五强县之一。五常大米受产区独特的地理、气候等因素影响，颗粒饱满，质地坚硬，色泽清白透明；饭粒油亮，香味浓郁。但市场上冒充五常大米的商家较多，要么就是用非五常稻花香的品种比如长粒香冒充，要么就是掺出来的。该项目安排了两名技术人员对五常市米稻库水稻种植专业合作社13名工作人员进行了远程培训，在种植大田安装了采集与监测设备，包括采集设备（农田小气候监测站、土壤墒情监测站、常用传感器）、远程控制设备、视频监控设备、无线传输网络、数据查询设备等。建设了五常大米质量安全追溯系统，包括追溯编码与标签管理子系统、便携式农事信息采集子系统、农产品安全生产管理子系统、农产品质量安全追溯子系统、农产品质量安全监管系统、农产品质量安全大数据可视化系统等业务应用系统。产品包装或出厂时，通过系统统一数据接口将数据传送到中心数据库，并通过条码打印机打印二维条码，实现与流通环节的衔接，从而保障五常大米的产品品牌价值，防止假冒伪劣产品以次充好。

四　农产品质量安全追溯的作用分析

安全溯源包括向上追溯以及向下追溯。当某一食品出现安全问题，可以通过溯源系统找到哪一个环节、哪一个原材料出现问题，同时能对该环节、原材料设计的同批次或者同原料食品进行追踪，必要时可以召回或者冻结此批次食品流出，这样可以将食品危害降到最低，实现农产品质量安全责任追究，同时满足消费者的知情权、选择权，提高企业产品形象、管理水平。其具体意义表现如下。

（1）面向政府：农产品质量安全追溯可实现农产品"主体有备案、生产有记录、投入品可监管、产品有标识、来源可查询、流向可追踪、质量可追溯、责任可追究、信息可共享"的全程化追溯体系，提高农安监管基层人员执法监管能力，规范市场秩序。

（2）面向农企（农户）：农产品质量安全追溯可建立从农产品种植到加工再到销售全过程的规范化管理体系，有利于农产品生产企业提升质量管理水平，通过标准化生产模式和信息化管理手段，提高劳动生产率。

（3）面向消费者：农产品质量安全追溯可促使企业生产自律，为消费者提供健康、安全的产品，从源头上保障了消费者的合法权益，真正实现吃得放心、吃得舒心，提高消费者的放心程度和信任度。

（4）面向农业全行业：农产品质量安全追溯可解决农民卖难，通过农产品质量安全追溯促进农产品上行，将优质农产品信息推送至微商城平台，平台对接采购方，为农民解决产品销售难的问题。实现向订单农业过渡，通过农业生产过程的监管，将每个生产周期优质农产品的产量固定，销售完成后，消费者进行下一生产周期产品的预订，根据预订的规模进行有计划的生产，逐步实现向订单化农业的过渡。

建立诚信体系，跟踪农产品生产的全过程，生产规模、生产品种的确定，从种子、农药、化肥等投入品开始，估算出产量规模，产品经过第三方实地取样的权威检测，检测合格后，统一包装上市销售，杜绝不合格产品、假货、以次充好等问题。

实现农民主导定价权，通过农产品质量安全追溯实现优质优价，政府指导定价，农民实际定价，提高农民自豪感。提高农民收入，通过农产品质量安全追溯结合电子商务改变以渠道商为主的农产品销售现状，以直销的方式，减少中间环节，增加农民收入。

实现农业标准化生产，指导农民在标准化生产的同时，通过不合格产品禁入，倒逼农业标准化生产。打造国际"生态、安全、绿色"为内涵的公共品牌，与地理商标、企业商标共同组成农特产品区域公共商标体系，同步发展，共同成长。通过培育公共品牌，与企业品牌互动营销，提升农业产业及绿色蔬菜的综合竞争能力。通过 1～3 年的努力，打造国际知名的商标。培育销售收入过千万元、过亿元的龙头企业，带动电商创业，提供更多就业岗位，充分发挥公共品牌的带动作用，建立完善的创业创新发展市场机制，力争到 2021 年实现产业综合产值提升、企业销售额大幅提升、农产品销售额占比提高，进而带动更多农户增收。

大博金科技发展有限公司——
"电子政务系统"应用案例

大博金科技发展有限公司*

一 系统简介

（一）产品架构 – B/S

产品架构 – B/S 如图 1 所示。

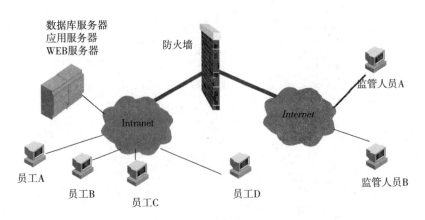

图 1 产品架构 – B/S

* 执笔人：赵洪涛。

（二）总体结构

大博金电子政务系统支持搭建横跨各企业的追溯与监管平台，支持把系统安装在政府指导的中央服务器上。企业通过互联网进行数据上传，政府监管人员通过互联网进行实时监管。其总体结构如图 2 所示。

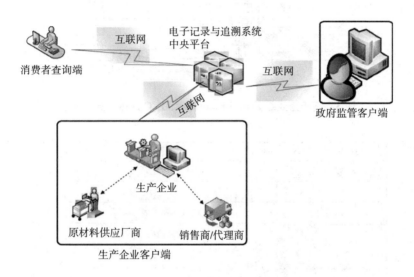

图2　大博金电子政务系统总体结构示意

（三）体系结构

大博金电子政务系统主要采用基于企业级 Zend Framework MVC 的体系结构，如图 3 所示。

（四）技术架构

系统应用平台具备跨平台、支持多种数据库环境的能力，采用构件化设计方式，易于扩展和维护。从逻辑体系架构来看，大博金电子政务系统分为多个层次，如图 4 所示。

大博金电子政务系统理论和技术主要呈现形式，如表 1 所示。

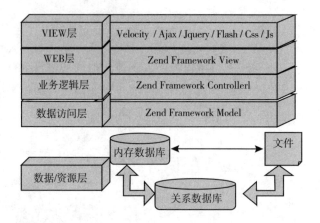

图 3 基于企业级 Zend Framework MVC 的体系结构示意

用户层	用户界面		
权限控制层	权限过滤/个性化定义		
表示层	基础系统模块		
接入层	基础应用平台		
应用层	WEB服务器/其他访问接口	系统管理	安全控制
	应用服务器　业务逻辑组件 软件中间件		
数据访问层	数据库系统		
硬件层	操作系统		
	主机平台/网络平台		

图 4 大博金电子政务系统技术架构

表 1 大博金电子政务系统理论和技术主要呈现形式一览

系统名称	系统功能	系统性能要求
企业质量档案系统	本系统主要建立企业基本档案信息	可查询企业的产品信息、生产设备信息、企业规模、生产状态、荣誉信息、认证信息、信用记录、企业证书更换迁址、日常监管、检验检测、企业追溯等
质量安全检测及预警子系统	本系统包括监督检查业务管理功能	各种立案查处功能、投诉举报信息采集功能等

续表

系统名称	系统功能	系统性能要求
监督抽查检验及后处理子系统	本系统主要对企业进行监督抽查	建议检验计划制订、审核、下达、上报、归类存档等
行政许可在线处理子系统	本系统主要实现在线申报、在线审批、在线查询	利用信息化手段缩短行政审批时间,提高工作效率
应急处理辅助子系统	本系统实现利用 3G 技术和智能手机作为本系统的网络和硬件载体,实现现场检查人员在检查过程中,使用安装有此系统的智能手机,把一些难判断和处理的问题以图片或视频的方式传输到系统数据库功能	在远端,专家登录系统后可以实时了解现场检查人员遇到的问题,经过判断后,通过电话、视频等通信方式为现场检查人员答疑,实现远程会诊
管理和决策支持子系统	本系统实现各业务模块的数据汇总与统计	为各级监管人员提供决策支持、计划管理、业务跟踪、绩效考核、数据查询、统计分析等
食品安全标准法规数据库	本系统收录全部视频生产许可审查细则	添加剂标准,监督抽查实施规范,便于用户查询食品安全标准及法规信息
地理信息系统	地理信息系统可以查询乳品企业所在位置及企业分布情况	确保重点区域,通过质量状况对比为安全预警提供可视化管理
后台管理系统	本系统分别建立行政监管人员、监管对象、技术机构、审查员的权限管理系统	按照各个角色的不同,实现省、市、县各级质检部门工作上的相对独立与协同联动权限管理下方便的信息共享。系统应用功能包括用户管理、数据字典、系统日志等

（五）技术路线

系统前端采用 PHP（包括 JAVASCTIPT、JSON、JQUERY、FLASH 等相关 WEB 开发技术）和 XML 相结合的技术进行网站设计的开发，由于 PHP 语言的快速开发及高速、高效等特性，而在数据表示和传输方面，XML 有着得天独厚的优势；近期 PHP5.3 的发布更是在与 XML 的组合方面提供了建立三层应用程序的最佳手段，同时，PHP 的开放性和扩展性，可以很方便地对其进行扩展。PHP 与 MYSQL 开发的系统具有跨平台运行的能力，无论是在 WINDOWS 环境下还是在其他主流操作系统下都能运行。同时 PYTHON 基于 C 语言的模型开发，在后端数据处理上提供了核心的支持，在速度和效率上提供了先决条件；PC 客户端部分采用 VC＋＋进行编写。

（六）一体化设计

大博金电子政务系统为省市县各级领导、行政监管人员、监管对象、技术机构、审查员集成业务系统和完善一套系统化的页面内容制作、审批、更新流程管理、应用开发、内容安全管理、角色和权限管理、后台应用系统业务支持的管理模式、追溯体系和技术平台。

整个大博金电子政务系统分三个层次建设和管理。第一层是各相关政府职能部门及下属职能部门的内部操作权限及相关业务流程建设。第二层是为企业提供追溯基础信息管理、追溯数据维护、跟踪与追溯查询等的综合信息服务网络，实现各职能部门间非公开、非机密、非商业化信息的共享。第一层侧重于具体的业务处理系统和监管体系，第二层侧重于乳制品企业的追溯数据发布和共享，这些应用都基于 B/S 设计。第三层则是面向公众的服务网络，大博金电子政务系统就是指在这一层的信息服务应用。这一应用基于 Internet 技术，通过国际互联网提供信息服务，在政府、企业、公众之间建立高效的信息交流平台。

在系统建设中，应用系统建设必须进行统一规划，公共功能要通过统一的应用系统实现。

大博金电子政务系统实现各功能模块数据互联互通，各子系统之间数据动态更新与同步。沿用多角色（省市县三级监管人员、审查员、检测机构、企业）的权限管理机制，管理员和用户可以根据自身拥有的权限灵活地配置。系统应能多平台（网络平台、移动平台、地理信息系统）实现和操作。

公司于 2018 年 6 月与郑州市二七区政务服务中心签订郑州市二七区政务服务中心关于"互联网＋政务服务"智慧大厅建设项目合同书，通过大数据分析展示系统演示数据的汇集、分析、展示，根据分析结果为群众主动推送服务，为决策层提供决策支持。

二 应用案例：郑州市二七区政务服务中心关于智慧大厅建设项目

（一）背景与意义

近年来，郑州市二七区深入推进"放管服"改革，以"一网通办"前提下的"最多跑一次"为目标，以权责事项清单为基础，以流程再造为关键，以"互联网＋"为支撑，围绕"全、快、优、新"做好"四篇文章"，加速推进政务服务"马上办、网上办、就近办、一次办"，全力打造优质高效的政务环境和营商环境。通过大数据分析展示系统演示数据的汇集、分析、展示，根据分析结果为群众主动推送服务，为决策层提供决策支持。

（二）创新与实践

一是多样化申报渠道。配备自助服务电脑、政务服务一体机、微信公众平台等终端设备及移动端，让群众随时随地体验政务服务信息化带来的便利。以办理"占用道路许可"为例，市民可通过政务服务一体机操作。

二是智能便民服务。大厅配备无声叫号系统，以短信、微信方式向办事群众主动推送实时排队取号、办事指南等信息，大大提升了大厅的降噪效果。同时，智能咨询引导系统、样表系统和自助服务取件柜，为群众智能办理、便捷填表提供便利，缩短群众的办事时间，提高办事效率。

三是实时监控全覆盖。配备监控球机 18 个，半球机 97 个，将大厅监控全覆盖。实现音频、视频数据实时采集、历史监控回放，为电子监察监控系统做数据支撑，为政务大厅服务跟进提供依据。主要做法是通过大数据分析展示系统演示数据的汇集、分析、展示，根据分析结果为群众主动推送服务，为决策层提供决策支持。"最多跑一次"让政府的职能发生了深刻的转变，真正让政府从"管理者"转变成"服务者"。"数据多跑路，群众少跑腿"的核心是将大数据理论引入政府服务工作中，是一次政府理念的创新、政府职能的转变、政府流程的再造。在大数据技术平台的支持下，通过简政放权、放管结合、优化服务等一系列组织模式来革新政府治理的组织架构，将传统的组织架构向合作、协同方面进行转型。

杭州海康威视数字技术股份有限公司郑州分公司——"校园综合安防"应用案例

杭州海康威视数字技术股份有限公司

项目建设总体要求：为充分发挥安全技术防范手段在学校安全方面的作用及学校未来发展需要，视频监控系统建设方案的设计上要充分考虑国内安防领域成熟的理念，前端、存储、监控中心等设备选用当前监控领域主流产品，确保整个系统的科学性、先进性、安全性、兼容性、稳定性和可扩展性，其具体要求如下。

一 高清视频监控系统

视频监控主要由两个场景组成，分别是室内场景和室外场景。根据不同场景的不同需求，灵活选择合适的前端监控产品，满足室内外各种场景下的监控需求。针对室内公共区域，新建273套400万智能半球网络摄像机，采用吸顶安装，安装简便且美观，除了能够看清进出人员之外，还需要看清进出人员的细节信息如携带的物品等内容。针对室外公共区域，新建400套400万智能筒型网络摄像机，内置红外与白光补光灯，支持白光报警功能，当报警产生时，可触发联动声音警报和白光闪烁。针对夜间无光环境，新建20套400万高清黑光球机和42套400万黑光护罩一体机，在晚上光线不足或无光的环境下，保障监控图像质量。针对湖岸边等危险区域，新建10套

400万全彩警戒球，支持区域入侵、越界入侵、徘徊、物品移除、物品遗留、人员聚集、停车、快速移动，并联动报警。在电梯轿厢安装电梯半球摄像机，其通过专用的视频传输线接入视频编码器中，从而实现对电梯的实时监控，由于电梯环境特殊，需要安装10套专用的电梯摄像机。针对室外制高点和大场景监控区域，此次新建8套高空拼接全景摄像机和12套低空拼接全景摄像机，内置GPU芯片，枪机看全景，球机看细节，其中低空拼接全景摄像机最高分辨率可达3200万像素。

二　人脸识别系统

校园安保管理主要对一些存在潜在危险的人员进行管控，如惯偷、公安黑名单人员、邪教分子等。在传统安防系统的基础上进行升级，采用人脸识别技术进行人员管控：黑名单布控、人脸检索、以图搜图、人脸轨迹等。在校门口及校园主要道路上架设113套人员管控系统，另外针对十字路口等大场景区域新建12套400万枪球联动人脸抓拍摄像机单元，在后端人脸比对管控系统大数据写入情况下，人脸图片建模速度不低于100张/秒，人脸图片建模成功率不低于99%，支持单场景同时检出不少于45张人脸，支持检出两眼瞳距15像素点以上的人脸图片，在标准环境下，人脸无明显遮挡的情况下，白天和夜晚单人图片的人脸检出率均不低于99%，支持检出水平转动不超过±60°、俯仰角不超过±45°、右斜向上、右斜向下、左斜向上、左斜向下角度的人脸，支持检出微笑、大笑、瞪眼、闭眼、张嘴、歪嘴、吐舌头等表情的人脸，支持检出齐刘海遮挡眉毛、头发遮挡眼睛、戴普通眼镜、戴墨镜、戴彩色眼镜、戴棒球帽、戴雷锋帽、戴普通帽子、戴头戴式耳机等遮挡方式的人脸，支持检出黄色人种、白色人种、黑色人种、棕色人种等不同人种的人脸，支持检出面部过曝、面部欠曝、阴阳脸、逆光等不同光照条件下人脸，可对经过的人员进行人脸识别抓拍，提供后续的人脸检索应用，如学生失联检索，可通过以图搜图的方式，用失联学生的照片检索对应的抓拍图片，形成人脸轨迹，使失联学生的行踪可视化。针对校园失窃、传播反动信息这些常见性社会人员问题，在校门口、行政楼门口以及重要的路段使用人员管控系统，可对经过人员进行人脸抓拍传到后端进行比对，与已经存在的校园惯偷或者重点关注人群进行比对，若比对成功则系统会发出告警，学校安保部门及时行动，控制住相关人员，减少师生的财产损失，维护校园的稳定秩序。

三　宿管考勤签到系统

用于宿舍进出口人员管控，采用架设人脸抓拍机的方式，学生只需自由地进出宿舍，前端人脸抓拍摄像机可在宿舍出入口的区域内进行人脸识别抓拍，并上传人脸图片至后端进行分析比对，比对成功后，将在信息发布屏上显示考勤信息，若识别出黑名单人员则会触发报警和相应的提示信息。该模式由于采用的是非配合式人脸识别，不会造成宿舍门口拥堵的现象。

四　超速抓拍系统和违停检测系统

针对消防通道等禁止停车区域，新建16套400万违停球机，支持违法停车抓拍功能，且白天和晚上违法停车捕获率、捕获有效率均大于99%。

针对校园主要干道，新建6套卡口测速系统，校园测速卡口系统借助高清微卡口抓拍摄像机、测速雷达和道路信息发布屏，完成校园主干道进出车辆的车牌、车标、车身颜色等结构化数据的抓拍、雷达测速、速度信息显示等功能，安装简单，使用方便。同时，为传统的视频监控应用提供更加具体、规范的结构化数据，快速查找到相关的视频、图像数据，破解工作人员面对海量视频查找缓慢的难题。可利用校园卡口和雷达，结合架设的双基色LED显示屏，将车辆过车信息显示出来，如果车辆超速，可显示过车信息，同时将报警信息传送到监控中心，并进行弹图和声音提示，并自动记录在案。可根据规则设置超速次数，超过限定次数自动设置为黑名单。当车辆为黑名单时，车辆通过出入口将不会自动抬杆，出入口岗亭会提示该车辆为黑名单车辆，需根据学校管理要求，进行批评教育或采取其他措施后放行。

五　校园出入口管控系统

为了满足校园车辆正常出入特别是高峰期解决拥堵问题、来访车辆正常停车、校内车辆违停及超速管理，此次新建6套车辆车牌识别管控系统，采用一体化道闸、雷达防砸和雷达触发，无须挖沟和破坏原有路面，实现车辆的快速进出、快速停车以及校内车辆管控，对所有进出校园的车辆进行车牌识别和有效管理。车辆管理平台：负责对车辆资源、用户资源、设备资源等进行统一管理和配置，用户可通过应用平台进行车辆查询、管理。

六　云存储系统

此次学校监控改造涉及上千路高清视频监控点位，面对PB级的海量存储需求，传统的SAN或NAS在容量和性能的扩展上会存在瓶颈。此次项目采用云存储技术，新建8台48盘位IoT–云存储，每台采用48块6T企业级IoT硬盘，满足前端重点部位监控90天存储和非关键部位监控30天存储。IoT–云存储具备以下功能。

（一）视频流直写

采用标准的信息传输控制协议、传输控制流程和协议接口，通过监控前端视频流主动直写存储方式，简化存储流程，有效提高存储效率。

（二）稳定可靠的数据存储能力

采用系统负载均衡策略，多台存储设备组建系统集群，在系统运行中能保证存储节点故障后，最大支持不超过（n–1）/2台存储设备故障业务不中断，持续提供存储服务。

（三）持续稳定的线性扩展能力

云存储系统通过集群智能化部署以实现性能与容量的线性扩展，满足用户对高性能、高可用性的需求。

（四）应用服务

云存储系统是一套贴合用户需求而设计的视频云存储系统，其先天的基因中就融入了面向应用的特质，在不断发展的趋势下这种面向应用的特质会不断地为用户提供高效、灵活、可靠的专业级存储服务。

（五）统一管理及运维

云存储系统具有高效灵活的空间管理能力，通过全系统分层集群的设计将系统的管理资源进行整合，并根据负载均衡算法建立全高效并发处理机制，提高了系统的整体性能。对视频云存储系统内的设备和资源的运行情况进行统一监控，以标准的 SNMP 协议与运维服务器进行数据交互，能够非常便捷地实现系统整体运维。

七 监控中心改造

监控指挥中心作为校园安防的基本配置部门，承担着校园安防综合管理、应急事件指挥调度等职能，以确保校园公共安全，提升校园师生安全、校园治安环境等治理和服务水平。通过现代通信技术、系统，实现远程指挥中心与突发事件现场及时准确的信息交流，便于指挥中心做出决策。

此次监控中心改造采用 LED 全彩屏＋LCD 超窄边液晶拼接屏的方式，视频解码拼控系统采用集图像处理、网络功能、日志管理、设备维护于一体的电信级综合处理平台设计，满足数字视频切换、视频编解码、视频编码数据网络集中存储、电视墙管理、开窗漫游显示等功能。

智慧型校园可视化综合管理平台基于视频、地图等各种基础应用，建立集安全保卫、防范监控、GIS 应急实战、安保业务应用于一体的集中管理平台；通过将多种应用功能模块集中整合在系统中，打破传统安防系统仅是对视频信息监控的功能，从多个维度对校园的安保工作进行管理。要求平台支持纯车牌、车主卡辅、纯卡片、卡主车辅四种识别模式，支持新能源车牌识别。支持显示屏显示车辆超速信息，包括车牌号码、车辆速度、实时时间，支持车辆黑名单布控，支持车辆白名单管理，支持单个点位测速，支持两个点位间的区间测速，支持卡口普通过车信息、超速信息、黑名单信息查询，支持卡口点位过车流量和违章事件的统计，支持车辆经过各卡口点位的轨迹查询。支持对重点人员识别，处于重点人员名单内的人脸出现时，系统自动报警，支持对陌生人识别，人脸不在名单内时，系统自动报警。支持以脸搜脸，对人脸图片进行检索，检索结果支持列表模式和地图模式，地图模式可以按照时间顺序形成人脸轨迹，用于描述目标人员在该区域的移动路线。

河南超图信息技术有限公司——智慧城市"平顶山模式"应用案例

河南超图信息技术有限公司*

智慧平顶山时空信息云平台建设是原国家测绘地理信息局、河南省测绘地理信息局、平顶山市人民政府三方共建的国家试点计划项目。项目以"再造一座城"为工作目标,大力引进高分遥感、北斗导航、时空大数据平台、物联网数据感知等高新技术,完善时空基准,全面整合数据资源,接入物联网感知设备信息,关联与整合政务信息,把真实的城市搬进数字网络空间,构建时空信息大数据库和时空信息云平台,打造智慧城市"平顶山模式"。

构建时空大数据,打造智慧城市"超级大脑"。项目组在数字平顶山地理空间框架项目的基础上,将空间基准提升为时空基准,将基础地理信息数据库提升为时空信息大数据库,将地理信息公共服务平台提升为时空信息云平台。

建成由静态数据、动态数据、实时数据组成的覆盖全市域的时空大数据资源池。构建宏微观、地上下、室内外、动静态、二三维、历史现状"六位一体"时空大数据资源体系。

建立静态、动态、实时融合的时空大数据更新模式,实现"活数据"的有效汇聚。项目通过卫星影像、航空摄影、城市修补测、专项调查、网络

---

* 执笔人:郜利康。

抓取等技术手段，建成空、天、地、网一体化的时空数据采集体系，根据不同数据更新频率，实现平顶山时空大数据的定期更新、动态更新、按需更新和实时更新。

构建"一体三面"的平台服务体系，实现"云租户"市县共享。"一体"，即以统一的时空大数据作为支撑基底，搭建通用版智慧平顶山时空信息云平台，提供矢量、影像、地形、地名、地址、三维等静态数据服务，提供视频位置、公交路线和实时位置、空气监测站位置和监测信息等实时数据服务。"三面"，即面向自然资源管理、政务服务、社会公众三个服务方向，依托自然资源专网、电子政务外网和互联网，分别建设国土空间基础信息平台（一期）、时空信息政务服务云平台和政务空间信息惠民公众平台。

实现"跨系统"数据协同，提高政府部门间业务协同能力。智慧平顶山时空信息云平台国家试点项目创新应用数据自动化抓取与清洗技术，将平顶山时空大数据中分散在垂管系统、科室业务系统的部门业务数据进行融合，实现跨层级、跨部门、跨业务的数据自动化汇聚与建库更新，以及平顶山市各部门"跨系统"专题数据的自动化协同共享，使部门工作各环节实现有效衔接；整合平顶山市基础地理信息数据、物联网数据、实时数据、部门专题数据等信息，依托云环境向各部门提供其所需的数据、接口、功能、基础设施等服务，推动国土、规划、交通、环保等各行业智慧化工程，缩短各部门智慧化应用建设时间。

边建设边服务，当好党委、政府的决策助手。为落实项目成果服务平顶山经济高质量发展需求，项目通过迭代式项目建设成果交付机制，以"边建设、边交付、边服务"为原则，以"突出实用"为导向，大力推动项目成果在自然资源、政务服务、公众服务等方面的应用。

面向自然资源领域，深耕行业示范应用。基于时空大数据，对全市主要矿产资源开采区的矿业权信息和空间分布情况进行归类整理，并将137座整治矿山整合为一张图。同时，利用无人机全景技术对露天矿山进行高清影像采集，并将影像数据上传至云端，为工作提供可靠的实景影像基底。

面向政务服务，促进信息互联共享。集空天遥感、三维城市、信息分析技术于一体的领导会商决策"三维"一张图系统，是时空信息云平台国家试点项目中政务大数据服务的重要成果，已在平顶山市委书记、市长等主要领导的办公室安装运行，为党委、政府科学决策提供时空信息大数据支撑。

面向政务服务，项目还助力脱贫攻坚，为市扶贫办研建掌上扶贫助手，贫困户信息、帮扶记录、贫困村一键导航等功能简单实用；应市水利部门邀请，基于时空信息云平台研建了智慧水利防汛抗旱信息系统，实现水利水文水情、水库监控视频物联网数据、防汛抗旱人员物资调度管控、水体水质监测管控等全方位融合。

便民服务，让信息多跑路、百姓少跑腿。在服务社会公众方面，项目组创建信息惠民微信公众号，将与百姓生活息息相关的实时公交出行、天气预报、停车场、公厕等信息定位推送，通过与市政公共服务部门合作，实现停水、停电、停气信息精准图上发布和信息推送；将三维实景城市应用于不动产登记中，老旧小区房产土地权籍关系在办事窗口大屏上就可以核查；创新地图服务模式，实现三版同一（公众版天地图、微信端、印刷版专题地图）同时上线的专题地图更新模式。

2019年8月10日，由平顶山市自然资源和规划局、平顶山市测绘地理信息局牵头，河南省遥感测绘院、超图软件等公司技术支持和实施的智慧平顶山时空信息云平台国家试点项目在河南郑州顺利通过预验收，平顶山市成为河南省首个通过预验收的国家试点城市。

河南超图信息技术有限公司——"智慧航空港地理信息云平台"应用案例

河南超图信息技术有限公司 *

航空港地理信息云平台通过大数据、云计算等新一代信息技术，建成多尺度、多类型、全空间的高精度数据体系和按需分配、智能运维、安全可靠的地理信息云平台，为航空港区政府部门、企业、公众提供权威、唯一、通用的地理信息云服务。

为满足政府部门、企业、公众对于地理信息的爆发式需求，航空港区在2018年3月启动了郑州航空港区智慧城市地理信息云平台一期工程。2018年11月12日，一期工程正式上线运营。航空港地理信息云平台由兴港智慧城市公司承建，河南省遥感测绘院和北京超图信息技术有限公司参与建设，为航空港实验区及其代管地区共537平方千米区域提供高精度、全面、权威、唯一的地理信息和地图服务，荣获2018年河南省测绘科学技术进步奖一等奖。

航空港地理信息云平台定位为航空港区智慧城市建设的时空基础设施，以统一的时间和空间为基准，以位置服务和地理信息服务为核心，通过大数据、云计算等新一代信息技术，建成多尺度、多类型、全空间的高精度数据体系和按需分配、智能运维、安全可靠的地理信息云平台，为航空港区政府部门、企业、公众提供权威、唯一、通用的地理信息云服务。在建设过程

---

* 执笔人：郜利康。

中，围绕航空港区的需求特点，项目融入新技术、开创新思路，建成了具有航空港区鲜明特色的地理信息云平台。

一　数据

数据的丰富性、时效性是地理信息云平台的核心竞争力。项目从地上到地下、从室内到室外、从历史到现状、从二维到三维，为航空港区构建了全空间、高精度的数据体系。

数据包括全区范围多尺度矢量数据、多时态影像数据、精细地名地址数据、高清实景数据、三维精细单体化模型数据、重点区域地下模型、室内模型数据和机载 LiDAR 数据。通过空间数据体系，项目将现实世界的航空港区映射到网络空间，建成航空港区的数字空间孪生城市，为航空港地理信息云平台的应用奠定了数据基础。

二　平台

（一）基于微服务架构，提供灵活、高效的服务

航空港区信息化建设立足自主可控的基本原则，建成了航空港区政务云，为航空港地理信息云平台提供基于 Linux 系统的容器运行环境。

为适应这一环境，航空港地理信息云平台采用微服务架构，将平台的业务拆分为独立的服务单元，伸缩性好、耦合度低，每一个服务处理单一的业务。微服务以镜像形式运行在容器中，使服务的部署变得简单、高效。

（二）生产建库服务一体化，实现数据快速更新

基础测绘数据成果是航空港地理信息云平台的主要数据来源。在不改变现有基础测绘作业体系的前提下，项目打通了测绘生产、数据建库、数据服务环节，形成数据生产、建库、服务一体化体系，将 CAD、EPS 等测绘生

产成果数据统一管理，按照数据建库标准提取数据、检查、入库，利用地图模板配制地图，并将地图快速发布到平台，纳入资源目录体系，为地理信息云平台用户提供数据服务。

（三）海量数据的快速处理，提升数据处理计算能力

航空港地理信息云平台的影像数据精度高、数据量大，这意味着需要强大的数据处理能力。平台基于超图基础内核，构建了简单并行数据处理架构，可以支持多机并行，多机之上利用服务总线技术形成高可伸缩的Master-Worker 架构（Master-Worker 架构的核心思想在于 Master 和 Worker 各自分担各自的任务，协同完成对信息的处理），实现多节点、多进程的数据处理能力，提升海量数据处理的工作效率。

（四）多租户管理体系，支撑应用生态维护

为保障平台运营的可持续性和数据的权威性，按照"统一平台共建共享""专业部门维护权威数据"的思路，平台借助多租户的管理体系，将用户管理、权限管理下放给分级机构，使分级机构拥有管理权限，实现权限继承体系、核心数据的多级管理，图例化的权限来源和服务化的平台权限管理，使各应用部门具备管理专业数据的能力，既保障了部门对专业数据的所有权和使用权，也促进了专业数据的共建共享。

三　应用

航空港地理信息云平台秉承"边建设边应用"的思路，在建设过程中与规划局、经发局、城管局、公安局等多个部门对接需求，提供技术服务，目前应用效果初显。

智慧规划方面，平台为规划局提供高精度的三维模型数据，应用于建筑的控高分析，确保郑州新郑机场净空保护区范围内建筑不超高。

智慧城管方面，利用平台的数据服务和功能服务，建设智能路灯系统，

实现对路灯的可视化管理、精准化控制。

经济运行方面，平台为经发局的宏观经济运行系统提供地图服务和空间分析功能，引入空间信息辅助经发局对航空港区"一核三区"经济运行的科学管理决策。

智慧公安方面，将基于平台开展公安行业云平台的搭建，为联动指挥、治安防控、交通管控等公安核心业务系统提供地理信息支撑。

在兴港集团的持续运营下，航空港地理信息云平台将应用于更多的部门，服务更多的用户，在应用中体现云平台的价值。

四 展望

未来随着应用的不断推广和深入，云平台将通过整合政务数据、地理监测数据、互联网数据等数据资源，为航空港区城市规划、城市建设、城市运行、城市管理和城市决策等提供支撑，为政府、企业、公众提供全空间一体化的时空信息数据服务，实现以时空信息驱动智慧港区的建设与运营。

河南省地质矿产勘查开发局测绘地理信息院——"HNGICS 系统"应用案例

河南省地质矿产勘查开发局测绘地理信息院[*]

一 背景与意义

为充分发挥国产遥感卫星数据在社会经济发展中的基础作用,加强其在地矿领域的应用,2018 年,河南省地质矿产勘查开发局测绘地理信息院(以下简称"省地矿局测绘地理信息院")获批建设自然资源部国土卫星遥感应用中心河南地矿分中心(简称"河南地矿分中心"),同年 10 月投入运行,主要承担河南省域内国产资源卫星、高分系列卫星影像的接收、存储、处理、产品制作、分发服务、应用推广等工作。

河南地矿分中心能够接收的遥感卫星主要包括资源三号、高分一号、高分二号、高分一号 BCD、高分三号、高分六号等共 9 颗国产卫星的数据,现可实现亚米级每年覆盖一次、两米级每季度覆盖一次,部分区域每月覆盖一次;可提供全省及省外部分范围内的影像数据和产品成果,包括传感器校正影像,单景正射、纠正、融合、正射影像,匀光匀色影像,现状监测影像等多级别数据。目前,省地矿局测绘地理信息院拥有 40 台配置高端的遥感影像数据处理工作站,每日影像处理量可达 200 景。近三年遥感影像接收数量如表 1 所示。

---

[*] 执笔人:王金娜。

表1 2017～2019年省地矿局测绘地理信息院遥感影像接收数量

卫星类型	2017年	2018年	2019年
ZY3	1086	1068	906
GF1	881	619	887
GF2	1609	1280	794
GF6	—	—	122
GF3	—	3	—

省地矿局测绘地理信息院利用2017～2019年覆盖全省的0.8米、2米、2.5米的遥感影像，开展了南太行山水林田湖草生态保护修复、河南省山水林田湖草生态保护修复规划、河道非法采砂遥感监测、河南省露天矿山遥感监测试点工程、煤矿煤堆变化监测、矿区三维形变监测、永城市东西城区间采煤塌陷区环境治理项目，积累了大量的地质、环境现状类、矿产规划类、矿政管理类、地质专题类等专题数据。

二 系统介绍

河南省地质信息连续采集运行系统（简称HNGICS）是由省地矿局申请立项，经省发改委批准立项，交由省地矿局测绘地理信息院承建的。该系统于2009年6月底建设完成，形成了覆盖全省16.7万平方千米国土的45座GPS基准站和统筹各基准站的数据控制中心。2010年7月通过省地矿局验收，2011年7月通过以李廷栋院士、王家耀院士为主审的专家组审查鉴定。2011年，系统荣获"河南省2011年度十大地质科技进展"称号，2012年获河南省国土资源厅科技进步一等奖，2013年获河南省科技进步二等奖。

HNGICS系统是连续运行卫星定位服务综合系统（简称CORS）技术与地质专业领域的突破性结合，是一套涉及空间技术、现代网络技术、现代卫星测地技术等多种技术集成的有机体系，主要是由GPS基准站系统、数据处理和管理中心、数据通信系统、终端用户系统等部分组成的综合系统。全省共建成控制中心1个，永久性GNSS基准站56个（其中测绘局11个），基准站平均间距约为 66 千米，均匀分布在全省区域范围，该系统提供高精度、连续的时间和空间基准信息。

系统自 2009 年 6 月运行以来，充分发挥全省覆盖、连续采集、精度高、运行稳的优势，在地质矿产和自然资源领域发挥了重要作用。比如，在整合勘查中，快速精确地完成钻孔定位，实现了由罗盘到卫星应用技术的飞跃；在河南省矿业权核查中，彻底摆脱了传统手段的制约，提高效率数十倍，在全国率先完成了核查任务；在农村集体土地确权登记发证工作中起到了不可替代的作用，得到了省自然资源厅领导的高度评价和广大用户的认可。现已为省自然资源厅、省地矿局、省煤田地质局、省有色金属地质矿产局、省气象局、省地震局、省电力公司和中铁大桥局集团第一工程有限公司等 200 余家单位提供了应用服务，为局属 20 多家地勘单位百余个项目提供了必要的技术支撑，其中重点项目有始祖山矿区矿山地质环境治理、中原城市群地质环境监测、荥阳万山地质文化产业园地热资源勘查、嵩山地区 1:5 万区域矿产调查项目、河南省禹州市方山—白沙煤矿深部煤详查、偃龙煤田西村煤详查、小秦岭金矿田深部钻探、内黄隆起区地震概查等，创造社会经济效益达千亿元。

自系统运行以来，依托该平台先后申请完成了数十个科研项目的研究工作。近两年承担了省自然资源厅、省地矿局科研项目 4 个，其中河南省北斗地基增强系统在地灾预警方面的应用研究获 2018 年度省地矿局科技进步一等奖，基于 HNGICS 系统在采矿区三维形变监测技术研究获省地矿局科技进步二等奖。

三　应用案例

（一）河南省北斗地基增强系统在地灾预警方面的应用研究

1. 背景及概况

该项目利用河南省北斗地基增强系统相关资源，以嵩县木植街北岭村后组滑坡监测为例，开展地质灾害监测及预警方面的应用研究。以 CGBAS 为基础平台，利用北斗/GNSS、网络等技术开展地质灾害监测、预警系统建设研究，建立滑坡体的实时动态监测和定期监测。

2.取得的主要成果

（1）对木植街北岭不稳定滑坡体连续自动监测，发现监测点最大沉降量26.2毫米，东西方向最大20.7毫米，南北方向最大11.2毫米，平面位移最大21.8毫米，三维位移最大27.5毫米。经过近5个月的稳定期，2018年11月以后平面位移基本在5毫米以内，高程方向沉降量基本在15毫米以内，可以认为滑坡体基本稳定，该滑坡处于蠕动变形阶段。

（2）验证了北斗定位精度，能够满足滑坡监测精度要求。北斗单独解算精度达到了厘米级，解算精度略逊于GPS，随着北斗卫星的增加、卫星星历精度提升及解算软件的完善，解算精度将会进一步提升。

（3）基于北斗的连续运行参考站模式，已经能够获得高精度连续监测数据，能够满足一般地灾监测预警的精度要求。

（4）发表论文3篇。

3.科技创新及推广应用

（1）提出基于CGBAS的地质灾害监测方法。河南省北斗地基增强系统（CGBAS）利用北斗系统、网络技术、移动GIS技术等手段，在全省范围内提供不同精度要求的位置服务，因此通过与河南省北斗地基增强系统基准站联测及监测点布设，能够快速实现灾害监测网的部署，从而建立基于CGBAS的灾害监测系统。

（2）验证了北斗定位精度，能够满足滑坡监测精度的要求。北斗系统不仅能够实现全球范围内全天候、全天时为各类用户提供高精度、高可靠的定位、导航、授时服务，而且具有短报文通信能力，因此，与地面网络通信相结合能够确保极端条件下地质灾害监测数据传送的可靠性。

（二）南太行地区生态保护修复工程项目

2018年10月23日，河南省南太行地区山水林田湖草生态保护修复工程通过财政部、自然资源部、生态环境部组织的专家评审，被列入国家第三批工程试点。为保障生态保护修复规划编制与实施，省遥感测绘院和省地矿局测绘地理信息院利用河南卫星测绘分中心、自然资源部国土卫星遥感应用中心河南地矿分中心丰富的国产卫星数据资源，充分发挥在遥感数据加工处理方面的优势，快速生产制作了高现势性的正射影像产品，提供了外业调查工作底图，采用计算机自动解译和人工目视判读相结合的方法，进行各类专题要素的遥感解译工作，圈定调查内容，供外业核查人员有目的性地进行调查与核实。

通过对重点区域开展生态环境本底调查，科学识别矿山地质环境破坏、地质灾害、水生态环境破坏、土壤污染及土地功能退化、森林草原系统破坏、湿地生态系统破坏和生物多样性受损等生态环境问题的分布范围、危害程度、治理的迫切性及自然恢复的可行性等，调查地方政府已实施生态保护修复工程分布及效果，调查地方政府拟实施生态保护修复工程及投资额、资金筹措方式等，调查流域内及拟治理区贫困人口及分布等，为评价生态破坏程度、科学选择生态修复方法提供详细资料。

（三）永城市东西城区间采煤塌陷区环境治理项目

"永城市东西城区间采煤塌陷区矿山地质环境治理示范工程"位于永城东城区和西城区之间，属于永夏煤田永城矿区范围内，治理面积24.16平方千米。项目区内的矿山地质环境主要为地面塌陷、含水层破坏和地形地貌景观破坏。矿山地质环境问题给两个乡镇15万居民生产生活带来极大的安全隐患和困难。

2014年，经财政部和国土资源部批准，之后三年先后拨付资金8003.31万元，本项目结合"河南永城日月湖景观设计方案"等，按照豫财环〔2013〕84号等文件的要求，对治理区内存在的矿山地质环境问题进行治理恢复，项目主要以遥感影像底图为踏勘和设计依据，采用"挖深垫浅"、"挖湖堆山"以及"护坡绿化"等治理手段进行治理，改善治理区环境，使矿区生态环境得到改善，治理后的日月湖风景区，湖水碧波荡漾，山坡绿树成荫，成功创建国家级水利风景区。

河南省时空大数据产业技术研究院（有限公司）——"河南大学智慧校园总体技术设计方案"

河南省时空大数据产业技术研究院[*]

一 项目概述

（一）基本概念

智慧校园指的是以新一代计算机通信网络基础设施为依托，以时空数据基础设施为核心，以各职能服务平台为载体，集教学、科研、人事、行政、管理、生活等于一体的智慧环境，为学校教学科研运行、校区安全管理和师生员工生活提供智慧化服务。

从物理校园到数字校园再到智慧校园，是教育信息化发展的一条必由之路。数字校园是以数字化信息和通信网络为基础建立的对环境信息、资源信息到应用信息等校园信息进行收集、处理、整合、存储和传输，是对各类资源进行优化利用的一种数字化教育环境；而智慧校园则是在数字校园的基础上，利用各种智能传感器获取实时或准实时校园动态数据，在集中统一的信息管理中心——时空大数据数据中心进行高效有序的组织管理基础上，利用大数据分析、数据挖掘和人工智能等先进的数据处理技术对这些数据进行深层次加工，并以直观形象的表现形式为管理人员、教师、学生提供智能化服

＊ 执笔人：郭建忠。

务。简言之，智慧校园有以下主要特征：一是无处无时不在的各种智能传感器，二是安全弹性的数据存储管理手段，三是科学高效的数据分析和决策方法，四是直观形象的可视化表达形式。

（二）指导思想

以习近平总书记关于数字社会、数字中国、智慧城市的一系列讲话精神为指导，以实现校园数字化、网络化、智能化为目标，以科学性、先进性、实用性、特色性和可扩展性为原则，采用物联网、云计算、大数据、人工智能等先进技术手段，实现校园的智能感知、全面互联、资源整合、协同运作及决策科学化和服务智能化。

自 2010 年智慧校园概念提出以来，国家就教育信息化发展提出过诸多规划方案、建设思路和标准体系，如 2010 年 7 月发布的《国家中长期教育改革和发展规划纲要（2010～2020 年)》、2016 年 6 月教育部发布的《教育信息化"十三五"规划》、2017 年 1 月国务院发布的《国家教育事业发展"十三五"规划》，以及 2018 年 4 月教育部发布的《教育信息化 2.0 行动计划》等，都将教育信息化作为教育系统性变革的内生变量，支撑引领教育现代化发展，推动教育理念更新、模式更新和体系重构。2018 年 6 月国家标准《智慧校园总体框架》（GB/T－36342－2018）的制定，更是对智慧校园建设提出了具体要求，明确了智慧校园建设的总体框架，从智慧教学环境、智慧教学资源、智慧校园管理、智慧校园服务和信息安全体系五个方面对智慧校园建设提出了指导性意见。

（三）建设原则

河南大学智慧校园总体设计是在上述文件的指导下，与河南大学"两地三校区"的客观现实、"双一流"建设目标的具体要求以及百年校史具有的浓重文化气息相结合，突出其科学、先进、实用、特色和发展的设计原则。

1. 科学性原则

科学性体现在系统设计遵循系统科学理论和系统工程方法，按照从传感器数据获取、数据库数据组织到数据的融合清洗、数据的分析挖掘以及数据的直观表达全流程进行设计，思路清晰，设计合理，方法科学，决策简明。

2. 先进性原则

先进性体现在系统设计时，将充分应用当今最先进的信息通信技术、智能感知技术以及云计算、大数据、人工智能、虚拟现实与增强现实技术，提出先进合理的业务流程，确保具有较强的生命力，反映当今技术发展的趋势。

3. 实用性原则

实用性即一切为了用，能用、易用、好用。设计既要考虑长远发展，也要立足于现实。着眼于教育教学水平和效益的提升，面向实际应用，注重实效，合理利用已有的设备资源和数据资源，避免重复购置，保证在满足大学实际应用需要的前提下尽量节省投资。

4. 特色性原则

河南大学主校区位于千年古都开封，拥有100多年的办学历程，积淀了深厚的文化底蕴。其中，开封明伦校区和郑州龙子湖校区都是典型的中国传统书院布局，继承了明清建筑技术和艺术，其风格中西合璧，体现了以人为本的办学理念和严谨的治学态度，体现了学校厚重的历史和文化风貌，在设计时必须着重体现。

5. 可持续性原则

在设计时应具有一定的前瞻性，充分考虑应用升级、扩容、扩充的可行性，使得技术手段可升级、应用功能可扩展，在数据获取方法、数据库建设、数据标准制订和数据表达方式等方面兼顾现实与发展的需要，保证河南大学智慧校园长期可持续发展。

（四）建设目标

智慧校园建设的总的目标是提高学校教育教学的信息化水平，并探索基于大数据模式下的教学科研与安全管理实现形式，逐步解决校园教学的全面交互、校园科研的全程参与、校园环境的全面感知、校园管理的高效协同、校园生活的个性便捷，建成完整统一、技术先进、全域覆盖、应用方便、高效稳定和安全可靠的数字化、网络化和智能化的智慧校园。

（一）数字化

数字化是将物理校园抽象描述为一个计算机能够识别、管理、处理、表达的数字形式的虚拟校园，实现对环境信息（包括教室、宿舍、食堂、操场等）地上地下、室内室外全区域覆盖，资源信息（包括图书、课件、讲义、论文、考卷等）全媒体展现和应用（包括教学、科研、管理、办公、服务）全流程管理等全部信息数字化，从而为资源和服务共享提供有效支撑。

（二）网络化

网络化是指利用有线无线通信技术和计算机技术，把分布在不同地点的计算机及各类传感器连接在一起，实现人与人、人与物、物与物之间的全面互联互通及所有设备资源、存储资源、计算资源、数据资源等的全面共享，为进一步智能决策和服务奠定基础。

（三）智能化

智慧校园中的智能化体现在智慧校园建设过程的各个层面，包括智能传感器的接入、传感器自动组网、数据的智能存储、数据中心智能管理、数据和功能的智能调度以及服务的智能推送等方面，是最终形成智慧决策和提供智能服务的前提及根本保证。

（四）现代化

现代化是一个"集大成"的过程，具体表现为思路新、方法妙、管理准、环境好的严整多层的集成过程，使之最终具有现代先进的科学水平和技术手段，代表当今领域应用的最高水平。河南大学智慧校园的建设要具有一定的前瞻性和先进性，代表当今最高的设计水平和技术途径，达到国内一流水平，引领智慧校园的发展方向。

二　总体架构

河南大学智慧校园立足于提高河南大学教育教学的信息化水平，并探索如何促进基于大数据模式下的教学管理与科技创新实现形式，实现智慧教学、智慧科研、智慧管理、智慧生活和智慧环境，最终实现面向师生教学、科研、办公、学习、安全和生活等主要活动的"一站式"服务，提高为师生服务的智能化水平和效率。

（一）顶层框架

智慧校园顶层框架采用云计算架构进行设计部署，自下而上分为智能感知层、基础设施层、数据支撑层、基础平台层、业务系统层和信息服务层，在标准规范体系和安全保障体系的支撑下，面向师生通过各种应用终端提供"一站式"服务（见图1）。

1. 智能感知层

智能感知层包括人员设备识别认证的光敏传感器如摄像头、照相机，人员车辆位置速度确定的传感器如手机、雷达，环境数据监测的传感器如大气、水质、噪声监测设备以及节能与管网安全的温度、亮度、压力等传感设备，目的在于获取动态实时的环境信息，是智慧校园时空大数据获取的主要来源。

2. 基础设施层

基础设施层是智慧校园平台的基础设施保障，提供智慧校园建设所需的设备资源（如服务器）、存储资源（磁盘阵列）、计算资源（计算机）和网络资源（互联网、物联网、移动互联网、路由器、防火墙、负载均衡），通过对上述资源的虚拟化，从而隐藏物理资源的复杂性。

3. 数据支撑层

数据支撑层是智慧校园建设的核心，为大数据分析挖掘提供数据支撑，不仅需要保证对海量数据的有序组织管理和高效存储调度，还需要保证数据的安全性、可靠性和可用性。鉴于河南大学"两地三校区"的办学特点，数据支撑层宜采用基于云计算的分布式数据库系统或分布式文件系统管理各类数据。

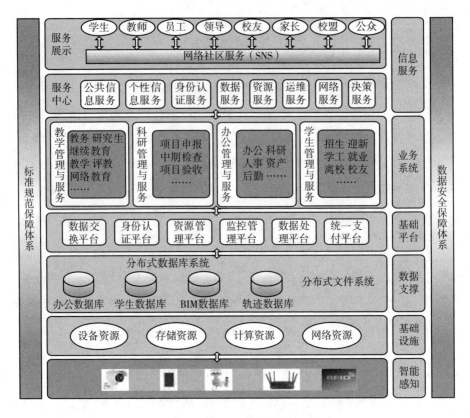

图1 智慧校园顶层设计框架

4.基础平台层

基础平台层即三维可视化（地上地下一体化、室内室外一体化）时空大数据平台层，是体现智慧校园云计算及其服务能力的核心层，为智慧校园的各类应用服务提供驱动和支撑，包括数据交换、数据处理、数据服务、支撑平台和统一接口等功能单元。

5.业务系统层

业务系统层是智慧校园应用与服务的内容体现，在基础平台层的基础上，构建智慧校园的环境、资源、管理和服务等应用，为师生员工及社会公众提供泛在的服务，包括智慧教学环境、智慧教学科研资源、智慧校园管理和智慧校园服务四个部分。

6. 信息服务层

信息服务层是接入访问的信息门户，通过提供细粒度的服务功能和基于流程的服务组合，访问者通过统一认证的平台门户，以及各种浏览器及移动终端安全访问，随时随地共享平台服务和资源，包括用户和接入访问两个方面。

7. 标准规范保障

标准规范体系保障是智慧校园建设中必须要遵循的标准和规范的总称，其目的在于保证资源、数据和服务在一定程度上最大化地融合、开放和共享，标准规范体系保障贯穿从传感器接入、数据入库到提供"一站式"服务的全过程。只有严格遵循标准规范，才能最大限度地利用数据，更便捷地进行扩充升级。

8. 数据安全保障

数据安全保障包含两方面的含义：一是保证数据在存储、管理、应用过程中不致遭受自然灾害等因素的破坏，二是防止数据被非法用户访问、篡改和窃取。智慧校园建设中不仅要面临传统的网络攻击、系统漏洞等安全风险，而大数据集中管理、数据海量的特点使安全风险更加凸显。

（二）智慧教学管理与服务一体化平台框架

智慧教学管理与服务平台集智能化感知设备、智能化控制设备、智能化信息管理、智能化互动反馈、智能化数据分析与智能化视窗表达等功能于一体，面向本科教育、研究生教育和远程教育，提供教务管理、教学环境管理、数字化教学资源库管理、课程教学管理和教学资源管理等服务。其中，教务管理应具备教务公告、专业信息、培养方案、课程信息、教学过程、教学评价以及表格下载与统计分析等功能；教学环境管理主要包括诸如师资队伍管理、多媒体教室管理、智慧教室管理和创客实训实验室管理等，为师生教学活动提供支持；数字化教学资源库管理是指针对课程设置情况，提供课程备课和课程学习所需的教材资料、辅导材料以及相关的多媒体网络教程资源；课程教学管理是智慧教学管理的最重要的组成部分，包括开课前预习资料推送、课程安排、实训实习、互动交流、考试考核大数据分析、教学评价、效果分析和教学改革等内容；教学资源管理是围绕教学内容收集、分析、组织教与学过程中所需的相关资料以及实习所需的实验数据等,包括资源制作、资源库管理和资源应用(见图2)。

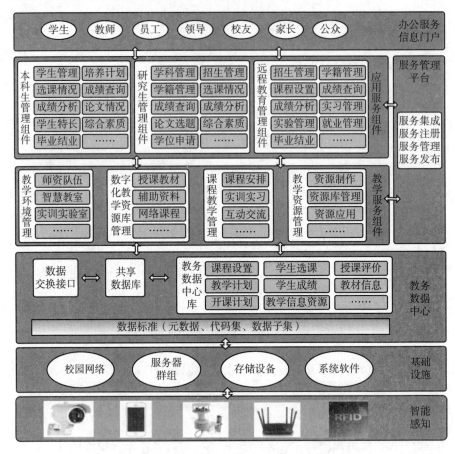

图2 智慧教学管理与服务一体化平台框架

(三)智慧科研管理与服务一体化平台框架

科研是高等院校重要的职能之一,是河南大学实现"双一流"建设目标的重要组成部分,智慧科研主要体现在科研协同服务、科研项目申报、科研项目管理和科研成果总结等几个方面。通过对项目研究目标和内容的分析,从项目申报、人员组成、资料收集、技术攻关、检查验收以及成果报奖等各个环节向科研人员提供智能化的主动服务(见图3)。

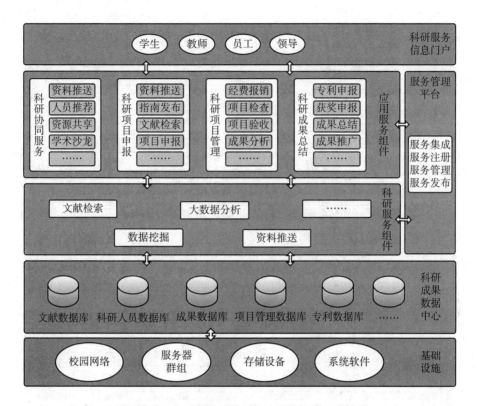

图3 智慧教学管理与服务一体化平台框架

（四）智慧办公管理与服务一体化平台框架

智慧办公管理与服务是高校日常工作的重要组成部分，涉及教职员工和学生生活的方方面面，包括办公管理、人事管理、安全管理、后勤管理、资产管理、财务管理等，高效、便捷、智慧的数据服务，有助于提高工作效率和人员的积极性（见图4）。

智慧校园面向全组织的数据组织、统一的数据管理、精细的数据要素和全方位的智能感知，能够大大提高办公、人事、后勤、资产和财务等管理的效率；以流程为牵引的微服务组合，能够全面提升贴心的数据服务质量；基于 BIM + GIS 的校区管理模式和智能传感设备的结合，有助于打造安全、敏捷、绿色的智慧校区。

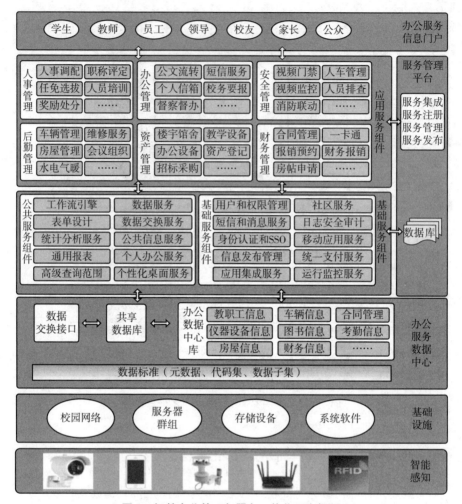

图4 智慧办公管理与服务一体化平台框架

（五）智慧学生管理与服务一体化平台框架

学生是大学教育的主体和根本，智慧校园建设能够促进信息技术与教育教学深度有效融合，提高学与教的效果，并能对教育教学、教育管理进行洞察和预测。一方面，智慧校园通过改善学习场所如教室、图书馆、实验室的温湿度、通风和灯光亮度，能够帮助学生健康生活和高效学习；另一方面，学习情景的智能识别、学习资料的智能推送以及学习伙伴的智能聚合，能够提高学生的学习效率，激发学生的学习热情。

智慧学生管理与服务平台着重关注学生的学习、生活和安全，贯穿从招生、迎新、学业到离校、就业以及成为校友的全过程，利用多种多样的智能传感器所生成的学生轨迹信息，可以进一步挖掘学生的学习状况、兴趣爱好，帮助学生快乐读书、高效学习；同时恶劣气候、健康状况的温馨提示和平安校园的生活环境，保证了学生的身心健康和平安生活（见图5）。

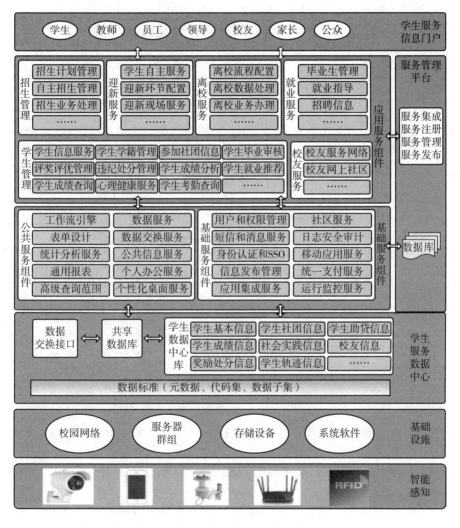

图5 智慧学生管理与服务一体化平台框架

三 建设内容

智慧校园建设必须经历五个重要的建设环节。一是数字化，它将物理校园抽象描述为一个计算机能够识别、存储、管理、处理和表达的数字校园。二是网络化，实现数字校园中数据、功能和业务的互联互通，完成对计算资源、存储资源、数据资源以及知识资源的全面共享。三是物联网，是在网络化的基础上利用各种各样的智能传感器动态感知物理校园的运行状态，形成具有明显时间和空间特征的时空大数据。四是数据中心，安全有序高效地完成对基础数据及时空大数据的存储、管理和调度，为后续数据处理和应用提供数据支撑。五是数据分析，利用时空数据挖掘技术和大数据分析技术，获取对物理校园运行管理决策所需知识，实现智慧校园为教学科研运行、校区安全管理和师生员工生活提供便捷、智慧服务的最终目标。

基于上述论述，河南大学智慧校园建设应包括以下主要内容。

（一）统一通信网络基础设施建设

通信网络基础设施是实现智慧校区最底层的基础设施，不仅承载校园业务数据的互联互通和全面共享，还是物联网感知大数据进入数据中心的唯一渠道，加之大学校园人口密集，作息相近，对通信网络基础设施的需求更大。河南大学智慧校园通信网络基础设施的建设由三部分组成：一是校区与骨干网以及两地三校区之间通过主干光纤接入；二是校区内办公楼、教学楼、图书馆、数据中心以及无线微基站之间通过分支光纤连接；三是微基站（如智能电线杆）以无线 WiFi 模式实现校区室内室外无线局域网全覆盖，为校园师生提供稳定优质的通信网络服务（见图6）。

（二）统一的基于云计算的数据中心建设

如果说数据是血液、网络是血管，那么数据中心就是最关键的心脏，是智慧校园的核心所在。传统的数据中心是一整套复杂的设施，包括计算

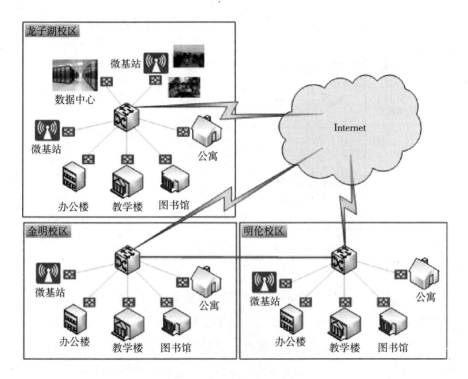

图6 通信网络基础设施结构

机、服务器、存储设备、网络等资源设备以及环境控制设备、监控设备和各种安全装置，其主要目的在于降低维护成本，简化运维管理，提高设备利用率。

　　智慧校园数据中心是一种基于云计算架构的新型数据中心，它将其中松散耦合的计算资源（计算机、服务器）、存储资源（磁盘阵列）和网络资源通过虚拟化技术将它们融合为计算、存储和网络资源池，进一步提高 IT 设备的利用效率，提升数据中心的模块化和自动化程度，方便弹性扩展，而且节能环保（见图7）。

　　除了对硬件资源（存储资源、计算资源、网络资源）的有效管理和高效调度外，数据中心还负责对数据资源和知识资源的池化管理及存取调度，这是智慧校园数据中心的核心所在，为后续数据分析与知识挖掘提供高效有序的数据支持。智慧校园的数据资源按存在形式可以分为结构化数据资源

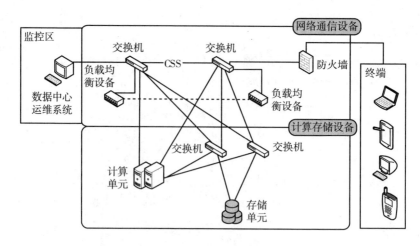

图7 数据中心物理架构

（如人事、资产、学生、财务）、半结构化数据资源（空间数据）和非结构化数据资源（流媒体数据）。其中，结构化数据资源可以采用数据库的形式进行组织管理，形成人事档案数据库、教学资产数据库、学生管理数据库、后勤财务数据库等；半结构化数据资源主要负责对时空数据的组织管理，形成地理空间数据库、地下管网数据库、建筑模型数据库等；非结构化数据资源主要负责对传感器数据的组织管理，如视频监控数据等。

结合河南大学两地三校区的现实，数据管理以分布式数据库系统（结构化数据和半结构化数据）和分布式文件系统（非结构化数据）为主，分布式存储系统采用可扩展的系统结构，利用多台存储服务器分担存储负荷，将存储资源抽象表示和统一管理，并且保证数据读写操作的安全性、可靠性等各方面要求。

（三）统一的数据整合平台建设

高校管理涉及的数据多种多样，有环境数据、资产数据、教务数据、科研数据、党群数据等，这些数据分散存储在不同的平台和系统之中。智慧校园建设一个很重要的内容就是如何统筹组织、管理协调这些纷繁复杂的业务数据，使烟囱林立的各个系统和平台融为一体，减少数据重复录入、重复存储以及由此产生的数据不一致性。

数据整合平台就是为了解决上述问题和矛盾，在顶层概念设计阶段，全面分析业务数据的产生形式、存在状态、应用类型和流转特点，明确数据的归属、权威以及相互之间联系的纽带，建立面向全组织、全系统、全流程的数据组织管理模式，以便后续应用过程中进行数据整合、数据抽取、数据挖掘和数据推送，减少数据的重复管理，减轻师生的工作负担。如职称评定，需要参评人的基本信息、组织关系、教学业绩和科研成果等，这些数据已经独立存储在人事部门、组织部门、教务部门和科研部门各自的系统和平台中，只需进行一定的数据抽取和整合，就能够形成完整的评审材料而无须参评人重新录入，这样既减轻了参评人的工作强度，又使评审材料有一定的权威性。

（四）统一的校园环境三维模型建设

智慧校园环境模型建设是宏观（GIS）和微观（BIM）校园管理的基础。宏观上讲，可以可视化表达校区室内室外、地上地下的所有设施；微观而言，是各种各样智能传感器的载体，可以用于确定海量传感器数据的空间属性，有利于校园设施的维护与管理。

充分融合 BIM + GIS 技术，采用"以参数化自动三维建模为主，以其他手段为辅"的建设思路，针对不同校区的建筑特色、建设阶段以及校园管理和使用对象的不同用途、不同类别，采用具体的不同技术手段进行分类建模，最终可实现校园实体的地上地下、室内室外一体化三维数字模型，满足智慧校园各种业务系统的建设、管理与应用需求，并支持标准化的三维模型输出与交互。其中，明伦校区和金明校区基本都是现状建筑，功能分区明确、运营模式较为固定，同时，考虑到建筑的电子图纸可能出现部分缺失等因素，宜采用二维图纸参数化智能建模与人工建模相结合的方式进行。龙子湖校区是在建校区，大部分建筑处于待建阶段，建设图纸较为完善。按照智慧校园的总体框架设计，未来的某些核心应用必须具备详细的 BIM 结构数据支撑，在这种背景下，采用 DWG 二维图纸参数化智能建模和 BIM 三维建模相结合的方式进行校区的三维建模工作。

（五）统一的协同办公平台建设

协同办公平台是利用计算机、网络、信息流、工作流以及服务建模工具，开发的一款提供给多人沟通、共享、协同一起工作的应用平台，目的是给用户提供方便、快捷、低成本、高效率的操作环境。具有规范管理和提高工作效率、节省运营成本、消除信息孤岛和资源孤岛、增强管理执行能力等优势。协同办公平台应具有如下功能。

（1）在详细了解和掌握业务办理流程的基础上，采用图形化的方式定义流程，使流程直观、形象和简洁。

（2）支持办理人员的多种角色，办理人员可以是某个个人，也可以是某个部门，还可以是某个群组。

（3）流程办理支持单人、多人串行和多人并行的办理模式，支持转办、代办、补办和会签等多种办理方式。

（4）具有催办与提醒功能，支持自动催办、手动催办以及微信和短信提醒等功能。

协同办公平台是智慧校园一种新型的办公方式，包含有门户整合、公文管理、公务管理、审批管理、会议管理、日志管理、督察督办、校务要报、个人信箱、视频点播和短信服务等多个业务模块，涵盖党政工作、人事管理、学生管理、财务管理、资产管理、教学管理、实验管理和科研管理等众多领域。

（六）统一的业务应用平台建设

智慧校园业务应用平台包括教学服务管理、科研服务管理、学生服务管理和校友服务管理。其中，教学服务管理是在教学大数据平台的基础上，实现教务、实体教学资源、数字教学资源、网络教学、教学评估等一体化管理与服务；科研服务管理包括项目申报、立项、中检、结题、成果、考核、学术活动、历年项目管理；学生服务管理实现从招生、迎新、学生在校管理、就业、离校到校友的学生一体化服务；校友服务管理促进校友之间的教育、科研、文化等方面的协作与交流以及联谊活动，从而架起校友与母校、校友与校友之间的感情纽带。

（七）统一的党建工作平台建设

信息化、智慧化建设是新形势下党建工作的"加速器"，是实现党员与组织快速沟通的"连心桥"。河南大学统一的智慧党建工作平台以习近平总书记在全国高校思想政治工作会议上的重要讲话"办好我国高等教育，必须坚持党的领导，牢牢掌握党对高校工作的领导权，使高校成为坚持党的领导的坚强阵地"为根本宗旨；以有利于引导大学生树立科学的、正确的人生观、价值观，帮助其确立共产主义信仰，并始终坚定对党的信念，拥护中国共产党的领导为建设目标，通过完善体系、夯实基础、丰富载体、创新方式等多种途径，实现党建工作的全方位覆盖、全流程管理和全时间监督。平台包括入党申请、党员考评、党员档案、思想汇报、党费收缴、投票调研、党内公示、党史人物、专题教育、在线考试、党员论坛、三会一课、通知公告、活动相册和入党纪念等主要功能。

（八）统一的信息安全保障体系建设

针对智慧校园云计算数据中心与大数据安全威胁的多样化、体系化，防御体系需要利用先发优势，在各个层面进行纵深覆盖，实现风险分化、协同互补，构建具有威胁感知、边界安全防护、平台安全防护、业务安全防护、数据安全防护等多重能力且环环相扣的纵深防御体系。从云端到终端、从业务到数据、从事前到事后，为数据中心提供无所不在的全方位保护，在大数据环境中为用户提供多层次、多维度、体系化纵深防御的解决方案，综合提升应对新型安全威胁的能力，真正做到看得见的安全和有效安全（见图8）。其具体安全措施如下。

（1）互联网出口安全。包括流量清理设备、抗 DDOS 攻击设备、IPS 主动防御攻击设备、IDS 攻击检测设备、边界防护防火墙设备、Web 应用防火墙等。

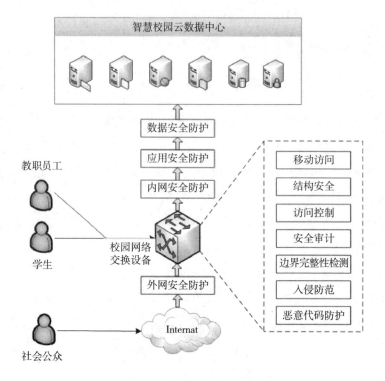

图8 智慧校园信息安全防护框架

（2）云平台安全。包括基于云模式的病毒查杀平台、云安全资源池等。

（3）网络安全。包括网闸、网络传输防病毒、网络 VPN 加密隧道等。

（4）专线安全。如基于链路的加密机设备等。

（5）运维操作安全。包括运维操作审计设备、数据库安全审计设备、日志安全审计设备、准入控制安全设备等。

（6）云主机安全。基于云模式的东西向流量访问控制的云安全防火墙（IPS/WAF/VPN 等功能）等。

（7）终端安全。如终端安全杀毒等。

（8）安全大数据平台。建立安全资源池，构建安全大数据平台，对云中心各安全设备、网络设备、云主机设备等日志进行采集、存储、分析、联动，通过安全大数据平台对各种设备的日志进行异常分析，联动安全设备进行主动安全应急处置，能够统一展示云中心安全运行实时态势。

四　实施步骤

智慧校园实施步骤如图9所示。

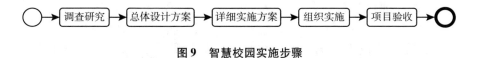

图9　智慧校园实施步骤

（一）调查研究（需求分析）

调查研究也就是需求分析（6个月），是指对智慧校园建设中需要解决的问题、对应的各职能部门、部门之间的相互关系、部门的业务范围以及对应的数据流和工作流等进行详细的描述和分析，了解清楚各职能部门需要解决的问题、管理怎样的数据，这些数据的来源、数据的格式以及数据的类型，最终需要产生的数据以及这些数据的类型等。需求分析包括功能需求、数据需求、性能需求、可靠性和可用性需求等。

（二）总体设计方案编写

在需求分析的同时，依据智慧校园总体架构设想，并参照已有成熟的高校智慧校园建设思路和成功经验，结合用户方河南大学的实际需求，撰写总体设计方案（2个月）。

（三）详细实施方案编写

在深入、细致调查研究的基础上，明确各部门的工作内容和工作流程，并在总体设计方案的指导下，规划智慧校园的建设思路和建设目标，梳理建设系统或平台的内容、流程和功能，确定建设的先后顺序，最终进一步细化分解为详细实施方案（2个月）。

（四）项目实施

结合详细实施方案，撰写项目招标书，采用公开招标的形式，组织相关专家公开、公正、公平、透明地选择行业内的优秀企业实施系统或平台的建设。

（五）项目验收

由河南大学组织相关专家全程对项目的实施进行工程监理，项目完成后，交付用户方验收并投入使用。

五 保障措施

智慧校园保障措施如图 10 所示。

图 10 智慧校园保障措施

（一）组织保障

成立由校领导牵头各部门专人参加的领导小组，用于协调对各职能部门的调查研究，组织项目方案评审、招标和项目推进。

（二）技术保障

成立由时空大数据产业技术研究院牵头、校内外领域专家组成的技术指导委员会，在项目实施过程中给予技术支持。

（三）质量保障

聘请领域内专业的个人或公司负责项目实施过程中的质量监督。

（四）运维保障

由时空大数据产业技术研究院和时空大数据产业技术研究院有限公司负责项目的运行维护。

（五）安全保障

公开招标专业的信息安全公司全程参与，落实智慧校园的信息安全保障。

河南天筑大数据研究院有限公司——"'信通'建设行业全过程大数据信息化综合服务平台"应用案例

河南天筑大数据研究院有限公司*

一 应用需求

（一）经济社会背景

建设行业作为我国重要的物质生产部门、国民经济各行各业赖以生存和发展的物质基础，是国民经济的重要支柱产业。随着市场经济的发展和现代工程建设项目规模的不断扩大，建设行业竞争日趋激烈，并且随着施工技术难度与质量要求的不断提高，建设领域施工管理的复杂程度和难度也越来越高，传统的管理理念和手段已无法适应快速发展的要求，施工企业必须进行管理创新和信息化建设，利用现代化的技术手段来提高企业的管理水平。

目前，各级政府部门和行业管理部门制定了一系列合理可行的实施方案和步骤，大力推动施工企业信息化进程，推动高科技与施工企业管理的有效结合。建设行业中的企业信息化技术被列为原建设部十项新技术之一，并针对建设行业信息化的发展先后出台了《施工总承包企业特级资质标准信息

＊ 执笔人：刘晓亮、何丹丹。

化考评办法》《建筑施工企业信息化评价标准》，已经引起了社会各界和企业领导层的重视。

（二）解决的行业痛点

（1）发展模式粗放，信息化、标准化水平偏低，管理手段落后，建造资源耗费量大。

（2）多数企业科技研发投入较低，专利和专有技术拥有数量少，高素质的复合型人才缺乏，一线从业人员技术水平不高。

（3）对大型仪器设备缺乏共享观念、缺乏有效整合机制和良好资产共享观念。

（三）市场应用前景

随着企业的发展与扩张，企业的集团化发展已成为一种选择，总部对下属企业的管控无论是操作管理型还是战略管理型，都需要一个能在上下级之间、各平级机构之间搭起瞬间沟通和协作的桥梁。基于这一思想，"信通"基于体系化的组织模型构架，设计了集团、单位、部门、人员组织机构树，提供职务级别、岗位和各种业务角色的自定义，并支持一人多岗、一人多单位兼职、内部人员和外部人员的区分机制，这种组织结构模型可以长期支持集团化管理的需要。通过个人自建协同流程给组织内外人员，可实现高频高效的日常事务协作和信息沟通，解决跨地域、跨时间、异步与同步兼顾的组织行为管理。

二 产品概要

"信通"建设行业全过程大数据信息化综合服务平台，核心功能包括项目管理、经营管理、投资决策以及行政管理等，是为建设行业全过程相关企业提供端到端大数据处理能力的平台型产品，集数据采集、存储、处理和应用以及运维和运营管理等功能于一体。

三 产品架构

"信通"平台包括管理决策层（项目管理驾驶舱）与管理作业层（项目管理系统）两大子系统。"信通"平台产品架构如图1所示。

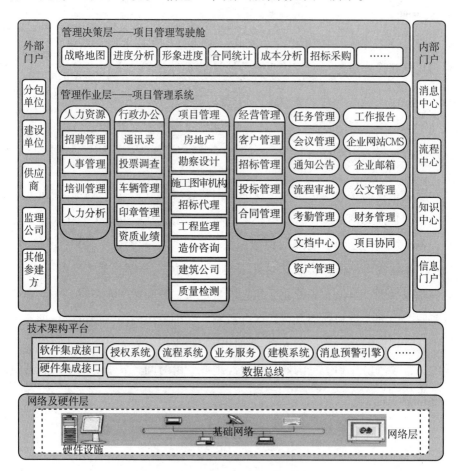

图1 "信通"平台产品架构

"信通"平台基于大数据的建设行业综合协同平台是在对项目全过程中项目参与各方产生的信息和知识进行集中管理的基础上，为项目参与各方在互联网平台上提供一个获取个性化项目信息的单一入口，从而为项目参与各方提供一个高效率信息交流和共同工作的环境。其中，多方协同管理平台包括项目的获取阶段、立项及准备阶段、项目实施阶段和竣工交付阶段。项目参与各方包括政府主管部门和项目法人的上级部门、业主方、工程管理及工程技术咨询方、设计方、施工方、供货方、设施管理方等项目各相关参与单位。多方协同管理平台通过所需相关数据和系统集成紧密结合来消除所谓的"信息孤岛"，提供项目各参与方相应的权限来定义、执行与管理具有弹性的信息操作，确保只有适当的使用者才能操作项目计划中某一特定生命周期阶段范围内的数据以及执行相应功能。项目协同主要包括项目图档管理、项目信息交流、项目协同工作、工作流管理。

"信通"平台项目协同流程如图 2 所示。

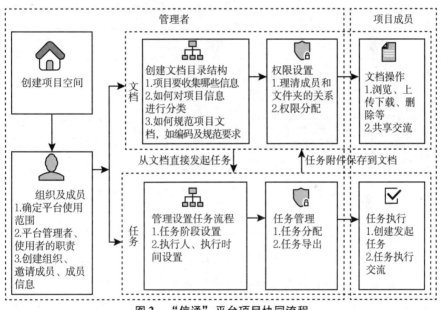

图 2　"信通"平台项目协同流程

四　技术架构

平台面向 SOA 的思想来构建，集成企业的信息系统，系统间互通互联，避免数据孤岛。平台为企业提供了强大、集成和统一的业务支撑环境，对企

业的协同工作、业务处理、流程控制、决策分析、智能报表和业务重组提供
了全面支持。

"信通"平台技术架构如图 3 所示。

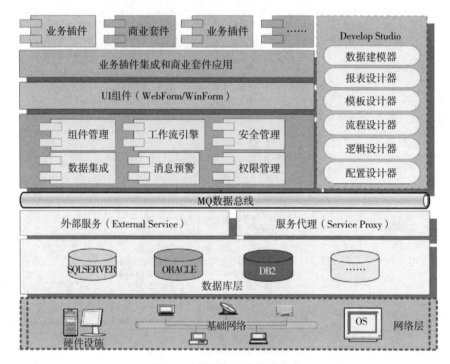

图 3　"信通"平台技术架构

根据信通平台建设要求，按照服务器支持 100 万次/天的访问量，每天 80%
的业务集中在 8 个小时，忙时处理能力约为 1666 笔/分钟，峰值处理能力为忙时
的 2~3 倍，峰值处理能力约 5000 笔/分钟。系统支持并发用户数大于 10 万人，
支持同时在线人数不少于 100 万人；为保证 CPU 充分发挥能力，提供可靠保证，
一般认为系统冗余在 30% 左右，即在保证性能的同时又保护投资的平衡点。

"信通"平台业务处理能力如表 1 所示。

服务器关系整个系统的稳定运行，考虑到高可靠性和高可用性，并注重
设备的可扩展性和性价比，系统配置 TPC - C 值不小于 35 万的高性能服务
器。"信通"平台网络物理结构如图 4 所示，网络安全体系如图 5 所示。

表1 "信通"平台业务处理能力

分类		性能要求	适用功能
事务处理类	快速响应类	响应时间≤5秒	面向客户进行交互的界面,如项目登记、发文等
	普通响应类	响应时间≤10秒	不直接面向客户的其他界面,如内部业务工作单
	批量处理类	每千笔批量业务受理界面响应时间≤10秒	如考勤统计文件处理
查询类	简单查询类	响应时间≤5秒	如按用项目名称查询项目档案
	多条件查询类	1. 两个及以上条件的组合的精确查询响应时间≤10秒; 2. 单个条件的模糊查询响应时间≤15秒	如按项目年月和负责人姓名查询项目账单,按地址查询客户信息
统计类	简单统计类	响应时间≤10秒	如工程进度及计划分析等
	复杂统计类	响应时间≤30秒	如实际成本构成分析等

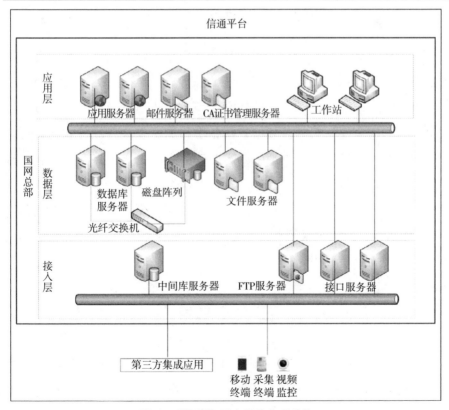

图4 "信通"平台网络物理结构

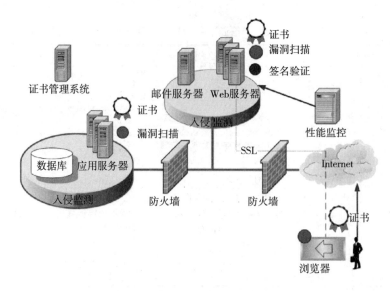

图 5 "信通"平台网络安全体系

平台通过身份鉴别、自主访问控制、安全审计、入侵防范、恶意代码防范、资源控制、硬件安全和防病毒安全等部署企业级防病毒策略，以保证系统安全。通过对数据的加密处理以防止恶意窃取。为保证数据的完整性和安全性，实时对数据进行备份和加密方式升级，并制订应急预演计划和灾难恢复计划。平台要求基础数据在线永久保存；过程处理数据在线保存 5 年，离线永久保存；实时数据在线保存 3 年，离线永久保存；文档数据在线保存 5 年，离线永久保存；统计汇总数据在线保存 5 年，离线永久保存；系统数据全备份时间周期≤7 天，增量备份时间周期≤24 小时。

五 应用效果

"信通"大数据产品已被应用于河南省诚建检验检测技术股份有限公司、河南平原建筑工程造价咨询有限公司等多家企业，平台在整个大数据生命周期各数据处理环节采用并行处理，使企业信息化管理更高效；平台支持掌上设备、智能手机等进行移动办公，通过融合现代企业先进管理模式，采用人性化菜单和模块分类，为企业提供准确的项目实施方案，有效控制项目投资成本，实现项目关键要素的实时动态监控，辅助企业提高项目实施决策能力。

六 专家点评

信通建设行业全过程大数据信息化综合服务平台是河南天筑大数据研究院有限公司针对项目作业过程的全生命周期管理，以工程项目为主线，合同贯穿整个项目过程，把现代化的工程管理模式通过大数据信息化，规范管理项目，满足企业多级架构、分散经营与集中管控的实际需求。实现了项目过程控制、信息共享和自动传递的目的，消除了信息孤岛，实现了企业操作层、运营管理层、决策层在统一的信息平台上协同工作及分层次应用。

同时，利用分析模型提供的算法进行指标的趋势分析，从企业利润、项目利润、成本状况、资金状况、产值状况、资源状况、风险分析、合同状况、招采状况等维度进行数据挖掘，并通过图表、报表、数据挖掘、钻取、追溯等技术手段展现给管理决策层。该平台在建筑企业、造价咨询等方面进行应用推广，整体来说，该解决方案的创新性、技术、性能均达到了国内领先水平。

广东青云计算机科技有限公司——"政务大数据城市综合执法管理系统"应用案例

广东青云计算机科技有限公司[*]

一 背景与意义

为了做好城市综合管理工作，使中共中央、国务院《关于深入推进城市执法体制改革改进城市管理工作的指导意见》落到实处，进一步理顺管理体制，探索组建跨部门、跨行业综合行政执法机构，完善执法部门与相关管理部门的衔接配合机制，成立综合执法队伍，通过集中执法事项，调整组织架构，优化运行机制，重点解决城市管理各部门之间职责交叉、执法权分散、多头执法、相互推诿、效率不高、服务群众满意度不高的问题，有力推动重点区域环境综合整治和城市管理顽症痼疾的解决，加强事中事后监管举措，在全市范围内形成完整的制度框架体系，构建权责明晰、服务为先、管理优化、执法规范、安全有序的城市管理体制。

二 创新与实践

（一）总体思路

当前××市信息化建设已趋于完善，已建立了多个业务信息平台，为

＊ 执笔人：涂庆年。

180

工作人员日常管理、执法工作和人民群众行政工作带来了众多便利。因此，通过利用现有信息化建设基础，探索组建跨部门、跨行业综合行政执法机构，完善执法部门与相关管理部门的衔接配合机制，成立综合执法队伍，利用先进的信息技术手段，提高管理的水平和效率，实现高效管理，建立健全高效的管理机制。理顺城市管理执法体制，解决城市综合执法管理方面面临的突出矛盾和问题，消除城市治安管理工作中的短板，进一步提高城市管理和公共服务水平，重点协调解决××市城市执法体制改革中遇到的各类问题。

（二）主要做法

根据××市政府相关的要求和政务大数据城市综合执法管理工作平台建设的总体目标及任务要求，系统总体架构如图 1 所示。

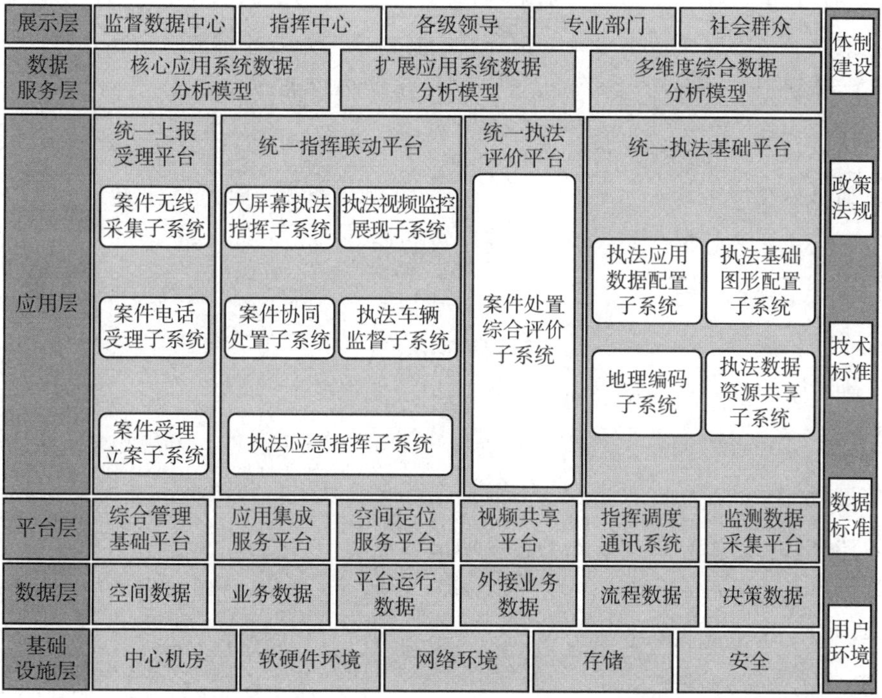

图 1　政务大数据城市综合执法管理系统总体架构

政务大数据城市综合执法管理系统是以网络基础设施平台、软硬件平台、基础资源数据信息共享平台、相关标准和信息安全为依托，以政务大数据城市综合执法管理工作平台为核心，以政府信息门户网站、社会网站和各类信息化终端为服务及表现手段，以组织领导、政策法规和运营机制为保障环境的政务大数据综合管理体系。

在基础设施层，建设政务大数据城市综合执法监督数据中心、单元综合执法指挥中心办公场地，建立能够连接城市综合执法监督数据中心、单元（区块）综合执法指挥中心、综合执法服务站、街道、各专业部门的高速宽带网络；搭建中心机房、服务器、交换机、终端设备等软硬件平台，构建政务大数据城市综合管理体系，满足基于网络的各项应用的需要。

在数据层，建设一个数据高度集中的空间和非空间数据库。其中，包括反映城市地貌的基础地形数据、满足定位需要的城市地理编码数据、反映具备综合执法特征的各类业务数据，包括：①案件信息上报和采集将涉及的事件数据、事件立案数据等；②指挥联动将涉及的执法车辆监督数据、案件部门流转数据、视频流媒体数据等；③执法评价将涉及的对单元（区块）综合执法指挥中心、综合服务站、执法人员、专业部门的各类综合评价数据；④为了支撑该工作平台运行所需要的地理编码数据、案件（事件）分类数据、人员角色数据、权限数据、图层数据等。

在平台层，建立统一执法综管平台。主要包括：①搭建政务大数据城市综合执法管理工作平台基础平台，满足基本的平安在线综合管理业务需要；②建设面向各类应用系统集成的应用集成服务平台，解决"信息孤岛"的问题；③建设面向各类终端、各类城市治安案件（事件）问题电子地图定位展现的空间定位服务平台；④面向在综合统筹应急协调业务场景下，对综合协调指挥过程中需要使用的各类通信设备的联动需求，建设指挥调度通信子系统；⑤在政务大数据城市综合执法管理工作平台应用过程中，需要集成、接入大量的自建和第三方建设的视频流信息，通过视频共享平台集中处置各类流媒体信息的接入。

在应用层，基于平台建立政务大数据城市综合管理信息系统的各类应用。重点涉及 4 大平台，分别是统一上报受理平台、统一指挥联动平台、统一执法评价平台、统一执法基础平台。

三 取得的成果

按照"两级监督、一级指挥"的管理模式，在管理流程上，横向覆盖城市综合执法管理相关的各委办局，纵向延伸到街道、社区以及各职能部门的下属部门和专业公司。公安、建设、城管、安监、国土资源、食药监等相关部门工作人员在服务站综合执法过程中，负责受理与本部门工作相关的案件（事件）、报警、举报投诉、咨询、服务等工作，并在第一时间做好处置、汇报、协调、答复等事宜，确保做到各项工作按程序、标准和要求得到有效落实。

（1）增进了未来案件数量预测的能力。通过长时间运行，对于报案较集中的时间、类型，网格有了充分的大数据，安排值班人员做好预案，粗略统计，案件数量类型的波峰波谷预测准确率达到 81% 以上。

（2）增加了各部门的监管能力。量化的数据为各部门决策提供了有效的参考，对案件数、结案率等考核指标一目了然。

（3）提高了各部门的案件（事件）的处理能力。视频监控、GIS 的地图定位与前端共享，对提前了解事件情况及快速处理事件提供了数据支持。

（4）方便了各部门共享分析数据。公安、建设、城管、安监、国土资源、食药监按需共享，避免了重复建设。

新华三集团——"南京信息职业
技术学院"应用案例

新华三技术有限公司

一　建设内容

（1）建设云计算数据中心，着力高可用、易扩展和故障业务自动迁移，实现计算、存储、带宽等资源的动态分配。利用云数联动、多租户、弹性可扩展的特性，为南京信息职业技术学院（以下简称"学院"）智慧校园数据平台、基于大数据的智慧类应用和流程及服务类应用等提供大数据存储、计算、建模、数据集成、服务生成等系统平台和基础架构服务，实现高可靠、高并发、可扩展的基础软件应用支撑。

（2）建设智慧校园统一数据中心，形成智慧校园统一数据标准，完善数据治理工作，为构建学院流程及服务类应用提供统一数据支撑、统一数据交换、业务流程编排开放接口服务，为基于大数据的智慧类应用提供数据服务等。同时，对办事过程中产生的主题数据进行查询、统计、分析、挖掘。

（3）建设"智慧南信"门户。以访问者思维为导向，建设架构开放、即时分享、实时互动，计算机端和移动端并行的智慧校园门户网站，实现校内各主题子网站和二级学院子网站集群，对应用平台群实现"一门（门户）、一端（入口）、一号（工号）"的"一站式"服务提供全面支撑。

（4）建设"马上办"网上办事大厅，以"互联互通、信息共享、业务协同"为目标优化集成教务、学工、办公、人事、科研等管理系统，基于学校管理与服务关键业务，践行"最多跑一趟""马上办"等服务理念，构建个人计算机端应用和智慧校园 App、微信小程序等移动端应用一体化的"一站式"网上办事大厅，实现面向师生的各类事务的办事咨询、在线办理和服务评价以及个性化信息推送等功能。

（5）打造智慧校园统一鉴权中心，通过统一身份认证体系的建设，解决各应用系统用户名和口令不统一的问题，让用户只要一套用户名和口令就可以使用网络上其有权使用的所有业务系统和办事大厅的服务流程。同时，集中统一建设统一身份认证系统，也有效地避免了系统分散建设过程中的重复建设问题，大大减少了总体的投入。

（6）基于统一公共服务技术架构补充和完善业务板块包括 OA、人事、学工等，在项目实施过程中通过对学校各部门面向师生的服务流程的全面梳理，分期分批构建基于教师业务、学生业务的网上业务流程服务中心。

（7）基于大数据、机器学习等技术手段建设面向教学管理的智慧类应用，包括领导决策分析、教师综合分析、学生综合分析等内容。

建设内容如表1所示。

表1　建设内容

序号	产品名称	子项	服务
1	统一服务中心	综合服务门户	安装部署、功能实施交付、培训、运维
		"一站式"办事大厅	
		移动服务门户	
		项目管理服务	
		公共服务建设	
2	综合校情分析	分布式数据库集群系统	安装部署、培训、运维
		综合校情应用	安装部署、功能实施交付、培训、运维
3	统一数据中心	数据集成平台	安装部署 15个系统集成服务(应用、数据、认证、消息集成) 15个系统数据治理服务 15个系统数据接口发布运维服务 平台使用培训 运维
		数据治理平台	
		数据运营平台	
		可视化分析平台	
4	OA 系统	公文,会议,日程,个人办公等内容	安装部署、功能实施交付、培训、运维

二 方案亮点及成效

（一）智慧服务转型

传统的信息化建设是以管理为中心，而现阶段信息化建设则是以服务为中心，提供高质量的应用服务，覆盖教学、科研、管理等多个主题，全面提升用户体验。

为校内师生提供综合性的服务获取通道和高体验度的应用服务，大大增加用户黏性与依赖度。基于高使用率的综合服务，校内师生不但可以在综合服务平台上使用服务，还可以对校内服务进行评价和反馈，业务部门可通过使用反馈进行流程优化或管理提升。

（二）众智创新模式

针对信息化建设过程中所产生的长尾应用、创新创业应用的开发可采用众智合作模式，即由校内校外经过认证培训的具备相应开发能力的开发者，遵循统一的开发规范进行开发。

专业厂商提供的应用主要是一些核心的大系统，除此之外，各个高校都存在大量的碎片化的审批办事、日常生活等各类轻服务，这类服务特点是流程短、使用人员小众。此类应用可使用流程引擎等开发工具进行快速开发，响应各处室业务需求，缩短建设周期。

传统应用体验不好，缺少持续的迭代：随着互联网应用的普及，学院师生信息化水平提高，对信息服务的体验要求越来越高，高校应用缺少反馈和持续迭代机制。另外，专业学生缺少实践的机会：高校是人才聚集地，拥有大量的高素质的专业人才，计算机相关专业学生缺少实践，无法参与到信息化过程中。该合作模式可以极大地调动广大师生的积极性，利用好这一信息化优质资源。

（三）持续运营机制

持续运营机制提供软件运行环境监控、软件应用优化、周期业务保障等提升用户使用效果的主动服务。服务模式的转变旨在解决原有模式只管故障响应、不管使用效果的问题。

从基础数据、操作系统能力、运维保障等方面逐步地转向运营化建设，改变传统的建设思路，借助私有云模式打造对信息化进行持续迭代的运营生态，保证建设内容与学院需求的长期匹配，确保技术先进性与开放性。

三　预期成效

（一）国家环境

国家对信息化提法的变化，从"十一五"期间主要的用词为推动、服务作用到"十二五"期间提法变成带动、融合，再到"十三五"期间，也即现在这个阶段，国家对信息化的提法为引领、创新，由此可以看出，"互联网＋教育""互联网＋教学"已成为教育行业深化改革的重要手段。基于开放生态的校园信息化建设，从技术和理念上充分体现了"互联网＋教育""互联网＋教学"的思想。通过本期建设能够保证学院的校园信息化建设从政策层面符合国家倡导的引领、创新，从先进性上能够保证学院的信息化建设至少在 3~5 年内领先于全国大部分高校的信息化建设，实现从项目交付向运营交付到最终价值交付的合作模式创新变革。

（二）学院内部

1. 提升了学院的信息化治理能力

治理能力的提升主要体现在两个方面。首先是数据的治理能力，通过主数据平台提供的工具，从数据标准、数据集成、数据存储、数据质量、运行监控五个维度对学院的数据情况进行统一的管理，提升了数据治理能力。其次，"一站式"服务大厅提供了对应用的全生命周期管理，通过对应用主客观评价数据的收集，使学院能够获得第一手应用评价数据，提升应用的治理能力。

2. 通过流程重塑、再造，优化、提高了管理效率

在 MIS 系统建设中，如果学院想进行流程的重塑和再造，需要对软件代码层面进行改造，这在传统的项目交付的建设模式下基本上是不可能的。流程化服务的建设为学院提供了一个在线流程设计平台，使学院能够轻松设计适合学院自己的业务流程，通过服务开放平台，能够充分发挥校内基础平台的服务能力与价值，同时，通过"一站式"服务平台提供的应用注册与发布能力，将流程化开发的应用通过"一站式"服务平台进行统一展现和管理。

3. 转变部门职能，提高服务意识

传统的建设模式从部门管理视角出发，这种建设视角在一定程度上解决了业务部门的管理问题，但恰恰忽略了信息化建设的核心部分。信息化建设的核心是为广大师生服务，抛开这个视角去进行信息化建设毫无意义。在新的建设模式下，从为师生服务的角度出发充分考虑"服务"这个信息化建设的关键词，从建设理念上改变管理的思维方式，逐渐提高业务部门的服务意识，增加师生对业务部门的满意度，这样也在一定程度上提高了学院的软实力。

4. 通过信息化实现学院管理机制与体制的创新

传统的信息化建设只是学院管理的一个辅助手段，但实际上信息化能做的远远不止于此。基于开放生态的校园信息化建设打破了传统的业务部门的壁垒，使跨部门的业务流程融合更紧密，对于师生来说只需到师生服务大厅获取其想要的服务即可。开放生态对每个业务部门的每个流程的用时进行监控，这种监控从数据上为学院管理部门评价某个业务流程是否合理提供了支撑。因此，这种开放生态的信息化建设为学院进行管理机制与体制的创新提供了支撑。

5. 强化平台建设，构建开放体系

通过开放生态体系的建设，不仅可以让师生享受信息化建设带来的便利，通过构建的智慧云工厂，结合学院学科特色，可以让师生在开放架构下，通过组件化开发平台，按照开放平台的规范，通过该工具完成自主构建

满足师生需求的应用服务,经过审核后,可以发布到学院应用服务平台,供全院师生下载使用,扩大信息化建设整体参与面的广度,为师生创业创新提供平台,而且可以将智慧云工厂建设成为学院信息类专业的实训平台与创客空间,不仅可以让学生实现软件理论的学习,而且可以提供更多的项目实训操作,使学生全面熟悉软件项目管理的流程、方法和规范。

6.以网络教学技术为支撑,推进课程体系与内容改革

结合学院人才培养战略,通过信息技术对理论教学、实验教学、课外学习等环节的支撑,努力营造一个信息化教学环境,能够支持情境创设、启发思考、自主学习、问题探究、信息获取、资源共享、协作交流等多种教与学活动,实现课堂教学结构的根本变革,深化教育教学改革,提高人才培养质量。

郑州国控智慧城市科技有限公司——"郑州智慧城市建设"应用案例

郑州国控智慧城市科技有限公司

一 背景介绍

根据郑州市委、郑州市人民政府《关于推进新型智慧城市建设的实施意见》（郑发〔2018〕15号），郑州市人民政府《郑州市新型智慧城市建设三年行动计划工作推进方案》（郑政文〔2018〕147号）文件要求，为加快郑州市新型智慧城市建设工作，促进郑州市新型智慧城市产业健康发展，打造新型智慧城市产业链与生态圈，借鉴国内其他城市的成功经验，结合郑州实际，由郑州市政府唯一产业投资平台郑州投资控股有限公司牵头多家信息化专业公司，共同出资成立了郑州国控智慧城市科技有限公司（以下简称国控智慧城市），负责智慧城市建设项目的投融资、建设、实施、运营等各项工作，为郑州市提供新型智慧城市建设工作技术支撑，提供解决方案、系统管理、应用开发、数据融合、安全机制等专业化技术服务。

国控智慧城市自成立以来，主要承担郑州市新型智慧城市总体规划编制、城市综合服务App"i郑州"、智慧停车、社会信用体系等项目的建设工作。

二 应用案例

（一）建立郑州市智慧城市专家智库

为保证智慧城市顶层设计的科学性，全面促进智慧城市建设工作的落地实施，国控智慧城市协助郑州市数字城市办公室（以下简称原数字办）组织中心组理论学习扩大会，邀请中国工程院院士王家耀、广东省电子政务协会总工程师钟东江分别作《新型智慧城市与时空大数据平台》《新型智慧城市建设与城市可持续发展》专题讲解，就智慧城市建设相关内容进行集中辅导学习。同时，协助成立郑州市智慧城市专家智库，中国工程院院士王家耀、华中科技大学教授邹雪城、中科院计算所研究员张云泉、北京大学教授石宇良、北京大学数字中国研究院信息社会治理创新研究中心主任任锦华、解放军信息工程大学徐孟春、郑州大学教授石磊、广东电子政务协会总工程师钟东江等16位国内知名专家被聘为郑州市智慧城市专家智库成员，为郑州智慧城市乃至国家中心城市建设提供强有力的组织领导支持、专家人才支持、政策环境支持。

（二）郑州市新型智慧城市总体规划编制

2019年1月31日，国控智慧城市中标郑州市新型智慧城市总体规划编制项目。为保障郑州市总体规划编制的科学性、合理性、专业性，该项目联合河南省时空大数据产业技术研究院等国内知名的研究机构、科研院所，签订战略合作协议，构建开放、包容的战略合作伙伴关系，共同参与到郑州新型智慧城市建设工作中来。按照《智慧城市顶层设计指南》（GB/T 36333－2018）的要求，国控智慧城市先后对郑州市各局委信息化系统展开调研工作，并邀请中国人民公安大学及清华大学专家，针对《2019年郑州市智慧交通工作方案（征求意见稿）》及关于公安智慧交通建设情况等方案进行论证研讨。经过80天封闭式编写，完成郑州市新型智慧城市总体规划编制项目的建设背景、指导思想、基本原则、发展目标、需求分析、总体设计、中期规划（至 2029 年）、长期规划（至 2035 年）、大数据产业发展规划（2019～2023 年）。

（三）城市综合服务 App "i 郑州" 一期

为加快推进智慧城市建设，构建智慧郑州 "全时全程" 的市民服务体系，打造方便、快捷、高效的市民服务新通道，实现让市民用一个 App 畅享城市综合服务。受原数字办委托，2018 年 5 月初，启动 "智慧郑州 App 及微信公众平台" 一期建设工作。5 月 23 日，该项目面向社会开展名称有奖征集活动，经专家评审，最终智慧郑州 App 以 "i 郑州" 命名。7 月 30 日，"i 郑州" App 及微信公众平台正式上线。12 月 21 日，"i 郑州" 代表郑州新型智慧城市建设成果，亮相中国（郑州）新型智慧城市建设暨产业发展高峰论坛。目前，"i 郑州" 已推出受众面广、群众关注度高的 261 项服务事项，涉及 17 个部门的 105 类共享数据，包括社保、公积金、不动产、医疗、房管、公安、税务、数字城管、市长信箱、教育、自来水、热力等，总用户近 30 万人。

（四）智慧停车

为加快推进郑州市智慧停车建设工作，有效解决停车难、停车乱等问题，依据《郑州市下放市区停车场建设管理权工作的实施方案》（郑政文〔2018〕136 号）文件精神，受原数字办委托，全力协助郑州市城市管理局做好停车管理及智慧停车工作，并在全市范围内开展停车需求调研，启动郑州市智慧停车规划设计及平台开发工作。

2018 年 8 月 8 日，市城管局召开郑州市智慧停车建设沟通会，明确原数字办、城管局及国控智慧城市各方工作职责，由国控智慧城市负责系统平台建设及技术标准制定等工作。根据会议精神，国控智慧城市协助原数字办完成《关于郑州市推进 "智慧停车" 建设工作的指导意见》，并制定《智慧停车建设方案》，在 9 月 25 日城管局组织召开的智慧停车建设方案协调会中，得到各区认可，并成立郑州市智慧泊车城市管理系统项目推进领导小组，负责统筹协调智慧泊车城市管理系统项目总体推进工作。

郑州市人民政府办公厅下发内部明电《关于推进市区"智慧停车"建设工作的指导意见》（郑政办明电〔2018〕371号），全力推进郑州市智慧停车建设工作。2018年10月13日，智慧停车平台"郑停车"上线，率先在二七区试点运行，其建设之快、模式之新得到了郑州市领导的高度赞扬，受到包括新华社客户端、央视新闻移动网、《河南商报》在内的105家媒体的关注和报道。目前，智慧停车"一中心、两平台"对车位收费、车辆信息、自主缴费、空闲车位查询等功能进行了全面应用，实现停车位资源共享，有效地缓解了停车压力。

（五）社会信用体系

为加快建立体系完备、机制健全、运转有序、奖惩有度的郑州市社会信用体系，依据郑州市信用办发布的《郑州市个人信用积分管理办法（征求意见稿)》，受郑州市发改委委托，国控智慧城市于2019年2月下旬启动郑州市个人信用积分系统建设工作。

自2月27日起，国控智慧城市与信用办、交通运输局、城市管理局、民政局、文明办等各市级部门以及房地产行业协会开展座谈会，明确郑州市个人信用积分系统奖励机制，推进"信易＋"场景的政策制定。

3月11日，个人信用积分系统数据模型完成开发建设工作，同时信易住、信易行、信易阅读、信易养老、信易医疗5大应用场景政策落地。结合郑州市信用中心实际需求，3月12日，信用郑州模块在"i郑州"App率先上线，可进行双公示、红黑名单等信用公示及查询。

4月24日，依据国家发改委办公厅《关于开展信用App观摩活动的通知》，国控智慧城市受郑州市信用办委托，参加由国家发改委指导，国家公共信用信息中心主办的全国信用App观摩活动大赛。"i郑州"作为河南省唯一入围App，亮相湖北宜昌市的观摩活动大赛现场，并凭借功能覆盖广、用户下载量高、信用服务亮点多等各项优势，成功入围全国政务组信用App

20 强，是中部六省唯一省会城市代表。

5 月 24 日，受郑州市发改委委托，启动"个人守信联合激励城市合作机制暨郑州市'商鼎分'上线仪式"筹备工作。国控智慧城市加快推进"商鼎分"设计开发、"信易＋"激励政策实施等工作。5 月 29 日，由发改委牵头，与公交、地铁、一卡通、京东、蚂蚁金服等召开"信易＋"激励政策协调会，明确"信易＋"普惠方案及场景接入。5 月 30 日，与郑州市信用中心开展数据对接工作，初步完成"商鼎分"数据库搭建工作。

6 月下旬，国控智慧城市同郑州市发改委、市信息中心工作人员，赴武汉、厦门、杭州、南京四城市，考察学习社会信用个人积分的建设情况，通过商讨，确定个人守信联合激励城市合作机制草案，实现个人信用积分（记录）互认互通。

8 月 6 日，协助市发改委举办"个人守信联合激励城市合作机制暨郑州市'商鼎分'上线仪式发布会"。会上，郑州、南京、杭州、武汉、苏州共同签署了个人守信联合激励城市合作战略协议，实现城市间个人信用积分（记录）互认互通，优惠政策互享。同时，郑州市"商鼎分"正式在城市综合服务 App"i 郑州"上线，年满 18 周岁的郑州市常住市民，通过"i 郑州"App 注册并实名认证，即可开通"商鼎分"。"商鼎分"通过对市民公共信用信息多维度、大数据的分析，打造专属个人的城市信用信息记录，褒扬诚信，惩戒失信，营造优良信用环境。信用良好的市民，可享受"信易＋"激励政策，体验"信用让生活更美好"。"信易＋"已开通阅读、养老、医疗、住房、融资、出行等多项便民服务场景。截至目前，"商鼎分"已覆盖全市人口 1178 万人。

郑州天迈科技股份有限公司——"公交客流大数据分析挖掘"应用案例

郑州天迈科技股份有限公司 *

一　概述

互联网技术的快速发展，一大批从事互联网领域的企业获得了巨大的成功，由于互联网的便利性，越来越多的线下服务转化为线上服务，公司可以接收到的数据越来越多。面对前所未有的大数据量，以现有的计算机性能是无法处理的，或者处理的代价让大多数公司无法承受。这就催生了一大批企业利用大量的数据，将传统的企业运营方式进行颠覆，使企业从靠人力决策到靠数据决策，这意味着更少的决策失误和更大的利润，而对于普通民众而言则能享受到更好的服务质量和更高的办事效率。由于现在大量的企业决策与服务提供需要依靠大数据技术支撑，并且大数据带来的经济效益已经大于开发成本，我们称现在为大数据时代。

大数据平台是对海量结构化、非结构化、半结构化数据进行采集、存储、计算、统计、分析处理的一系列技术平台。大数据平台处理的数据量通常是 TB 级，甚至是 PB 或 EB 级，这是传统数据仓库工具无法处理完成的，其涉及的技术有分布式计算、高并发处理、高可用处理、集群、实时性计算等，汇集了当前 IT 领域热门流行的各类技术。

---

* 执笔人：阎磊。

大数据最终将结合人工智能，根据海量历史数据进行分析，对事物画像，指导企业的生产，让企业根据用户特征，精准投放资源，包括出行规划、出行推荐和线网的优化，以及车辆和司机的分析。

二 大数据平台特性

系统采用当前业界成熟的软件 HADOOP，如图 1 所示。HADOOP 是一个能够对大量数据进行分布式处理的软件框架，并且是以一种可靠、高效、可伸缩的方式进行处理，它有以下几方面特性。

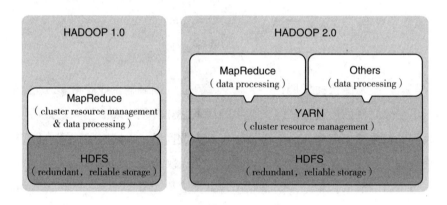

图 1 HADOOP 软件

（1）高可靠性：采用冗余数据存储方式，即使一个副本发生故障，其他副本也可以保证对外工作的正常进行。

（2）高效性：作为并行分布式计算平台，HADOOP 采用分布式存贮和分布式处理两大核心技术，能够高效地处理 PB 级别的数据。

（3）高可扩展性：HADOOP 的设计目标是可以高效稳定地运行在廉价的计算机集群上，可以扩展到数以千计的计算机节点上。

（4）高容错性：采用冗余数据存储方式，自动保存数据的多个副本，并且能够自动将失败的任务重新分配。

（5）成本低：HADOOP 采用廉价的计算机集群，普通的用户也可以 PC

机搭建环境。

（6）运行在 Linux 平台上：HADOOP 是基于 java 语言开发的，可以较好地运行在 Linux 的平台上。

三 大数据平台技术

HDFS：HADOOP 分布式文件系统，Google GFS 的开源实现，具有良好的扩展性和容错性，目录已支撑各种类型的数据存储格式，包括 SSTable、文本文件、二进制 key/value 格式 Sequence File、列式存储格式 Parquet、ORC 和 Carbondata 等。

Hbase：构建在 HDFS 之上的分布式数据库，需要用户存储结构化与半结构化数据，支持行列无限扩展及数据随机查找与删除。

Sqoop：关系型数据收集和导入工具，是连接关系型数据库和 HADOOP 的桥梁，Sqoop 可将关系型数据库的数据全量导入 HADOOP。

Kafka：分布式消息队列，一般作为数据总线使用，允许多个数据消费者订阅并获取感兴趣的数据。

YARN：统一资源管理与调度系统，能够管理集群中的各种资源（如 CPU、内存等），并按照一定的策略分配各上层各类应用，YARN 内置了多种多租户资源调度器，允许用户按照队列的方式组织和管理资源，且每个队列的调度机制可独立定制。

ZooKeeper：基于简化的 Paxos 协议实现的服务协调系统，提供了类似于文件系统的数据模型，允许用户通过简单的 API 实现 leader 选举、服务命名、分布式队列与分布式锁等复杂的分布式通用模块。

Spark：通用的 DAG 计算引擎，它提供了基于 RDD 的数据抽象表示，允许用户充分利用内存进行快速的数据挖掘和分析。

Impala/Presto：开源的 MPP 系统，允许用户使用标准的 SQL 处理存储在 HADOOP 中的数据。它们采用了并行数据库架构，内置了查询优化器、查询下推、代码生成等优化机制，使大数据处理效率大大提高。

Spark Streaming：分布式流式实时计算引擎，具有良好的容错性与扩展性，能够高效地处理流式数据，它允许用户通过简单的 API 完成实时应用程序开发。

四　大数据平台架构

大数据平台分为基础数据层、数据仓库和计算层、数据服务层，如图 2 所示。

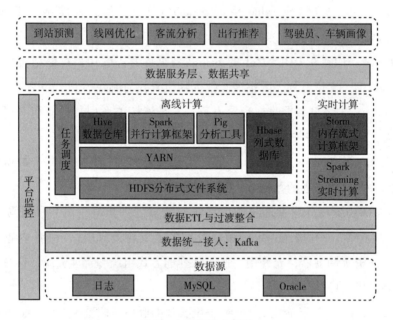

图 2　大数据平台架构

（一）基础数据层

目前的业务数据库共有智能调度 GPS、OA 数据库、IC 卡数据库、二维码数据库、充电桩数据库、收银数据库、车辆驾驶员安全数据库、手机 App 数据库、网站数据库等，以上数据主要为 Oracle 数据库，个别有 MySQL 数据库。

针对以上数据库的数据采集，推荐采用 RDBMS 关系型数据库共有的 WAL 日志 CDC 数据变化采集方式，可以实时采集到数据更新、新增等，然后交给数据处理环节进行处理。基于 WAL 日志的 CDC 对于数据库的入侵最小，基本不会影响原业务数据库的性能，类似 Oracle 数据库的 OGG 等。

数据处理及整合，即简单的数据清洗过程，主要针对以下几种情况。

（1）数据编码格式不统一，例如，收银数据的组织编码、人员编码与 OA 的组织机构编码、人员编码不一致。

（2）数据类型不一致，例如，日期 date 类型与 txt 类型等。

（3）数据错误与缺失，例如，数据库设计约束不完整、default 值缺失、空值等。

数据存储与共享，采集来的数据基本按照原库类型集中采用大数据平台 HIVE 的 ORC 格式存储在 HADOOP 的 HDFS 上，方便管理，方便下一步的计算处理等。

（二）数据仓库和计算

数据仓库按照实现的技术方式不同，有不同的名称，例如数据集市，这是大数据技术为代表的标准名称。更进一步，依据 MOLAP 技术实现的数据仓库一般被称为数据立方。采用数据立方技术来实现数据仓库，数据立方采用纬度表、事实表、星型模型、星系模型的方式构建数据立方，可以比较符合人类的处理问题方式来回答问题，提供决策支持。

根据数据仓库已有的各个主题的数据立方，主要分为三个方面。

第一是运营方面，例如公交各个线路的规律、车辆的规律、司机的规律、场站运行规律、客流分布迁移规律。

第二是服务辅助系统，例如充电、燃料规律、物资规律、人力资源规律、机务规律、维护维修规律等。

第三是管理需求，例如财务计划等。

系统利用 hive 可以很好地兼容 sql 的特性，将结构化的数据存储在 hive 中，而非结构化的大量的数据存储在 Hbase 中。Hbase 对于处理海量的数据有着明显的优势，它是一种构建在 HDFS 之上的分布式、面向列的存储系统，具有基于 key/value 存储模式的实时查询的能力及离线处理或者批处理的能力，适合于结构化/非结构化数据分析、OLAP，数据维护成本低。

（三）数据服务

1. 对外提供数据统一的数据接口

支持多种外部接口，如 Kafka、jdbc 等，在交互的过程中支持对数据进行 only one 保证、类型转换、加密/解密、自定义过滤等多种操作。

2. 各个平台间数据的开放

根据实际需求，可有选择性地实现数据内部开放（如 spark 数据处理、数据挖掘、机器学习算法等），构建数据流，平滑地将数据接入各种业务层面，如 Spark 处理分析业务指标，通过现有数据，应用统计方法、事例推理、决策树、规则推理、模糊集甚至神经网络、遗传算法的方法处理信息，得出有用的分析信息。

五 大数据应用案例

（一）数据仓库

1. 背景与意义

随着互联网的发展，企业所积累的数据也在不断地增加。以往的数据都存储在数据库中，如今普通的数据库已经无法满足客户的需求，这时数据仓库就应运而生。数据仓库是一个面向主题、数据集成，随时间不断变化的数据库。它将各个平台的数据进行整合，形成统一的数据格式，对外提供数据服务。

2. 创新与实践

在异常数据清洗中，根据本行业的独特性进行了特有的创新实践，比如车辆定位漂移。

（1）总体思路。统一梳理各个平台的数据，先对平台数据进行整合。

建立相应的数据主题，方便数据分析使用。在数据收集的同时，对数据进行清洗，录入数据仓库的数据将是统一的格式和样式。

（2）主要做法。通过特有数据收集工具对数据进行抽取，抽取完的数据根据规则进行清洗和汇总，最终将数据加载到数据仓库。

3. 存在的问题

数据仓库中的数据主题还不完全，在使用过程中会出现用到了没有，需要临时创建，这样就导致了大量的重复。

4. 经验与启示

在创建数据仓库前一定要做好业务梳理，并且需要对业务需求非常了解才能更好地建立主题和数据的汇总统一。

（二）客流分析

1. 背景与意义

客流分析需要使用历史客流、到站等数据对新的排班进行预测，而要使排班更合理准确，就需要大量的历史数据作为依据，但对于目前的关系型数据库，查询速度慢且存储数据时间短的问题导致无法做到大数据量的分析，而使用大数据平台则可解决这一问题。

2. 创新与实践

数据通过图表展示，并且加入了监控和异常提醒功能。

（1）总体思路。客流分析主要依赖于客流调查器实时收集数据，数据实时传输到大数据平台。大数据平台实时汇总分析当前的客流变化，对异常站点客流进行监控提醒，从而使管理者更好地调度分配车辆运营。

（2）主要做法。通过特有数据收集工具对数据进行抽取，抽取完的数据根据规则进行清洗和汇总，最终将数据加载到数据仓库。

3. 存在的问题

客流数据的检验和清洗还存在一定的不足，需要结合多方面的数据来对客流数据进行检验补全。目前由于受到可参考数据少的限制，在数据检验上一直存在问题。

4. 经验与启示

目前的分析是在已有业务基础上进行的，并没有深入地挖掘数据本身的、深层的价值。需要结合多方面的数据，全面地挖掘数据价值，将数据的价值运用得淋漓尽致。

（三）到站时间预测

1. 背景与意义

为了更好地服务用户出行，使用户合理地规划出行时间，减少不必要的等待时间，车辆到站时间就显得尤为重要。到站时间预测是根据历史数据和当前实时数据（并且根据节假日、天气等条件），结合算法，实时计算车辆的到站时间。

2. 创新与实践

预测分析采用回归算法，通过以往积累的海量数据进行模型训练。在算法上进行了创新，并且加以实践，最终达到了比较满意的结果。

（1）总体思路。首先建立数据模型，其次对海量数据进行训练，最后将实时数据根据模型，计算出到站时间，从而将结果返回到终端用户，直接提醒用户或者运用结果进行二次分析加工。

（2）主要做法。平台根据实时接收到的车辆信息，实时计算每辆车到达每一站的预计时间，这个时间是实时更新的。用户可实时查询数据结果，给用户提供合理的时间安排和出行方案。

3. 存在的问题

目前速度只是根据公交车辆来计算的，我们知道一条道路当中还有出租车、私家车，这些车对道路速度也是有影响的。因此，目前计算的速度还存在不完整性，不能全面地反映当前道路的速度，最终的到站时间也就不完整。

4. 经验与启示

基于非参数回归的到站时间预测模型，该模型通过搜索历史数据，设计匹配算法，从中匹配与当前实时状态数据最为相似的状态，获得最相似的预测数据，从而输出预测时间，具有较好的预测精确度。

郑州新益华医学科技有限公司——"健康医疗大数据"应用案例

郑州新益华医学科技有限公司 *

一 健康医疗大数据基础

随着健康医疗信息化的广泛应用，在医疗服务、健康保健和卫生管理过程中产生海量数据集，形成健康医疗大数据。健康医疗大数据主要包括门诊治疗、住院治疗、健康体检、儿童保健、妇女保健、慢病管理等电子健康档案数据。从单个患者角度来看，医疗数据包含在各医院看病的电子病历数据、公共卫生数据和居家自我监测的医学数据，基因序列、蛋白质组等生物医学数据，新型农村合作医疗、城镇职工基本医疗保险、城镇居民基本医疗保险等医疗保险数据，药物临床试验、药物筛查、基本药物集中采购、医疗机构药品与疫苗电子监管等医药研发与管理数据，疾病监测、突发公共卫生事件监测、传染病报告等公共卫生数据，患者行为表现、保健品购买记录、健身信息等行为与情绪数据，卫生资源与医疗服务调查、计划生育统计等统计数据，居民婚姻、家庭、计划生育登记等人口管理数据，与人类健康密切相关的空气污染物和气候状况等环境数据。

---

* 执笔人：张贺伟。

二 系统技术架构

全人群健康大数据平台系统由交互界面、应用系统、数据交换共享系统、数据仓库、数据挖掘分析、ETL 系统、数据采集存储系统、IT 基础设施、网管运维系统和信息安全系统组成（见图1）。

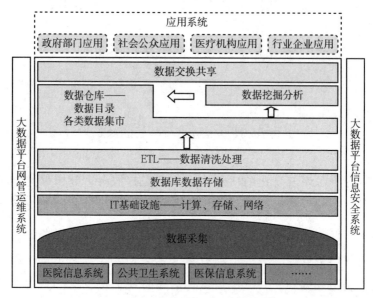

图1 健康大数据平台技术架构

三 数据采集存储

大数据的采集通常分为集中式采集和分布式采集，数据采集是数据中心的重要功能，最关键的就是数据的采集、清洗、转换、装载，健康大数据平台需要存储大量非结构化数据，密度低、容量大。同时，需要为多部门、多系统提供数据服务，内部数据处理、分析挖掘的数据量大、读取频繁。因此，采用基于廉价 PC 服务器 + 大容量 SATA 硬盘为主的分布式存储架构，既能提高系统存储性能，也能降低存储成本。

四 数据清洗处理

数据的清洗处理包括导入、清洗、归纳整理等流程。

五 数据导入

负责导入外部数据源的数据。外部数据的格式包括 WORD、PDF 等非结构化文档（如公文），Excel、CSV、数据库文件等结构化/半结构化数据，人工录入数据，其他网站上的静态数据或者链接，其他网站上的动态数据或者 APl 链接。

六 数据清洗、归纳和整理

ETL 工具共分为三大模块：ETL 核心模块、日志模块和 WEB 模块。ETL 核心模块是整个 ETL 工具的核心，它主要的功能是根据事先定义好的规则将源数据库的数据抽取到目标数据库。其主要工作流程是：数据抽取→数据转换→数据清洗→数据加载（见图 2）。

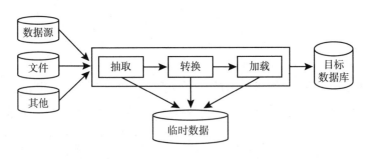

图 2 数据转换

七 系统管理门户

系统管理门户支持管理员和权限管理，管理员操作记录以及系统运行状态。该子系统前端为 Web 服务框架，支持管理员和权限管理，管理员操作记录以及系统运行状态。

八 数据可视化

清洗处理后的健康数据以图表的形式展示结构化数据。对含有地理位置信息的数据，该子系统还可以支持结合地图的数据展示。用户可以根据数据分析子系统的输出，或存储子系统的数据任意定制可视化的图表。

九 数据发布

以 Web 界面文件下载、数据报表、地图应用。该子系统由 Web 界面、文件下载服务器、数据报表插件、地图应用插件组成。根据需求，可以开发新的插件满足定制化的需求。

十 数据分析挖掘

数据分析负责实时流数据处理、非实时/离线数据处理，支持结构化和非结构化处理，支持 PB 级数据量的分布式并行处理。因此，基于大规模并行处理架构建设健康数据仓库，通过列存储、粗粒度索引等多项大数据处理技术，结合大规模并行处理架构高效的分布式计算模式，完成对分析类应用的支撑。在分析算法上，支持 Apache Mahout、mllib 等机器学习算法库，把业务应用中具有共性的大数据分析，按照不同业务专题或相关实体进行分类开发，综合运用统计学和数据挖掘技术，采用多元化方法来对大规模数据构建特征库、批处理模型库、实时处理模型库。

十一　数据交换共享

　　数据交换共享平台不仅要满足数据共享集成功能，实现数据的集中采集、分拣下推等，还需要很好地支持面向分布式的 SOA 架构，支持基于 Web Service、文档、DB 等多种模式的更具有广泛意义的数据交换。实现业务内部的紧耦合、业务之间的松耦合，支持由卫计委来发布统一标准和接口规范，实现管理的统一、有序。基于企业服务总线（ESB），对内实现核心基础服务平台、各应用系统的集成和数据交换共享。对外提供符合省卫计委标准的访问服务接口，实现与现有的省、市、县三级人口健康信息平台、医保信息平台、医药管理信息平台，以及各级医疗卫生机构的互联互通。从技术架构的角度，集成交换共享平台包括了管理服务、运行服务和监控服务三大部分。技术架构图中的系统互联部分是由运行服务中部分功能实现的，而这些功能分别来自消息集成、数据集成和应用集成中的与系统连接相关的功能联合完成。而交互集成则利用服务界面提供，面向各类应用系统界面级整合管理。

第三部分 | 政策法规

国务院：《促进大数据发展行动纲要》

大数据是以容量大、类型多、存取速度快、应用价值高为主要特征的数据集合，正快速发展为对数量巨大、来源分散、格式多样的数据进行采集、存储和关联分析，从中发现新知识、创造新价值、提升新能力的新一代信息技术和服务业态。

信息技术与经济社会的交汇融合引发了数据迅猛增长，数据已成为国家基础性战略资源，大数据正日益对全球生产、流通、分配、消费活动以及经济运行机制、社会生活方式和国家治理能力产生重要影响。目前，我国在大数据发展和应用方面已具备一定基础，拥有市场优势和发展潜力，但也存在政府数据开放共享不足、产业基础薄弱、缺乏顶层设计和统筹规划、法律法规建设滞后、创新应用领域不广等问题，亟待解决。为贯彻落实党中央、国务院决策部署，全面推进我国大数据发展和应用，加快建设数据强国，特制定本行动纲要。

一　发展形势和重要意义

全球范围内，运用大数据推动经济发展、完善社会治理、提升政府服务和监管能力正成为趋势，有关发达国家相继制定实施大数据战略性文件，大力推动大数据发展和应用。目前，我国互联网、移动互联网用户规模居全球第一，拥有丰富的数据资源和应用市场优势，大数据部分关键技术研发取得突破，涌现出一批互联网创新企业和创新应用，一些地方政府已启动大数据相关工作。坚持创新驱动发展，加快大数据部署，深化大数据应用，已成为稳增长、促改革、调结构、惠民生和推动政府治理能力现代化的内在需要和必然选择。

（一）大数据成为推动经济转型发展的新动力

以数据流引领技术流、物质流、资金流、人才流，将深刻影响社会分工协作的组织模式，促进生产组织方式的集约和创新。大数据推动社会生产要素的网络化共享、集约化整合、协作化开发和高效化利用，改变了传统的生产方式和经济运行机制，可显著提升经济运行水平和效率。大数据持续激发商业模式创新，不断催生新业态，已成为互联网等新兴领域促进业务创新增值、提升企业核心价值的重要驱动力。大数据产业正在成为新的经济增长点，将对未来信息产业格局产生重要影响。

（二）大数据成为重塑国家竞争优势的新机遇

在全球信息化快速发展的大背景下，大数据已成为国家重要的基础性战略资源，正引领新一轮科技创新。充分利用我国的数据规模优势，实现数据规模、质量和应用水平同步提升，发掘和释放数据资源的潜在价值，有利于更好发挥数据资源的战略作用，增强网络空间数据主权保护能力，维护国家安全，有效提升国家竞争力。

（三）大数据成为提升政府治理能力的新途径

大数据应用能够揭示传统技术方式难以展现的关联关系，推动政府数据开放共享，促进社会事业数据融合和资源整合，将极大提升政府整体数据分析能力，为有效处理复杂社会问题提供新的手段。建立"用数据说话、用数据决策、用数据管理、用数据创新"的管理机制，实现基于数据的科学决策，将推动政府管理理念和社会治理模式进步，加快建设与社会主义市场经济体制和中国特色社会主义事业发展相适应的法治政府、创新政府、廉洁政府和服务型政府，逐步实现政府治理能力现代化。

二 指导思想和总体目标

（一）指导思想

深入贯彻党的十八大和十八届二中、三中、四中全会精神，按照党中央、国务院决策部署，发挥市场在资源配置中的决定性作用，加强顶层设计和统筹协调，大力推动政府信息系统和公共数据互联开放共享，加快政府信息平台整合，消除信息孤岛，推进数据资源向社会开放，增强政府公信力，引导社会发展，服务公众企业；以企业为主体，营造宽松公平环境，加大大数据关键技术研发、产业发展和人才培养力度，着力推进数据汇集和发掘，深化大数据在各行业创新应用，促进大数据产业健康发展；完善法规制度和标准体系，科学规范利用大数据，切实保障数据安全。通过促进大数据发展，加快建设数据强国，释放技术红利、制度红利和创新红利，提升政府治理能力，推动经济转型升级。

（二）总体目标

立足我国国情和现实需要，推动大数据发展和应用在未来5～10年逐步实现以下目标：

打造精准治理、多方协作的社会治理新模式。将大数据作为提升政府治理能力的重要手段，通过高效采集、有效整合、深化应用政府数据和社会数据，提升政府决策和风险防范水平，提高社会治理的精准性和有效性，增强乡村社会治理能力；助力简政放权，支持从事前审批向事中事后监管转变，推动商事制度改革；促进政府监管和社会监督有机结合，有效调动社会力量参与社会治理的积极性。2017年底前形成跨部门数据资源共享共用格局。

建立运行平稳、安全高效的经济运行新机制。充分运用大数据，不断提升信用、财政、金融、税收、农业、统计、进出口、资源环境、产品质量、企业登记监管等领域数据资源的获取和利用能力，丰富经济统计数据来源，实现对经济运行更为准确的监测、分析、预测、预警，提高决策的针对性、科学性和时效性，提升宏观调控以及产业发展、信用体系、市场监管等方面管理效能，保障供需平衡，促进经济平稳运行。

构建以人为本、惠及全民的民生服务新体系。围绕服务型政府建设，在公用事业、市政管理、城乡环境、农村生活、健康医疗、减灾救灾、社会救助、养老服务、劳动就业、社会保障、文化教育、交通旅游、质量安全、消费维权、社区服务等领域全面推广大数据应用，利用大数据洞察民生需求，优化资源配置，丰富服务内容，拓展服务渠道，扩大服务范围，提高服务质量，提升城市辐射能力，推动公共服务向基层延伸，缩小城乡、区域差距，促进形成公平普惠、便捷高效的民生服务体系，不断满足人民群众日益增长的个性化、多样化需求。

开启大众创业、万众创新的创新驱动新格局。形成公共数据资源合理适度开放共享的法规制度和政策体系，2018 年底前建成国家政府数据统一开放平台，率先在信用、交通、医疗、卫生、就业、社保、地理、文化、教育、科技、资源、农业、环境、安监、金融、质量、统计、气象、海洋、企业登记监管等重要领域实现公共数据资源合理适度向社会开放，带动社会公众开展大数据增值性、公益性开发和创新应用，充分释放数据红利，激发大众创业、万众创新活力。

培育高端智能、新兴繁荣的产业发展新生态。推动大数据与云计算、物联网、移动互联网等新一代信息技术融合发展，探索大数据与传统产业协同发展的新业态、新模式，促进传统产业转型升级和新兴产业发展，培育新的经济增长点。形成一批满足大数据重大应用需求的产品、系统和解决方案，建立安全可信的大数据技术体系，大数据产品和服务达到国际先进水平，国内市场占有率显著提高。培育一批面向全球的骨干企业和特色鲜明的创新型中小企业。构建形成政产学研用多方联动、协调发展的大数据产业生态体系。

三　主要任务

（一）加快政府数据开放共享，推动资源整合，提升治理能力

1. 大力推动政府部门数据共享

加强顶层设计和统筹规划，明确各部门数据共享的范围边界和使用方式，厘清各部门数据管理及共享的义务和权利，依托政府数据统一共享交换平台，大力推进国家人口基础信息库、法人单位信息资源库、自然资源和空间地理基础信息库等国家基础数据资源，以及金税、金关、金财、金审、金盾、金宏、金保、金土、金农、金水、金质等信息系统跨部门、跨区域共享。加快各地区、各部门、各有关企事业单位及社会组织信用信息系统的互联互通和信息共享，丰富面向公众的信用信息服务，提高政府服务和监管水平。结合信息惠民工程实施和智慧城市建设，推动中央部门与地方政府条块结合、联合试点，实现公共服务的多方数据共享、制度对接和协同配合。

2. 稳步推动公共数据资源开放

在依法加强安全保障和隐私保护的前提下，稳步推动公共数据资源开放。推动建立政府部门和事业单位等公共机构数据资源清单，按照"增量先行"的方式，加强对政府部门数据的国家统筹管理，加快建设国家政府数据统一开放平台。制定公共机构数据开放计划，落实数据开放和维护责任，推进公共机构数据资源统一汇聚和集中向社会开放，提升政府数据开放共享标准化程度，优先推动信用、交通、医疗、卫生、就业、社保、地理、文化、教育、科技、资源、农业、环境、安监、金融、质量、统计、气象、海洋、企业登记监管等民生保障服务相关领域的政府数据集向社会开放。建立政府和社会互动的大数据采集形成机制，制定政府数据共享开放目录。通过政务数据公开共享，引导企业、行业协会、科研机构、社会组织等主动采集并开放数据。

专栏 1 政府数据资源共享开放工程

推动政府数据资源共享。制定政府数据资源共享管理办法，整合政府部门公共数据资源，促进互联互通，提高共享能力，提升政府数据的一致性和准确性。2017 年底前，明确各部门数据共享的范围边界和使用方式，跨部门数据资源共享共用格局基本形成。

形成政府数据统一共享交换平台。充分利用统一的国家电子政务网络，构建跨部门的政府数据统一共享交换平台，到 2018 年，中央政府层面实现数据统一共享交换平台的全覆盖，实现金税、金关、金财、金审、金盾、金宏、金保、金土、金农、金水、金质等信息系统通过统一平台进行数据共享和交换。

形成国家政府数据统一开放平台。建立政府部门和事业单位等公共机构数据资源清单，制定实施政府数据开放共享标准，制定数据开放计划。2018 年底前，建成国家政府数据统一开放平台。2020 年底前，逐步实现信用、交通、医疗、卫生、就业、社保、地理、文化、教育、科技、资源、农业、环境、安监、金融、质量、统计、气象、海洋、企业登记监管等民生保障服务相关领域的政府数据集向社会开放。

3. 统筹规划大数据基础设施建设

结合国家政务信息化工程建设规划，统筹政务数据资源和社会数据资源，布局国家大数据平台、数据中心等基础设施。加快完善国家人口基础信息库、法人单位信息资源库、自然资源和空间地理基础信息库等基础信息资源和健康、就业、社保、能源、信用、统计、质量、国土、农业、城乡建设、企业登记监管等重要领域信息资源，加强与社会大数据的汇聚整合和关联分析。推动国民经济动员大数据应用。加强军民信息资源共享。充分利用现有企业、政府等数据资源和平台设施，注重对现有数据中心及服务器资源的改造和利用，建设绿色环保、低成本、高效率、基于云计算的大数据基础设施和区域性、行业性数据汇聚平台，避免盲目建设和重复投资。加强对互联网重要数据资源的备份及保护。

专栏2 国家大数据资源统筹发展工程

整合各类政府信息平台和信息系统。严格控制新建平台，依托现有平台资源，在地市级以上（含地市级）政府集中构建统一的互联网政务数据服务平台和信息惠民服务平台，在基层街道、社区统一应用，并逐步向农村特别是农村社区延伸。除国务院另有规定外，原则上不再审批有关部门、地市级以下（不含地市级）政府新建孤立的信息平台和信息系统。到2018年，中央层面构建形成统一的互联网政务数据服务平台；国家信息惠民试点城市实现基础信息集中采集、多方利用，实现公共服务和社会信息服务的全人群覆盖、全天候受理和"一站式"办理。

整合分散的数据中心资源。充分利用现有政府和社会数据中心资源，运用云计算技术，整合规模小、效率低、能耗高的分散数据中心，构建形成布局合理、规模适度、保障有力、绿色集约的政务数据中心体系。统筹发挥各部门已建数据中心的作用，严格控制部门新建数据中心。开展区域试点，推进贵州等大数据综合试验区建设，促进区域性大数据基础设施的整合和数据资源的汇聚应用。

加快完善国家基础信息资源体系。加快建设完善国家人口基础信息库、法人单位信息资源库、自然资源和空间地理基础信息库等基础信息资源。依托现有相关信息系统，逐步完善健康、社保、就业、能源、信用、统计、质量、国土、农业、城乡建设、企业登记监管等重要领域信息资源。到2018年，跨部门共享校核的国家人口基础信息库、法人单位信息资源库、自然资源和空间地理基础信息库等国家基础信息资源体系基本建成，实现与各领域信息资源的汇聚整合和关联应用。

加强互联网信息采集利用。加强顶层设计，树立国际视野，充分利用已有资源，加强互联网信息采集、保存和分析能力建设，制定完善互联网信息保存相关法律法规，构建互联网信息保存和信息服务体系。

4. 支持宏观调控科学化

建立国家宏观调控数据体系，及时发布有关统计指标和数据，强化互联网数据资源利用和信息服务，加强与政务数据资源的关联分析和融合利用，为政府开展金融、税收、审计、统计、农业、规划、消费、投资、进出口、城乡建设、劳动就业、收入分配、电力及产业运行、质量安全、节能减排等领域运行动态监测、产业安全预测预警以及转变发展方式分析决策提供信息支持，提高宏观调控的科学性、预见性和有效性。

5. 推动政府治理精准化

在企业监管、质量安全、节能降耗、环境保护、食品安全、安全生产、信用体系建设、旅游服务等领域，推动有关政府部门和企事业单位将市场监管、检验检测、违法失信、企业生产经营、销售物流、投诉举报、消费维权等数据进行汇聚整合和关联分析，统一公示企业信用信息，预警企业不正当行为，提升政府决策和风险防范能力，支持加强事中事后监管和服务，提高监管和服务的针对性、有效性。推动改进政府管理和公共治理方式，借助大数据实现政府负面清单、权力清单和责任清单的透明化管理，完善大数据监督和技术反腐体系，促进政府简政放权、依法行政。

6. 推进商事服务便捷化

加快建立公民、法人和其他组织统一社会信用代码制度，依托全国统一的信用信息共享交换平台，建设企业信用信息公示系统和"信用中国"网站，共享整合各地区、各领域信用信息，为社会公众提供查询注册登记、行政许可、行政处罚等各类信用信息的一站式服务。在全面实行工商营业执照、组织机构代码证和税务登记证"三证合一"、"一照一码"登记制度改革中，积极运用大数据手段，简化办理程序。建立项目并联审批平台，形成网上审批大数据资源库，实现跨部门、跨层级项目审批、核准、备案的统一受理、同步审查、信息共享、透明公开。鼓励政府部门高效采集、有效整合并充分运用政府数据和社会数据，掌握企业需求，推动行政管理流程优化再造，在注册登记、市场准入等商事服务中提供更加便捷有效、更有针对性的服务。利用大数据等手段，密切跟踪中小微企业特别是新设小微企业运行情况，为完善相关政策提供支持。

7. 促进安全保障高效化

加强有关执法部门间的数据流通,在法律许可和确保安全的前提下,加强对社会治理相关领域数据的归集、发掘及关联分析,强化对妥善应对和处理重大突发公共事件的数据支持,提高公共安全保障能力,推动构建智能防控、综合治理的公共安全体系,维护国家安全和社会安定。

专栏3 政府治理大数据工程

推动宏观调控决策支持、风险预警和执行监督大数据应用。统筹利用政府和社会数据资源,探索建立国家宏观调控决策支持、风险预警和执行监督大数据应用体系。到 2018 年,开展政府和社会合作开发利用大数据试点,完善金融、税收、审计、统计、农业、规划、消费、投资、进出口、城乡建设、劳动就业、收入分配、电力及产业运行、质量安全、节能减排等领域国民经济相关数据的采集和利用机制,推进各级政府按照统一体系开展数据采集和综合利用,加强对宏观调控决策的支撑。

推动信用信息共享机制和信用信息系统建设。加快建立统一社会信用代码制度,建立信用信息共享交换机制。充分利用社会各方面信息资源,推动公共信用数据与互联网、移动互联网、电子商务等数据的汇聚整合,鼓励互联网企业运用大数据技术建立市场化的第三方信用信息共享平台,使政府主导征信体系的权威性和互联网大数据征信平台的规模效应得到充分发挥,依托全国统一的信用信息共享交换平台,建设企业信用信息公示系统,实现覆盖各级政府、各类别信用主体的基础信用信息共享,初步建成社会信用体系,为经济高效运行提供全面准确的基础信用信息服务。

建设社会治理大数据应用体系。到 2018 年,围绕实施区域协调发展、新型城镇化等重大战略和主体功能区规划,在企业监管、质量安全、质量诚信、节能降耗、环境保护、食品安全、安全生产、信用体系建设、旅游服务等领域探索开展一批应用试点,打通政府部门、企事业单位之间的数据壁垒,实现合作开发和综合利用。实时采集并汇总分析政府部门和企事业单位的市场监管、检验检测、违法失信、企业生产经营、销售物流、投诉举报、消费维权等数据，有效促进各级政府社会治理能力提升。

8. 加快民生服务普惠化

结合新型城镇化发展、信息惠民工程实施和智慧城市建设，以优化提升民生服务、激发社会活力、促进大数据应用市场化服务为重点，引导鼓励企业和社会机构开展创新应用研究，深入发掘公共服务数据，在城乡建设、人居环境、健康医疗、社会救助、养老服务、劳动就业、社会保障、质量安全、文化教育、交通旅游、消费维权、城乡服务等领域开展大数据应用示范，推动传统公共服务数据与互联网、移动互联网、可穿戴设备等数据的汇聚整合，开发各类便民应用，优化公共资源配置，提升公共服务水平。

专栏4　公共服务大数据工程

医疗健康服务大数据。构建电子健康档案、电子病历数据库，建设覆盖公共卫生、医疗服务、医疗保障、药品供应、计划生育和综合管理业务的医疗健康管理和服务大数据应用体系。探索预约挂号、分级诊疗、远程医疗、检查检验结果共享、防治结合、医养结合、健康咨询等服务，优化形成规范、共享、互信的诊疗流程。鼓励和规范有关企事业单位开展医疗健康大数据创新应用研究，构建综合健康服务应用。

社会保障服务大数据。建设由城市延伸到农村的统一社会救助、社会福利、社会保障大数据平台，加强与相关部门的数据对接和信息共享，支撑大数据在劳动用工和社保基金监管、医疗保险对医疗服务行为监控、劳动保障监察、内控稽核以及人力资源社会保障相关政策制定和执行效果跟踪评价等方面的应用。利用大数据创新服务模式，为社会公众提供更为个性化、更具针对性的服务。

教育文化大数据。完善教育管理公共服务平台，推动教育基础数据的伴随式收集和全国互通共享。建立各阶段适龄入学人口基础数据库、学生基础数据库和终身电子学籍档案，实现学生学籍档案在不同教育阶段的纵向贯通。推动形成覆盖全国、协同服务、全网互通的教育资源云服务体系。探索发挥大数据对变革教育方式、促进教育公平、提升教育质量的支撑作用。加强数字图书馆、档案馆、博物馆、美术馆和文化馆等公益设施建设，构建文化传播大数据综合服务平台，传播中国文化，为社会提供文化服务。

交通旅游服务大数据。探索开展交通、公安、气象、安监、地震、测绘等跨部门、跨地域数据融合和协同创新。建立综合交通服务大数据平台，共同利用大数据提升协同管理和公共服务能力，积极吸引社会优质资源，利用交通大数据开展出行信息服务、交通诱导等增值服务。建立旅游投诉及评价全媒体交互中心，实现对旅游城市、重点景区游客流量的监控、预警和及时分流疏导，为规范市场秩序、方便游客出行、提升旅游服务水平、促进旅游消费和旅游产业转型升级提供有力支撑。

（二）推动产业创新发展，培育新兴业态，助力经济转型

1. 发展工业大数据

推动大数据在工业研发设计、生产制造、经营管理、市场营销、售后服务等产品全生命周期、产业链全流程各环节的应用，分析感知用户需求，提升产品附加价值，打造智能工厂。建立面向不同行业、不同环节的工业大数据资源聚合和分析应用平台。抓住互联网跨界融合机遇，促进大数据、物联网、云计算和三维（3D）打印技术、个性化定制等在制造业全产业链集成运用，推动制造模式变革和工业转型升级。

2. 发展新兴产业大数据

大力培育互联网金融、数据服务、数据探矿、数据化学、数据材料、数据制药等新业态，提升相关产业大数据资源的采集获取和分析利用能力，充分发掘数据资源支撑创新的潜力，带动技术研发体系创新、管理方式变革、商业模式创新和产业价值链体系重构，推动跨领域、跨行业的数据融合和协同创新，促进战略性新兴产业发展、服务业创新发展和信息消费扩大，探索形成协同发展的新业态、新模式，培育新的经济增长点。

专栏5　工业和新兴产业大数据工程

工业大数据应用。利用大数据推动信息化和工业化深度融合，研究推动大数据在研发设计、生产制造、经营管理、市场营销、售后服务等产业链各环节的应用，研发面向不同行业、不同环节的大数据分析应用平台，选择典型企业、重点行业、重点地区开展工业企业大数据应用项目试点，积极推动制造业网络化和智能化。

服务业大数据应用。利用大数据支持品牌建立、产品定位、精准营销、认证认可、质量诚信提升和定制服务等，研发面向服务业的大数据解决方案，扩大服务范围，增强服务能力，提升服务质量，鼓励创新商业模式、服务内容和服务形式。

培育数据应用新业态。积极推动不同行业大数据的聚合、大数据与其他行业的融合，大力培育互联网金融、数据服务、数据处理分析、数据影视、数据探矿、数据化学、数据材料、数据制药等新业态。

电子商务大数据应用。推动大数据在电子商务中的应用，充分利用电子商务中形成的大数据资源为政府实施市场监管和调控服务，电子商务企业应依法向政府部门报送数据。

3. 发展农业农村大数据

构建面向农业农村的综合信息服务体系，为农民生产生活提供综合、高效、便捷的信息服务，缩小城乡数字鸿沟，促进城乡发展一体化。加强农业农村经济大数据建设，完善村、县相关数据采集、传输、共享基础设施，建立农业农村数据采集、运算、应用、服务体系，强化农村生态环境治理，增强乡村社会治理能力。统筹国内国际农业数据资源，强化农业资源要素数据的集聚利用，提升预测预警能力。整合构建国家涉农大数据中心，推进各地区、各行业、各领域涉农数据资源的共享开放，加强数据资源发掘运用。加快农业大数据关键技术研发，加大示范力度，提升生产智能化、经营网络化、管理高效化、服务便捷化能力和水平。

专栏6 现代农业大数据工程

农业农村信息综合服务。充分利用现有数据资源，完善相关数据采集共享功能，完善信息进村入户村级站的数据采集和信息发布功能，建设农产品全球生产、消费、库存、进出口、价格、成本等数据调查分析系统工程，构建面向农业农村的综合信息服务平台，涵盖农业生产、经营、管理、服务和农村环境整治等环节，集合公益服务、便民服务、电子商务和网络服务，为农业农村农民生产生活提供综合、高效、便捷的信息服务，加强全球农业调查分析，引导国内农产品生产和消费，完善农产品价格形成机制，缩小城乡数字鸿沟，促进城乡发展一体化。

农业资源要素数据共享。利用物联网、云计算、卫星遥感等技术，建立我国农业耕地、草原、林地、水利设施、水资源、农业设施设备、新型经营主体、农业劳动力、金融资本等资源要素数据监测体系，促进农业环境、气象、生态等信息共享，构建农业资源要素数据共享平台，为各级政府、企业、农户提供农业资源数据查询服务，鼓励各类市场主体充分发掘平台数据，开发测土配方施肥、统防统治、农业保险等服务。

农产品质量安全信息服务。建立农产品生产的生态环境、生产资料、生产过程、市场流通、加工储藏、检验检测等数据共享机制，推进数据实现自动化采集、网络化传输、标准化处理和可视化运用，提高数据的真实性、准确性、及时性和关联性，与农产品电子商务等交易平台互联共享，实现各环节信息可查询、来源可追溯、去向可跟踪、责任可追究，推进实现种子、农药、化肥等重要生产资料信息可追溯，为生产者、消费者、监管者提供农产品质量安全信息服务，促进农产品消费安全。

4. 发展万众创新大数据

适应国家创新驱动发展战略，实施大数据创新行动计划，鼓励企业和公众发掘利用开放数据资源，激发创新创业活力，促进创新链和产业链深度融合，推动大数据发展与科研创新有机结合，形成大数据驱动型的科研创新模式，打通科技创新和经济社会发展之间的通道，推动万众创新、开放创新和联动创新。

专栏7　万众创新大数据工程

大数据创新应用。通过应用创新开发竞赛、服务外包、社会众包、助推计划、补助奖励、应用培训等方式，鼓励企业和公众发掘利用开放数据资源，激发创新创业活力。

大数据创新服务。面向经济社会发展需求，研发一批大数据公共服务产品，实现不同行业、领域大数据的融合，扩大服务范围、提高服务能力。

发展科学大数据。积极推动由国家公共财政支持的公益性科研活动获取和产生的科学数据逐步开放共享，构建科学大数据国家重大基础设施，实现对国家重要科技数据的权威汇集、长期保存、集成管理和全面共享。面向经济社会发展需求，发展科学大数据应用服务中心，支持解决经济社会发展和国家安全重大问题。

知识服务大数据应用。利用大数据、云计算等技术，对各领域知识进行大规模整合，搭建层次清晰、覆盖全面、内容准确的知识资源库群，建立国家知识服务平台与知识资源服务中心，形成以国家平台为枢纽、行业平台为支撑，覆盖国民经济主要领域，分布合理、互联互通的国家知识服务体系，为生产生活提供精准、高水平的知识服务。提高我国知识资源的生产与供给能力。

5. 推进基础研究和核心技术攻关

围绕数据科学理论体系、大数据计算系统与分析理论、大数据驱动的颠覆性应用模型探索等重大基础研究进行前瞻布局，开展数据科学研究，引导和鼓励在大数据理论、方法及关键应用技术等方面展开探索。采取政产学研用相结合的协同创新模式和基于开源社区的开放创新模式，加强海量数据存储、数据清洗、数据分析发掘、数据可视化、信息安全与隐私保护等领域关键技术攻关，形成安全可靠的大数据技术体系。支持自然语言理解、机器学习、深度学习等人工智能技术创新，提升数据分析处理能力、知识发现能力和辅助决策能力。

6. 形成大数据产品体系

围绕数据采集、整理、分析、发掘、展现、应用等环节，支持大型通用海量数据存储与管理软件、大数据分析发掘软件、数据可视化软件等软件产品和海量数据存储设备、大数据一体机等硬件产品发展，带动芯片、操作系统等信息技术核心基础产品发展，打造较为健全的大数据产品体系。大力发展与重点行业领域业务流程及数据应用需求深度融合的大数据解决方案。

专栏8　大数据关键技术及产品研发与产业化工程

通过优化整合后的国家科技计划（专项、基金等），支持符合条件的大数据关键技术研发。加强大数据基础研究。融合数理科学、计算机科学、社会科学及其他应用学科，以研究相关性和复杂网络为主，探讨建立数据科学的学科体系；研究面向大数据计算的新体系和大数据分析理论，突破大数据认知与处理的技术瓶颈；面向网络、安全、金融、生物组学、健康医疗等重点需求，探索建立数据科学驱动行业应用的模型。

大数据技术产品研发。加大投入力度，加强数据存储、整理、分析处理、可视化、信息安全与隐私保护等领域技术产品的研发，突破关键环节技术瓶颈。到2020年，形成一批具有国际竞争力的大数据处理、分析、可视化软件和硬件支撑平台等产品。

提升大数据技术服务能力。促进大数据与各行业应用的深度融合，形成一批代表性应用案例，以应用带动大数据技术和产品研发，形成面向各行业的成熟的大数据解决方案。

7. 完善大数据产业链

支持企业开展基于大数据的第三方数据分析发掘服务、技术外包服务和知识流程外包服务。鼓励企业根据数据资源基础和业务特色，积极发展互联网金融和移动金融等新业态。推动大数据与移动互联网、物联网、云计算的深度融合，深化大数据在各行业的创新应用，积极探索创新协作共赢的应用模式和商业模式。加强大数据应用创新能力建设，建立政产学研用联动、大中小企业协调发展的大数据产业体系。建立和完善大数据产业公共服务支撑体系，组建大数据开源社区和产业联盟，促进协同创新，加快计量、标准化、检验检测和认证认可等大数据产业质量技术基础建设，加速大数据应用普及。

专栏9　大数据产业支撑能力提升工程

培育骨干企业。完善政策体系，着力营造服务环境优、要素成本低的良好氛围，加速培育大数据龙头骨干企业。充分发挥骨干企业的带动作用，形成大中小企业相互支撑、协同合作的大数据产业生态体系。到2020年，培育10家国际领先的大数据核心龙头企业，500家大数据应用、服务和产品制造企业。

大数据产业公共服务。整合优质公共服务资源，汇聚海量数据资源，形成面向大数据相关领域的公共服务平台，为企业和用户提供研发设计、技术产业化、人力资源、市场推广、评估评价、认证认可、检验检测、宣传展示、应用推广、行业咨询、投融资、教育培训等公共服务。

中小微企业公共服务大数据。整合现有中小微企业公共服务系统与数据资源，链接各省（区、市）建成的中小微企业公共服务线上管理系统，形成全国统一的中小微企业公共服务大数据平台，为中小微企业提供科技服务、综合服务、商贸服务等各类公共服务。

（三）强化安全保障，提高管理水平，促进健康发展

1. 健全大数据安全保障体系

加强大数据环境下的网络安全问题研究和基于大数据的网络安全技术研究，落实信息安全等级保护、风险评估等网络安全制度，建立健全大数据安全保障体系。建立大数据安全评估体系。切实加强关键信息基础设施安全防

护，做好大数据平台及服务商的可靠性及安全性评测、应用安全评测、监测预警和风险评估。明确数据采集、传输、存储、使用、开放等各环节保障网络安全的范围边界、责任主体和具体要求，切实加强对涉及国家利益、公共安全、商业秘密、个人隐私、军工科研生产等信息的保护。妥善处理发展创新与保障安全的关系，审慎监管，保护创新，探索完善安全保密管理规范措施，切实保障数据安全。

2. 强化安全支撑

采用安全可信产品和服务，提升基础设施关键设备安全可靠水平。建设国家网络安全信息汇聚共享和关联分析平台，促进网络安全相关数据融合和资源合理分配，提升重大网络安全事件应急处理能力；深化网络安全防护体系和态势感知能力建设，增强网络空间安全防护和安全事件识别能力。开展安全监测和预警通报工作，加强大数据环境下防攻击、防泄露、防窃取的监测、预警、控制和应急处置能力建设。

专栏10　网络和大数据安全保障工程

网络和大数据安全支撑体系建设。在涉及国家安全稳定的领域采用安全可靠的产品和服务，到2020年，实现关键部门的关键设备安全可靠。完善网络安全保密防护体系。

大数据安全保障体系建设。明确数据采集、传输、存储、使用、开放等各环节保障网络安全的范围边界、责任主体和具体要求，建设完善金融、能源、交通、电信、统计、广电、公共安全、公共事业等重要数据资源和信息系统的安全保密防护体系。

网络安全信息共享和重大风险识别大数据支撑体系建设。通过对网络安全威胁特征、方法、模式的追踪、分析，实现对网络安全威胁新技术、新方法的及时识别与有效防护。强化资源整合与信息共享，建立网络安全信息共享机制，推动政府、行业、企业间的网络风险信息共享，通过大数据分析，对网络安全重大事件进行预警、研判和应对指挥。

四 政策机制

（一）完善组织实施机制

建立国家大数据发展和应用统筹协调机制，推动形成职责明晰、协同推进的工作格局。加强大数据重大问题研究，加快制定出台配套政策，强化国家数据资源统筹管理。加强大数据与物联网、智慧城市、云计算等相关政策、规划的协同。加强中央与地方协调，引导地方各级政府结合自身条件合理定位、科学谋划，将大数据发展纳入本地区经济社会和城镇化发展规划，制定出台促进大数据产业发展的政策措施，突出区域特色和分工，抓好措施落实，实现科学有序发展。设立大数据专家咨询委员会，为大数据发展应用及相关工程实施提供决策咨询。各有关部门要进一步统一思想，认真落实本行动纲要提出的各项任务，共同推动形成公共信息资源共享共用和大数据产业健康安全发展的良好格局。

（二）加快法规制度建设

修订政府信息公开条例。积极研究数据开放、保护等方面制度，实现对数据资源采集、传输、存储、利用、开放的规范管理，促进政府数据在风险可控原则下最大程度开放，明确政府统筹利用市场主体大数据的权限及范围。制定政府信息资源管理办法，建立政府部门数据资源统筹管理和共享复用制度。研究推动网上个人信息保护立法工作，界定个人信息采集应用的范围和方式，明确相关主体的权利、责任和义务，加强对数据滥用、侵犯个人隐私等行为的管理和惩戒。推动出台相关法律法规，加强对基础信息网络和关键行业领域重要信息系统的安全保护，保障网络数据安全。研究推动数据资源权益相关立法工作。

（三）健全市场发展机制

建立市场化的数据应用机制，在保障公平竞争的前提下，支持社会资本参与公共服务建设。鼓励政府与企业、社会机构开展合作，通过政府采购、服务外包、社会众包等多种方式，依托专业企业开展政府大数据应用，降低社会管理成本。引导培育大数据交易市场，开展面向应用的数据交易市场试点，探索开展大数据衍生产品交易，鼓励产业链各环节市场主体进行数据交换和交易，促进数据资源流通，建立健全数据资源交易机制和定价机制，规范交易行为。

（四）建立标准规范体系

推进大数据产业标准体系建设，加快建立政府部门、事业单位等公共机构的数据标准和统计标准体系，推进数据采集、政府数据开放、指标口径、分类目录、交换接口、访问接口、数据质量、数据交易、技术产品、安全保密等关键共性标准的制定和实施。加快建立大数据市场交易标准体系。开展标准验证和应用试点示范，建立标准符合性评估体系，充分发挥标准在培育服务市场、提升服务能力、支撑行业管理等方面的作用。积极参与相关国际标准制定工作。

（五）加大财政金融支持

强化中央财政资金引导，集中力量支持大数据核心关键技术攻关、产业链构建、重大应用示范和公共服务平台建设等。利用现有资金渠道，推动建设一批国际领先的重大示范工程。完善政府采购大数据服务的配套政策，加大对政府部门和企业合作开发大数据的支持力度。鼓励金融机构加强和改进金融服务，加大对大数据企业的支持力度。鼓励大数据企业进入资本市场融资，努力为企业重组并购创造更加宽松的金融政策环境。引导创业投资基金投向大数据产业，鼓励设立一批投资于大数据产业领域的创业投资基金。

（六）加强专业人才培养

创新人才培养模式，建立健全多层次、多类型的大数据人才培养体系。鼓励高校设立数据科学和数据工程相关专业，重点培养专业化数据工程师等大数据专业人才。鼓励采取跨校联合培养等方式开展跨学科大数据综合型人才培养，大力培养具有统计分析、计算机技术、经济管理等多学科知识的跨界复合型人才。鼓励高等院校、职业院校和企业合作，加强职业技能人才实践培养，积极培育大数据技术和应用创新型人才。依托社会化教育资源，开展大数据知识普及和教育培训，提高社会整体认知和应用水平。

（七）促进国际交流合作

坚持平等合作、互利共赢的原则，建立完善国际合作机制，积极推进大数据技术交流与合作，充分利用国际创新资源，促进大数据相关技术发展。结合大数据应用创新需要，积极引进大数据高层次人才和领军人才，完善配套措施，鼓励海外高端人才回国就业创业。引导国内企业与国际优势企业加强大数据关键技术、产品的研发合作，支持国内企业参与全球市场竞争，积极开拓国际市场，形成若干具有国际竞争力的大数据企业和产品。

国务院办公厅：《关于运用大数据加强对市场主体服务和监管的若干意见》

各省、自治区、直辖市人民政府，国务院各部委、各直属机构：

为充分运用大数据先进理念、技术和资源，加强对市场主体的服务和监管，推进简政放权和政府职能转变，提高政府治理能力，经国务院同意，现提出以下意见。

一　充分认识运用大数据加强对市场主体服务和监管的重要性

简政放权和工商登记制度改革措施的稳步推进，降低了市场准入门槛，简化了登记手续，激发了市场主体活力，有力带动和促进了就业。为确保改革措施顺利推进、取得实效，一方面要切实加强和改进政府服务，充分保护创业者的积极性，使其留得下、守得住、做得强；另一方面要切实加强和改进市场监管，在宽进的同时实行严管，维护市场正常秩序，促进市场公平竞争。

当前，市场主体数量快速增长，市场活跃度不断提升，全社会信息量爆炸式增长，数量巨大、来源分散、格式多样的大数据对政府服务和监管能力提出了新的挑战，也带来了新的机遇。既要高度重视信息公开和信息流动带来的安全问题，也要充分认识推进信息公开、整合信息资源、加强大数据运用对维护国家统一、提升国家治理能力、提高经济社会运行效率的重大意义。充分运用大数据的先进理念、技术和资源，是提升国家竞争力的战略选择，是提高政府服务和监管能力的必然要求，有利于政府充分获取和运用信息，更加准确地了解市场主体需求，提高服务和监管的针对性、有效性；有利于顺利推进简政放权，实现放管结合，切实转变政府职能；有利于加强社会监督，发挥公众对规范市场主体行为的积极作用；有利于高效利用现代信息技术、社会数据资源和社会化的信息服务，降低行政监管成本。国务院有关部门和地方各级人民政府要结合工作实际，在公共服务和市场监管中积极稳妥、充分有效、安全可靠地运用大数据等现代信息技术，不断提升政府治理能力。

二　总体要求

（一）指导思想

全面贯彻落实党的十八大和十八届二中、三中、四中全会精神，按照党中央、国务院决策部署，围绕使市场在资源配置中起决定性作用和更好发挥政府作用，推进简政放权和政府职能转变，以社会信用体系建设和政府信息公开、数据开放为抓手，充分运用大数据、云计算等现代信息技术，提高政府服务水平，加强事中事后监管，维护市场正常秩序，促进市场公平竞争，释放市场主体活力，进一步优化发展环境。

（二）主要目标

提高大数据运用能力，增强政府服务和监管的有效性。高效采集、有效整合、充分运用政府数据和社会数据，健全政府运用大数据的工作机制，将运用大数据作为提高政府治理能力的重要手段，不断提高政府服务和监管的针对性、有效性。

推动简政放权和政府职能转变，促进市场主体依法诚信经营。运用大数据提高政府公共服务能力，加强对市场主体的事中事后监管，为推进简政放权和政府职能转变提供基础支撑。以国家统一的信用信息共享交换平台为基础，运用大数据推动社会信用体系建设，建立跨地区、多部门的信用联动奖惩机制，构建公平诚信的市场环境。

提高政府服务水平和监管效率，降低服务和监管成本。充分运用大数据的理念、技术和资源，完善对市场主体的全方位服务，加强对市场主体的全生命周期监管。根据服务和监管需要，有序推进政府购买服务，不断降低政府运行成本。

政府监管和社会监督有机结合，构建全方位的市场监管体系。通过政府信息公开和数据开放、社会信息资源开放共享，提高市场主体生产经营活动的透明度。有效调动社会力量监督市场主体的积极性，形成全社会广泛参与的市场监管格局。

三　运用大数据提高为市场主体服务水平

（三）运用大数据创新政府服务理念和服务方式

充分运用大数据技术，积极掌握不同地区、不同行业、不同类型企业的共性、个性化需求，在注册登记、市场准入、政府采购、政府购买服务、项目投资、政策动态、招标投标、检验检测、认证认可、融资担保、税收征缴、进出口、市场拓展、技术改造、上下游协作配套、产业联盟、兼并重组、培训咨询、成果转化、人力资源、法律服务、知识产权等方面主动提供更具针对性的服务，推动企业可持续发展。

（四）提高注册登记和行政审批效率

加快建立公民、法人和其他组织统一社会信用代码制度。全面实行工商营业执照、组织机构代码证和税务登记证"三证合一"、"一照一码"登记制度改革，以简化办理程序、方便市场主体、减轻社会负担为出发点，做好制度设计。鼓励建立多部门网上项目并联审批平台，实现跨部门、跨层级项目审批、核准、备案的"统一受理、同步审查、信息共享、透明公开"。运用大数据推动行政管理流程优化再造。

（五）提高信息服务水平

鼓励政府部门利用网站和微博、微信等新兴媒体，紧密结合企业需求，整合相关信息为企业提供服务，组织开展企业与金融机构融资对接、上下游企业合作对接等活动。充分发挥公共信用服务机构作用，为司法和行政机关、社会信用服务机构、社会公众提供基础性、公共性信用记录查询服务。

（六）建立健全守信激励机制

在市场监管和公共服务过程中，同等条件下，对诚实守信者实行优先办理、简化程序等"绿色通道"支持激励政策。在财政资金补助、政府采购、政府购买服务、政府投资工程建设招投标过程中，应查询市场主体信用记录或要求其提供由具备资质的信用服务机构出具的信用报告，优先选择信用状况较好的市场主体。

（七）加强统计监测和数据加工服务

创新统计调查信息采集和挖掘分析技术。加强跨部门数据关联比对分析等加工服务，充分挖掘政府数据价值。根据宏观经济数据、产业发展动态、市场供需状况、质量管理状况等信息，充分运用大数据技术，改进经济运行监测预测和风险预警，并及时向社会发布相关信息，合理引导市场预期。

（八）引导专业机构和行业组织运用大数据完善服务

发挥政府组织协调作用，在依法有序开放政府信息资源的基础上，制定切实有效的政策措施，支持银行、证券、信托、融资租赁、担保、保险等专业服务机构和行业协会、商会运用大数据更加便捷高效地为企业提供服务，支持企业发展。支持和推动金融信息服务企业积极运用大数据技术开发新产品，切实维护国家金融信息安全。

（九）运用大数据评估政府服务绩效

综合利用政府和社会信息资源，委托第三方机构对政府面向市场主体开展公共服务的绩效进行综合评估，或者对具体服务政策和措施进行专项评估，并根据评估结果及时调整和优化，提高各级政府及其部门施政和服务的有效性。

四　运用大数据加强和改进市场监管

（十）健全事中事后监管机制

创新市场经营交易行为监管方式，在企业监管、环境治理、食品药品安全、消费安全、安全生产、信用体系建设等领域，推动汇总整合并及时向社会公开有关市场监管数据、法定检验监测数据、违法失信数据、投诉举报数据和企业依法依规应公开的数据，鼓励和引导企业自愿公示更多生产经营数据、销售物流数据等，构建大数据监管模型，进行关联分析，及时掌握市场主体经营行为、规律与特征，主动发现违法违规现象，提高政府科学决策和风险预判能力，加强对市场主体的事中事后监管。对企业的商业轨迹进行整理和分析，全面、客观地评估企业经营状况和信用等级，实现有效监管。建立行政执法与司法、金融等信息共享平台，增强联合执法能力。

（十一）建立健全信用承诺制度

全面建立市场主体准入前信用承诺制度，要求市场主体以规范格式向社会作出公开承诺，违法失信经营后将自愿接受约束和惩戒。信用承诺纳入市场主体信用记录，接受社会监督，并作为事中事后监管的参考。

（十二）加快建立统一的信用信息共享交换平台

以社会信用信息系统先导工程为基础，充分发挥国家人口基础信息库、法人单位信息资源库的基础作用和企业信用信息公示系统的依托作用，建立国家统一的信用信息共享交换平台，整合金融、工商登记、税收缴纳、社保缴费、交通违法、安全生产、质量监管、统计调查等领域信用信息，实现各地区、各部门信用信息共建共享。具有市场监管职责的部门在履职过程中应准确采集市场主体信用记录，建立部门和行业信用信息系统，按要求纳入国家统一的信用信息共享交换平台。

（十三）建立健全失信联合惩戒机制

各级人民政府应将使用信用信息和信用报告嵌入行政管理和公共服务的各领域、各环节，作为必要条件或重要参考依据。充分发挥行政、司法、金融、社会等领域的综合监管效能，在市场准入、行政审批、资质认定、享受财政补贴和税收优惠政策、企业法定代表人和负责人任职资格审查、政府采购、政府购买服务、银行信贷、招标投标、国有土地出让、企业上市、货物通关、税收征缴、社保缴费、外汇管理、劳动用工、价格制定、电子商务、产品质量、食品药品安全、消费品安全、知识产权、环境保护、治安管理、人口管理、出入境管理、授予荣誉称号等方面，建立跨部门联动响应和失信约束机制，对违法失信主体依法予以限制或禁入。建立各行业"黑名单"制度和市场退出机制。推动将申请人良好的信用状况作为各类行政许可的必备条件。

（十四）建立产品信息溯源制度

对食品、药品、农产品、日用消费品、特种设备、地理标志保护产品等关系人民群众生命财产安全的重要产品加强监督管理，利用物联网、射频识别等信息技术，建立产品质量追溯体系，形成来源可查、去向可追、责任可究的信息链条，方便监管部门监管和社会公众查询。

（十五）加强对电子商务领域的市场监管

明确电子商务平台责任，加强对交易行为的监督管理，推行网络经营者身份标识制度，完善网店实名制和交易信用评价制度，加强网上支付安全保障，严厉打击电子商务领域违法失信行为。加强对电子商务平台的监督管理，加强电子商务信息采集和分析，指导开展电子商务网站可信认证服务，推广应用网站可信标识，推进电子商务可信交易环境建设。健全权益保护和争议调处机制。

（十六）运用大数据科学制定和调整监管制度和政策

在研究制定市场监管制度和政策过程中，应充分运用大数据，建立科学合理的仿真模型，对监管对象、市场和社会反应进行预测，并就可能出现的风险提出处置预案。跟踪监测有关制度和政策的实施效果，定期评估并根据需要及时调整。

（十七）推动形成全社会共同参与监管的环境和机制

通过政府信息公开和数据开放、社会信息资源开放共享，提高市场主体生产经营活动的透明度，为新闻媒体、行业组织、利益相关主体和消费者共同参与对市场主体的监督创造条件。引导有关方面对违法失信者进行市场性、行业性、社会性约束和惩戒，形成全社会广泛参与的监管格局。

五 推进政府和社会信息资源开放共享

（十八）进一步加大政府信息公开和数据开放力度

除法律法规另有规定外，应将行政许可、行政处罚等信息自作出行政决定之日起 7 个工作日内上网公开，提高行政管理透明度和政府公信力。提高政府数据开放意识，有序开放政府数据，方便全社会开发利用。

（十九）大力推进市场主体信息公示

严格执行《企业信息公示暂行条例》，加快实施经营异常名录制度和严重违法失信企业名单制度。建设国家企业信用信息公示系统，依法对企业注册登记、行政许可、行政处罚等基本信用信息以及企业年度报告、经营异常名录和严重违法失信企业名单进行公示，提高市场透明度，并与国家统一的信用信息共享交换平台实现有机对接和信息共享。支持探索开展社会化的信用信息公示服务。建设"信用中国"网站，归集整合各地区、各部门掌握的应向社会公开的信用信息，实现信用信息一站式查询，方便社会了解市场主体信用状况。各级政府及其部门网站要与"信用中国"网站连接，并将本单位政务公开信息和相关市场主体违法违规信息在"信用中国"网站公开。

（二十）积极推进政府内部信息交换共享

打破信息的地区封锁和部门分割，着力推动信息共享和整合。各地区、各部门已建、在建信息系统要实现互联互通和信息交换共享。除法律法规明确规定外，对申请立项新建的部门信息系统，凡未明确部门间信息共享需求的，一概不予审批；对在建的部门信息系统，凡不能与其他部门互联共享信息的，一概不得通过验收；凡不支持地方信息共享平台建设、不向地方信息共享平台提供信息的部门信息系统，一概不予审批或验收。

（二十一）有序推进全社会信息资源开放共享

支持征信机构依法采集市场交易和社会交往中的信用信息，支持互联网企业、行业组织、新闻媒体、科研机构等社会力量依法采集相关信息。引导各类社会机构整合和开放数据，构建政府和社会互动的信息采集、共享和应用机制，形成政府信息与社会信息交互融合的大数据资源。

六 提高政府运用大数据的能力

（二十二）加强电子政务建设

健全国家电子政务网络，整合网络资源，实现互联互通，为各级政府及其部门履行职能提供服务。加快推进国家政务信息化工程建设，统筹建立人口、法人单位、自然资源和空间地理、宏观经济等国家信息资源库，加快建设完善国家重要信息系统，提高政务信息化水平。

（二十三）加强和规范政府数据采集

建立健全政府大数据采集制度，明确信息采集责任。各部门在履职过程中，要依法及时、准确、规范、完整地记录和采集相关信息，妥善保存并及时更新。加强对市场主体相关信息的记录，形成信用档案，对严重违法失信的市场主体，按照有关规定列入"黑名单"并公开曝光。

（二十四）建立政府信息资源管理体系

全面推行政府信息电子化、系统化管理。探索建立政府信息资源目录。在战略规划、管理方式、技术手段、保障措施等方面加大创新力度，增强政府信息资源管理能力，充分挖掘政府信息资源价值。鼓励地方因地制宜统一政府信息资源管理力量，统筹推进政府信息资源的建设、管理和开发利用。

（二十五）加强政府信息标准化建设和分类管理

建立健全政府信息化建设和政府信息资源管理标准体系。严格区分涉密信息和非涉密信息，依法推进政府信息在采集、共享、使用等环节的分类管理，合理设定政府信息公开范围。

（二十六）推动政府向社会力量购买大数据资源和技术服务

各地区、各部门要按照有利于转变政府职能、有利于降低行政成本、有利于提升服务质量水平和财政资金效益的原则，充分发挥市场机构在信息基础设施建设、信息技术、信息资源整合开发和服务等方面的优势，通过政府购买服务、协议约定、依法提供等方式，加强政府与企业合作，为政府科学决策、依法监管和高效服务提供支撑保障。按照规范、安全、经济的要求，建立健全政府向社会力量购买信息产品和信息技术服务的机制，加强采购需求管理和绩效评价。加强对所购买信息资源准确性、可靠性的评估。

七　积极培育和发展社会化征信服务

（二十七）推动征信机构建立市场主体信用记录

支持征信机构与政府部门、企事业单位、社会组织等深入合作，依法开展征信业务，建立以自然人、法人和其他组织为对象的征信系统，依法采集、整理、加工和保存在市场交易和社会交往活动中形成的信用信息，采取合理措施保障信用信息的准确性，建立起全面覆盖经济社会各领域、各环节的市场主体信用记录。

（二十八）鼓励征信机构开展专业化征信服务

引导征信机构根据市场需求，大力加强信用服务产品创新，提供专业化的征信服务。建立健全并严格执行内部风险防范、避免利益冲突和保障信息安全的规章制度，依法向客户提供便捷高效的征信服务。进一步扩大信用报告在行政管理和公共服务及银行、证券、保险等领域的应用。

（二十九）大力培育发展信用服务业

鼓励发展信用咨询、信用评估、信用担保和信用保险等信用服务业。对符合条件的信用服务机构，按有关规定享受国家和地方关于现代服务业和高新技术产业的各项优惠政策。加强信用服务市场监管，进一步提高信用服务行业的市场公信力和社会影响力。支持鼓励国内有实力的信用服务机构参与国际合作，拓展国际市场，为我国企业实施海外并购、国际招投标等提供服务。

八　健全保障措施，加强组织领导

（三十）提升产业支撑能力

进一步健全创新体系，鼓励相关企业、高校和科研机构开展产学研合作，推进大数据协同融合创新，加快突破大规模数据仓库、非关系型数据库、数据挖掘、数据智能分析、数据可视化等大数据关键共性技术，支持高性能计算机、存储设备、网络设备、智能终端和大型通用数据库软件等产品创新。支持企事业单位开展大数据公共技术服务平台建设。鼓励具有自主知识产权和技术创新能力的大数据企业做强做大。推动各领域大数据创新应用，提升社会治理、公共服务和科学决策水平，培育新的增长点。落实和完善支持大数据产业发展的财税、金融、产业、人才等政策，推动大数据产业加快发展。

（三十一）建立完善管理制度

处理好大数据发展、服务、应用与安全的关系。加快研究完善规范电子政务，监管信息跨境流动，保护国家经济安全、信息安全，以及保护企业商业秘密、个人隐私方面的管理制度，加快制定出台相关法律法规。建立统一社会信用代码制度。建立健全各部门政府信息记录和采集制度。建立政府信息资源管理制度，加强知识产权保护。加快出台关于推进公共信息资源开放共享的政策意见。制定政务信用信息公开共享办法和信息目录。推动出台相关法规，对政府部门在行政管理、公共服务中使用信用信息和信用报告作出规定，为联合惩戒市场主体违法失信行为提供依据。

（三十二）完善标准规范

建立大数据标准体系，研究制定有关大数据的基础标准、技术标准、应用标准和管理标准等。加快建立政府信息采集、存储、公开、共享、使用、质量保障和安全管理的技术标准。引导建立企业间信息共享交换的标准规范，促进信息资源开发利用。

（三十三）加强网络和信息安全保护

落实国家信息安全等级保护制度要求，加强对涉及国家安全重要数据的管理，加强对大数据相关技术、设备和服务提供商的风险评估和安全管理。加大网络和信息安全技术研发和资金投入，建立健全信息安全保障体系。采取必要的管理和技术手段，切实保护国家信息安全以及公民、法人和其他组织信息安全。

（三十四）加强人才队伍建设

鼓励高校、人力资源服务机构和企业重点培养跨界复合型、应用创新型大数据专业人才，完善大数据技术、管理和服务人才培养体系。加强政府工作人员培训，增强运用大数据能力。

（三十五）加强领导，明确分工

各地区、各部门要切实加强对大数据运用工作的组织领导，按照职责分工，研究出台具体方案和实施办法，做好本地区、本部门的大数据运用工作，不断提高服务和监管能力。

（三十六）联系实际，突出重点

紧密结合各地区、各部门实际，整合数据资源为社会、政府、企业提供服务。在工商登记、统计调查、质量监管、竞争执法、消费维权等领域率先开展大数据示范应用工程，实现大数据汇聚整合。在宏观管理、税收征缴、资源利用与环境保护、食品药品安全、安全生产、信用体系建设、健康医疗、劳动保障、教育文化、交通旅游、金融服务、中小企业服务、工业制造、现代农业、商贸物流、社会综合治理、收入分配调节等领域实施大数据示范应用工程。

　　各地区、各部门要加强对本意见落实工作的监督检查，推动在服务和监管过程中广泛深入运用大数据。发展改革委负责对本意见落实工作的统筹协调、跟踪了解、督促检查，确保各项任务和措施落实到位。

国务院办公厅：《科学数据管理办法》

第一章　总则

第一条　为进一步加强和规范科学数据管理，保障科学数据安全，提高开放共享水平，更好支撑国家科技创新、经济社会发展和国家安全，根据《中华人民共和国科学技术进步法》、《中华人民共和国促进科技成果转化法》和《政务信息资源共享管理暂行办法》等规定，制定本办法。

第二条　本办法所称科学数据主要包括在自然科学、工程技术科学等领域，通过基础研究、应用研究、试验开发等产生的数据，以及通过观测监测、考察调查、检验检测等方式取得并用于科学研究活动的原始数据及其衍生数据。

第三条　政府预算资金支持开展的科学数据采集生产、加工整理、开放共享和管理使用等活动适用本办法。

任何单位和个人在中华人民共和国境内从事科学数据相关活动，符合本办法规定情形的，按照本办法执行。

第四条　科学数据管理遵循分级管理、安全可控、充分利用的原则，明确责任主体，加强能力建设，促进开放共享。

第五条　任何单位和个人从事科学数据采集生产、使用、管理活动应当遵守国家有关法律法规及部门规章，不得利用科学数据从事危害国家安全、社会公共利益和他人合法权益的活动。

第二章　职责

第六条　科学数据管理工作实行国家统筹、各部门与各地区分工负责的体制。

第七条　国务院科学技术行政部门牵头负责全国科学数据的宏观管理与综合协调，主要职责是：

（一）组织研究制定国家科学数据管理政策和标准规范；

（二）协调推动科学数据规范管理、开放共享及评价考核工作；

（三）统筹推进国家科学数据中心建设和发展；

（四）负责国家科学数据网络管理平台建设和数据维护。

第八条　国务院相关部门、省级人民政府相关部门（以下统称主管部门）在科学数据管理方面的主要职责是：

（一）负责建立健全本部门（本地区）科学数据管理政策和规章制度，宣传贯彻落实国家科学数据管理政策；

（二）指导所属法人单位加强和规范科学数据管理；

（三）按照国家有关规定做好或者授权有关单位做好科学数据定密工作；

（四）统筹规划和建设本部门（本地区）科学数据中心，推动科学数据开放共享；

（五）建立完善有效的激励机制，组织开展本部门（本地区）所属法人单位科学数据工作的评价考核。

第九条　有关科研院所、高等院校和企业等法人单位（以下统称法人单位）是科学数据管理的责任主体，主要职责是：

（一）贯彻落实国家和部门（地方）科学数据管理政策，建立健全本单位科学数据相关管理制度；

（二）按照有关标准规范进行科学数据采集生产、加工整理和长期保存，确保数据质量；

（三）按照有关规定做好科学数据保密和安全管理工作；

（四）建立科学数据管理系统，公布科学数据开放目录并及时更新，积极开展科学数据共享服务；

（五）负责科学数据管理运行所需软硬件设施等条件、资金和人员保障。

第十条　科学数据中心是促进科学数据开放共享的重要载体，由主管部门委托有条件的法人单位建立，主要职责是：

（一）承担相关领域科学数据的整合汇交工作；

（二）负责科学数据的分级分类、加工整理和分析挖掘；

（三）保障科学数据安全，依法依规推动科学数据开放共享；

（四）加强国内外科学数据方面交流与合作。

第三章　采集、汇交与保存

第十一条　法人单位及科学数据生产者要按照相关标准规范组织开展科学数据采集生产和加工整理，形成便于使用的数据库或数据集。

法人单位应建立科学数据质量控制体系，保证数据的准确性和可用性。

第十二条　主管部门应建立科学数据汇交制度，在国家统一政务网络和数据共享交换平台的基础上开展本部门（本地区）的科学数据汇交工作。

第十三条　政府预算资金资助的各级科技计划（专项、基金等）项目所形成的科学数据，应由项目牵头单位汇交到相关科学数据中心。接收数据的科学数据中心应出具汇交凭证。

各级科技计划（专项、基金等）管理部门应建立先汇交科学数据、再验收科技计划（专项、基金等）项目的机制；项目/课题验收后产生的科学数据也应进行汇交。

第十四条　主管部门和法人单位应建立健全国内外学术论文数据汇交的

管理制度。

利用政府预算资金资助形成的科学数据撰写并在国外学术期刊发表论文时需对外提交相应科学数据的,论文作者应在论文发表前将科学数据上交至所在单位统一管理。

第十五条 社会资金资助形成的涉及国家秘密、国家安全和社会公共利益的科学数据必须按照有关规定予以汇交。

鼓励社会资金资助形成的其他科学数据向相关科学数据中心汇交。

第十六条 法人单位应建立科学数据保存制度,配备数据存储、管理、服务和安全等必要设施,保障科学数据完整性和安全性。

第十七条 法人单位应加强科学数据人才队伍建设,在岗位设置、绩效收入、职称评定等方面建立激励机制。

第十八条 国务院科学技术行政部门应加强统筹布局,在条件好、资源优势明显的科学数据中心基础上,优化整合形成国家科学数据中心。

第四章 共享与利用

第十九条 政府预算资金资助形成的科学数据应当按照开放为常态、不开放为例外的原则,由主管部门组织编制科学数据资源目录,有关目录和数据应及时接入国家数据共享交换平台,面向社会和相关部门开放共享,畅通科学数据军民共享渠道。国家法律法规有特殊规定的除外。

第二十条 法人单位要对科学数据进行分级分类,明确科学数据的密级和保密期限、开放条件、开放对象和审核程序等,按要求公布科学数据开放目录,通过在线下载、离线共享或定制服务等方式向社会开放共享。

第二十一条 法人单位应根据需求,对科学数据进行分析挖掘,形成有价值的科学数据产品,开展增值服务。鼓励社会组织和企业开展市场化增值服务。

第二十二条 主管部门和法人单位应积极推动科学数据出版和传播工作,支持科研人员整理发表产权清晰、准确完整、共享价值高的科学数据。

第二十三条 科学数据使用者应遵守知识产权相关规定，在论文发表、专利申请、专著出版等工作中注明所使用和参考引用的科学数据。

第二十四条 对于政府决策、公共安全、国防建设、环境保护、防灾减灾、公益性科学研究等需要使用科学数据的，法人单位应当无偿提供；确需收费的，应按照规定程序和非营利原则制定合理的收费标准，向社会公布并接受监督。

对于因经营性活动需要使用科学数据的，当事人双方应当签订有偿服务合同，明确双方的权利和义务。

国家法律法规有特殊规定的，遵从其规定。

第五章 保密与安全

第二十五条 涉及国家秘密、国家安全、社会公共利益、商业秘密和个人隐私的科学数据，不得对外开放共享；确需对外开放的，要对利用目的、用户资质、保密条件等进行审查，并严格控制知悉范围。

第二十六条 涉及国家秘密的科学数据的采集生产、加工整理、管理和使用，按照国家有关保密规定执行。主管部门和法人单位应建立健全涉及国家秘密的科学数据管理与使用制度，对制作、审核、登记、拷贝、传输、销毁等环节进行严格管理。

对外交往与合作中需要提供涉及国家秘密的科学数据的，法人单位应明确提出利用数据的类别、范围及用途，按照保密管理规定程序报主管部门批准。经主管部门批准后，法人单位按规定办理相关手续并与用户签订保密协议。

第二十七条 主管部门和法人单位应加强科学数据全生命周期安全管理，制定科学数据安全保护措施；加强数据下载的认证、授权等防护管理，防止数据被恶意使用。

对于需对外公布的科学数据开放目录或需对外提供的科学数据，主管部门和法人单位应建立相应的安全保密审查制度。

第二十八条　法人单位和科学数据中心应按照国家网络安全管理规定，建立网络安全保障体系，采用安全可靠的产品和服务，完善数据管控、属性管理、身份识别、行为追溯、黑名单等管理措施，健全防篡改、防泄露、防攻击、防病毒等安全防护体系。

第二十九条　科学数据中心应建立应急管理和容灾备份机制，按照要求建立应急管理系统，对重要的科学数据进行异地备份。

第六章　附则

第三十条　主管部门和法人单位应建立完善科学数据管理和开放共享工作评价考核制度。

第三十一条　对于伪造数据、侵犯知识产权、不按规定汇交数据等行为，主管部门可视情节轻重对相关单位和责任人给予责令整改、通报批评、处分等处理或依法给予行政处罚。

对违反国家有关法律法规的单位和个人，依法追究相应责任。

第三十二条　主管部门可参照本办法，制定具体实施细则。涉及国防领域的科学数据管理制度，由有关部门另行规定。

第三十三条　本办法自印发之日起施行。

国家发展改革委等四部门：《"互联网＋" 人工智能三年行动实施方案》

为贯彻落实《国务院关于积极推进"互联网＋"行动的指导意见》（国发〔2015〕40号），充分发挥人工智能技术创新的引领作用，支撑各行业领域"互联网＋"创业创新，培育经济发展新动能，特制定本实施方案。

一　总体思路与目标

总体思路。贯彻落实创新、协调、绿色、开放、共享发展理念，以提升国家经济社会智能化水平为主线，着力突破若干人工智能关键核心技术，增强智能硬件供给能力。着力加强产业链协同和产业生态培育，提升公共创新平台服务能力。着力加强人工智能应用创新，引导产业集聚发展，促进人工智能在国民经济社会重点领域的推广。加快发展"互联网＋"新模式新业态，培育壮大人工智能产业，为打造大众创业、万众创新和增加公共产品、公共服务"双引擎"提供有力支撑。

实施目标。到2018年，打造人工智能基础资源与创新平台，人工智能产业体系、创新服务体系、标准化体系基本建立，基础核心技术有所突破，总体技术和产业发展与国际同步，应用及系统级技术局部领先。在重点领域培育若干全球领先的人工智能骨干企业，初步建成基础坚实、创新活跃、开放协作、绿色安全的人工智能产业生态，形成千亿级的人工智能市场应用规模。

二　培育发展人工智能新兴产业

主要任务：加快建设文献、语音、图像、视频、地图等多种类数据的海量训练资源库和基础资源服务公共平台，建设支撑超大规模深度学习的新型计算集群，建立完善产业公共服务平台。研究网络安全全周期服务，提供云网端一体化、综合性安全服务。进一步推进计算机视觉、智能语音处理、生物特征识别、自然语言理解、智能决策控制以及新型人机交互等关键技术的研发和产业化，为产业智能化升级夯实基础。

重点工程：

（一）核心技术研发与产业化工程

加强产学研用合作，支持国家工程实验室、国家工程（技术）研究中心等创新平台建设，布局国家级创新中心，共同推动人工智能基础理论、共性技术、应用技术研究。推动基于感知数据、多媒体、自然语言等大数据的深度学习技术研发，开展类脑神经计算系统、类脑信息处理等类脑智能领域的前沿理论和技术研究。支持人工智能领域的芯片、传感器、操作系统、存储系统、高端服务器、关键网络设备、网络安全技术设备、中间件等基础软硬件技术开发，支持开源软硬件平台及生态建设。加快基于人工智能的计算机视听觉、生物特征识别、复杂环境识别、新型人机交互、自然语言理解、机器翻译、智能决策控制、网络安全等应用技术研发和产业化。加强前沿技术布局，构造未来融合创新技术基础。

（二）基础资源公共服务平台工程

建设面向社会开放的文献、语音、图像、视频、地图及行业应用数据等多类型人工智能海量训练资源库和标准测试数据集。建设满足深度学习等智能计算需求的新型计算集群共享平台、云端智能分析处理服务平台、算法与技术开放平台、智能系统安全公共服务平台、多种生物特征识别的基础身份认证平台等基础资源服务平台,降低人工智能创新成本。支持建设类脑基础服务平台,模拟真实脑神经系统的认知信息处理过程,通过类脑智能研究推动人工智能发展。整合政产学研用等资源,建立产业公共服务平台。推动公共服务平台、领军企业和创新型企业加强合作,汇聚人工智能创新创业资源,提供相关研发工具、检验评测、安全、标准、知识产权、创业咨询等专业化的创新创业服务。

三　推进重点领域智能产品创新

主要任务:推动互联网与传统行业融合创新,加快人工智能技术在家居、汽车、无人系统、安防等领域的推广应用,提升重点领域网络安全保障能力,提高生产生活的智能化服务水平。支持在制造、教育、环境、交通、商业、健康医疗、网络安全、社会治理等重要领域开展人工智能应用试点示范,推动人工智能的规模化应用,全面提升我国人工智能的集群式创新创业能力。

重点工程:

(三)智能家居示范工程

鼓励家居企业整合产业链资源,提升家电、耐用品等家居产品的智能化水平和服务能力,创造新的消费市场空间。支持智能家居企业创新服务模式,在健康医疗、智慧娱乐、家庭安全、环境监测、能源管理等领域开展应用服务创新示范,提供互联共享解决方案。面向酒店、办公楼、商场、社区、家庭等,开展智能家居产品定制设计,提供大数据应用服务。

(四)智能汽车研发与产业化工程

支持骨干汽车企业与互联网企业开展深度合作,设立跨界交叉融合创新平台。加快智能辅助驾驶、复杂环境感知、车载智能设备等软硬件产品的研发与应用，支持自适应巡航、自动泊车、安全驾驶等技术研发。推进无人驾驶汽车的技术研发、应用与生态建设，发展智能汽车芯片和车载智能操作系统、高精度地图及定位、智能感知、智能决策与控制等重点技术，实现无人驾驶汽车技术和产品的逐步成熟。在有条件的地方实施智能汽车试点工程，建设安全、泛在、智能的云网端一体化车联网体系，推动智能汽车典型应用。

（五）智能无人系统应用工程

推动人工智能技术在无人系统领域的融合应用，发展无人飞行器、无人船等多种形态的无人设备。加快消费级和行业级无人系统的商用化进程，完善无人飞行器等无人系统的适航管理、安全管理和运营机制。支持微型和轻小型智能无人系统的研发与应用，突破高性能无人系统的结构设计、智能材料、自动巡航、远程遥控、图像回传等技术。以需求为导向推进智能无人系统的应用示范，提升无人系统的智能化水平，推动在物流、农业、测绘、电力巡线、安全巡逻、应急救援等重要行业领域的创新应用。

（六）智能安防推广工程

鼓励安防企业与互联网企业开展合作，研发集成图像与视频精准识别、生物特征识别、编码识别等多种技术的智能安防产品，推动安防产品的智能化、集约化、网络化。支持面向社会治安、工业安全以及火灾、有害气体、地震、疫情等自然灾害智能感知技术的研发和成果转化，推进智能安防解决方案的应用部署。支持部分有条件的社区或城市开展基于人工智能的公共安防区域示范，加快重点公共区域安防设备的智能化改造升级。

四 提升终端产品智能化水平

主要任务：加快智能终端核心技术研发及产业化，丰富移动智能终端、可穿戴设备、虚拟现实等产品的服务及形态，提升高端产品供给水平。制定智能硬件产业创新发展专项行动方案，引导智能硬件产业健康有序发展。推动人工智能与机器人技术的深度融合，提升工业机器人、特种机器人、服务机器人等智能机器人的技术与应用水平。

重点工程：

（七）智能终端应用能力提升工程

支持智能交互、智能翻译等云端和终端协同的智能化应用研发，支持面向人工智能应用优化的图像处理、操作系统、应用程序等智能终端基础软硬件的研发。鼓励服务模式及业态创新，发展个性化、专用化等多元供给模式，加快满足个人消费、家庭生活、汽车驾驶、医疗健康、生产制造等需求的智能终端产品创新发展。

（八）智能可穿戴设备发展工程

突破轻量级操作系统、低功耗高性能芯片、柔性显示、高密度储能、快速无线充电、虚拟现实和增强现实等关键技术，加快技术成果在智能可穿戴设备中的应用。鼓励企业面向健康、医疗、体育、人身安全、工业、商业等领域，积极开展差异化细分市场需求分析，促进应用人工智能技术的可穿戴设备创新，大力丰富应用服务，提升用户体验。

（九）智能机器人研发与应用工程

推动互联网技术以及智能感知、模式识别、智能分析、智能控制等智能技术在机器人领域的深入应用，大力提升机器人产品在传感、交互、控制、协作、决策等方面的性能和智能化水平，提高核心竞争力。支持在劳动强度大、危险程度高和对生产环境洁净度、生产过程柔性化要求高的行业开展智能工业机器人应用示范，针对救灾救援、反恐防暴等特殊领域推广应用智能特种机器人，推动医疗康复、教育娱乐、家庭服务等特定场景的智能服务机器人研发与应用。

五　保障措施

（一）资金支持

统筹利用中央预算内资金、专项建设基金、工业转型升级资金、国家重大科研计划等多种渠道，更好发挥财政资金的引导作用。完善天使投资、风险投资、创业投资基金及资本市场融资等多种融资渠道，引导社会多元投入。鼓励通过债券融资等方式支持企业发展，支持有条件的人工智能企业发行公司债券。

（二）标准体系

建设人工智能领域融合标准体系，建立并完善基础共性、互联互通、行业应用、网络安全、隐私保护等技术标准，开展人工智能系统智能化水平评估。加强智能家居、智能汽车、智能机器人、智能可穿戴设备等热点细分领域的网络、软硬件、数据、系统、测试等标准化工作，保障人工智能产业的开放协同、公平竞争，形成良性发展的产业生态。鼓励有关部门、研究机构、标准化组织、行业组织、企业积极参与人工智能领域的国际标准化工作，建立与国际标准化组织、有影响力国际学术和产业组织间的标准交流合作机制。推动我国人工智能领域标准走出去，不断增强国际话语权。

（三）知识产权

鼓励企业在人工智能重点技术和应用领域加强专利布局。加强人工智能知识产权政策研究，增强标准与专利政策的有效衔接。建立人工智能领域的专利合作授权机制和专利风险防控机制，推动人工智能领域知识产权成果转化。加快推进专利基础信息资源开放共享，建设人工智能公共专利池，支持在线知识产权公共服务平台建设，鼓励服务模式创新，提升知识产权服务附加值。

（四）人才培养

鼓励相关研究机构、高等院校和专家开展人工智能基础知识和应用培训。依托国家重大人才工程，加快培养引进一批高端、复合型人才。完善高校的人工智能相关专业、课程设置，注重人工智能与其他学科专业的交叉融合，鼓励高校、科研院所与企业间开展合作，建设一批人工智能实训基地。支持人工智能领域高端人才赴海外开展前沿技术、标准等学术交流，提升技术交流水平。

（五）国际合作

结合"一带一路"等国家重大战略，鼓励具有竞争优势的人工智能企业率先"走出去"，积极拓展海外用户，共同开拓国际市场。鼓励与相关国家加强人工智能技术研发与应用合作，整合国内外创新资源，提升人工智能产业创新能力和国际竞争力。支持相关行业协会、产业联盟及商业服务机构搭建服务平台，为人工智能领域的创新企业提供国际合作、海外创新服务。

（六）组织实施　充分利用"互联网＋"部际联席会议制度，建立"互联网＋"

人工智能专家和骨干企业定期联络机制。有效统筹中央、地方资源，推动建立人工智能产业发展联盟，发挥各类企业、机构、组织的支撑作用，推进各项工程的顺利实施。各部门、各地区要明确职责分工，对落实情况进行跟踪督促，落实相关工作，重大情况及时加强与"互联网＋"部际联席会议办公室的沟通。

工业和信息化部：《促进新一代人工智能产业发展三年行动计划（2018~2020年）》

当前，新一轮科技革命和产业变革正在萌发，大数据的形成、理论算法的革新、计算能力的提升及网络设施的演进驱动人工智能发展进入新阶段，智能化成为技术和产业发展的重要方向。人工智能具有显著的溢出效应，将进一步带动其他技术的进步，推动战略性新兴产业总体突破，正在成为推进供给侧结构性改革的新动能、振兴实体经济的新机遇、建设制造强国和网络强国的新引擎。为落实《新一代人工智能发展规划》，深入实施"中国制造2025"，抓住历史机遇，突破重点领域，促进人工智能产业发展，提升制造业智能化水平，推动人工智能和实体经济深度融合，制订本行动计划。

一　总体要求

（一）指导思想

全面贯彻落实党的十九大精神，以习近平新时代中国特色社会主义思想为指导，按照"五位一体"总体布局和"四个全面"战略布局，认真落实党中央、国务院决策部署，以信息技术与制造技术深度融合为主线，推动新一代人工智能技术的产业化与集成应用，发展高端智能产品，夯实核心基础，提升智能制造水平，完善公共支撑体系，促进新一代人工智能产业发展，推动制造强国和网络强国建设，助力实体经济转型升级。

（二）基本原则

系统布局。把握人工智能发展趋势，立足国情和各地区的产业现实基础，顶层引导和区域协作相结合，加强体系化部署，做好分阶段实施，构建完善新一代人工智能产业体系。

重点突破。针对产业发展的关键薄弱环节，集中优势力量和创新资源，支持重点领域人工智能产品研发，加快产业化与应用部署，带动产业整体提升。

协同创新。发挥政策引导作用，促进产学研用相结合，支持龙头企业与上下游中小企业加强协作，构建良好的产业生态。

开放有序。加强国际合作，推动人工智能共性技术、资源和服务的开放共享。完善发展环境，提升安全保障能力，实现产业健康有序发展。

（三）行动目标

通过实施四项重点任务，力争到 2020 年，一系列人工智能标志性产品取得重要突破，在若干重点领域形成国际竞争优势，人工智能和实体经济融合进一步深化，产业发展环境进一步优化。

——人工智能重点产品规模化发展，智能网联汽车技术水平大幅提升，智能服务机器人实现规模化应用，智能无人机等产品具有较强全球竞争力，医疗影像辅助诊断系统等扩大临床应用，视频图像识别、智能语音、智能翻译等产品达到国际先进水平。

——人工智能整体核心基础能力显著增强，智能传感器技术产品实现突破，设计、代工、封测技术达到国际水平，神经网络芯片实现量产并在重点领域实现规模化应用，开源开发平台初步具备支撑产业快速发展的能力。

——智能制造深化发展，复杂环境识别、新型人机交互等人工智能技术在关键技术装备中加快集成应用，智能化生产、大规模个性化定制、预测性维护等新模式的应用水平明显提升。重点工业领域智能化水平显著提高。

——人工智能产业支撑体系基本建立，具备一定规模的高质量标注数据资源库、标准测试数据集建成并开放，人工智能标准体系、测试评估体系及安全保障体系框架初步建立，智能化网络基础设施体系逐步形成，产业发展环境更加完善。

二　培育智能产品

以市场需求为牵引，积极培育人工智能创新产品和服务，促进人工智能技术的产业化，推动智能产品在工业、医疗、交通、农业、金融、物流、教育、文化、旅游等领域的集成应用。发展智能控制产品，加快突破关键技术，研发并应用一批具备复杂环境感知、智能人机交互、灵活精准控制、群体实时协同等特征的智能化设备，满足高可用、高可靠、安全等要求，提升设备处理复杂、突发、极端情况的能力。培育智能理解产品，加快模式识别、智能语义理解、智能分析决策等核心技术研发和产业化，支持设计一批智能化水平和可靠性较高的智能理解产品或模块，优化智能系统与服务的供给结构。推动智能硬件普及，深化人工智能技术在智能家居、健康管理、移动智能终端和车载产品等领域的应用，丰富终端产品的智能化功能，推动信息消费升级。着重在以下领域率先取得突破：

（一）智能网联汽车

支持车辆智能计算平台体系架构、车载智能芯片、自动驾驶操作系统、车辆智能算法等关键技术、产品研发，构建软件、硬件、算法一体化的车辆智能化平台。到2020年，建立可靠、安全、实时性强的智能网联汽车智能化平台，形成平台相关标准，支撑高度自动驾驶（HA级）。

（二）智能服务机器人

支持智能交互、智能操作、多机协作等关键技术研发，提升清洁、老年陪护、康复、助残、儿童教育等家庭服务机器人的智能化水平，推动巡检、导览等公共服务机器人以及消防救援机器人等的创新应用。发展三维成像定位、智能精准安全操控、人机协作接口等关键技术，支持手术机器人操作系统研发，推动手术机器人在临床医疗中的应用。到2020年，智能服务机器人环境感知、自然交互、自主学习、人机协作等关键技术取得突破，智能家庭服务机器人、智能公共服务机器人实现批量生产及应用，医疗康复、助老助残、消防救灾等机器人实现样机生产，完成技术与功能验证，实现20家以上应用示范。

（三）智能无人机

支持智能避障、自动巡航、面向复杂环境的自主飞行、群体作业等关键技术研发与应用，推动新一代通信及定位导航技术在无人机数据传输、链路控制、监控管理等方面的应用，开展智能飞控系统、高集成度专用芯片等关键部件研制。到2020年，智能消费级无人机三轴机械增稳云台精度达到0.005度，实现360度全向感知避障，实现自动智能强制避让航空管制区域。

（四）医疗影像辅助诊断系统

推动医学影像数据采集标准化与规范化，支持脑、肺、眼、骨、心脑血管、乳腺等典型疾病领域的医学影像辅助诊断技术研发，加快医疗影像辅助诊断系统的产品化及临床辅助应用。到2020年，国内先进的多模态医学影像辅助诊断系统对以上典型疾病的检出率超过95%，假阴性率低于1%，假阳性率低于5%。

（五）视频图像身份识别系统

支持生物特征识别、视频理解、跨媒体融合等技术创新，发展人证合一、视频监控、图像搜索、视频摘要等典型应用，拓展在安防、金融等重点领域的应用。到2020年，复杂动态场景下人脸识别有效检出率超过97%，正确识别率超过90%，支持不同地域人脸特征识别。

（六）智能语音交互系统

支持新一代语音识别框架、口语化语音识别、个性化语音识别、智能对话、音视频融合、语音合成等技术的创新应用，在智能制造、智能家居等重点领域开展推广应用。到 2020 年，实现多场景下中文语音识别平均准确率达到 96%，5 米远场识别率超过 92%，用户对话意图识别准确率超过 90%。

（七）智能翻译系统

推动高精准智能翻译系统应用，围绕多语言互译、同声传译等典型场景，利用机器学习技术提升准确度和实用性。到 2020 年，多语种智能互译取得明显突破，中译英、英译中场景下产品的翻译准确率超过 85%，少数民族语言与汉语的智能互译准确率显著提升。

（八）智能家居产品

支持智能传感、物联网、机器学习等技术在智能家居产品中的应用，提升家电、智能网络设备、水电气仪表等产品的智能水平、实用性和安全性，发展智能安防、智能家具、智能照明、智能洁具等产品，建设一批智能家居测试评价、示范应用项目并推广。到 2020 年，智能家居产品类别明显丰富，智能电视市场渗透率达到 90% 以上，安防产品智能化水平显著提升。

三 突破核心基础

加快研发并应用高精度、低成本的智能传感器，突破面向云端训练、终端应用的神经网络芯片及配套工具，支持人工智能开发框架、算法库、工具集等的研发，支持开源开放平台建设，积极布局面向人工智能应用设计的智能软件，夯实人工智能产业发展的软硬件基础。着重在以下领域率先取得突破：

（一）智能传感器

支持微型化及可靠性设计、精密制造、集成开发工具、嵌入式算法等关键技术研发，支持基于新需求、新材料、新工艺、新原理设计的智能传感器研发及应用。发展市场前景广阔的新型生物、气体、压力、流量、惯性、距离、图像、声学等智能传感器，推动压电材料、磁性材料、红外辐射材料、金属氧化物等材料技术革新，支持基于微机电系统（MEMS）和互补金属氧化物半导体（CMOS）集成等工艺的新型智能传感器研发，发展面向新应用场景的基于磁感、超声波、非可见光、生物化学等新原理的智能传感器，推动智能传感器实现高精度、高可靠、低功耗、低成本。到 2020 年，压电传感器、磁传感器、红外传感器、气体传感器等的性能显著提高，信噪比达到 70dB、声学过载点达到 135dB 的声学传感器实现量产，绝对精度 100Pa 以内、噪音水平 0.6Pa 以内的压力传感器实现商用，弱磁场分辨率达到 1pT 的磁传感器实现量产。在模拟仿真、设计、MEMS 工艺、封装及个性化测试技术方面达到国际先进水平，具备在移动式可穿戴、互联网、汽车电子等重点领域的系统方案设计能力。

（二）神经网络芯片

面向机器学习训练应用，发展高性能、高扩展性、低功耗的云端神经网络芯片，面向终端应用发展适用于机器学习计算的低功耗、高性能的终端神经网络芯片，发展与神经网络芯片配套的编译器、驱动软件、开发环境等产业化支撑工具。到 2020 年，神经网络芯片技术取得突破进展，推出性能达到 128TFLOPS（16 位浮点）、能效比超过 1TFLOPS/w 的云端神经网络芯片，推出能效比超过 1T OPS/w（以 16 位浮点为基准）的终端神经网络芯片，支持卷积神经网络（CNN）、递归神经网络（RNN）、长短期记忆网络（LSTM）等一种或几种主流神经网络算法；在智能终端、自动驾驶、智能安防、智能家居等重点领域实现神经网络芯片的规模化商用。

（三）开源开放平台

针对机器学习、模式识别、智能语义理解等共性技术和自动驾驶等重点行业应用，支持面向云端训练和终端执行的开发框架、算法库、工具集等的研发，支持开源开发平台、开放技术网络和开源社区建设，鼓励建设满足复杂训练需求的开放计算服务平台，鼓励骨干龙头企业构建基于开源开放技术的软件、硬件、数据、应用协同的新型产业生态。到2020年，面向云端训练的开源开发平台支持大规模分布式集群、多种硬件平台、多种算法，面向终端执行的开源开发平台具备轻量化、模块化和可靠性等特征。

四　深化发展智能制造

深入实施智能制造，鼓励新一代人工智能技术在工业领域各环节的探索应用，支持重点领域算法突破与应用创新，系统提升制造装备、制造过程、行业应用的智能化水平。着重在以下方面率先取得突破：

（一）智能制造关键技术装备

提升高档数控机床与工业机器人的自检测、自校正、自适应、自组织能力和智能化水平，利用人工智能技术提升增材制造装备的加工精度和产品质量，优化智能传感器与分散式控制系统（DCS）、可编程逻辑控制器（PLC）、数据采集系统（SCADA）、高性能高可靠嵌入式控制系统等控制装备在复杂工作环境的感知、认知和控制能力，提高数字化非接触精密测量、在线无损检测系统等智能检测装备的测量精度和效率，增强装配设备的柔性。提升高速分拣机、多层穿梭车、高密度存储穿梭板等物流装备的智能化水平，实现精准、柔性、高效的物料配送和无人化智能仓储。

到2020年，高档数控机床智能化水平进一步提升，具备人机协调、自然交互、自主学习功能的新一代工业机器人实现批量生产及应用；增材制造装备成形效率大于$450cm^3/h$，连续工作时间大于$240h$；实现智能传感与控制装备在机床、机器人、石油化工、轨道交通等领域的集成应用；智能检测与装配装备的工业现场视觉识别准确率达到90%，测量精度及速度满足实际生产需求；开发10个以上智能物流与仓储装备。

（二）智能制造新模式

鼓励离散型制造业企业以生产设备网络化、智能化为基础，应用机器学习技术分析处理现场数据，实现设备在线诊断、产品质量实时控制等功能。鼓励流程型制造企业建设全流程、智能化生产管理和安防系统，实现连续性生产、安全生产的智能化管理。打造网络化协同制造平台，增强人工智能指引下的人机协作与企业间协作研发设计与生产能力。发展个性化定制服务平台，提高对用户需求特征的深度学习和分析能力，优化产品的模块化设计能力和个性化组合方式。搭建基于标准化信息采集的控制与自动诊断系统，加快对故障预测模型和用户使用习惯信息模型的训练和优化，提升对产品、核心配件的生命周期分析能力。

到2020年，数字化车间的运营成本降低20%，产品研制周期缩短20%；智能工厂产品不良品率降低10%，能源利用率提高10%；航空航天、汽车等领域加快推广企业内外并行组织和协同优化新模式；服装、家电等领域对大规模、小批量个性化订单全流程的柔性生产与协作优化能力普遍提升；在装备制造、零部件制造等领域推进开展智能装备健康状况监测预警等远程运维服务。

五　构建支撑体系

面向重点产品研发和行业应用需求，支持建设并开放多种类型的人工智能海量训练资源库、标准测试数据集和云服务平台，建立并完善人工智能标准和测试评估体系，建设知识产权等服务平台，加快构建智能化基础设施体系，建立人工智能网络安全保障体系。着重在以下领域率先取得突破：

（一）行业训练资源库

面向语音识别、视觉识别、自然语言处理等基础领域及工业、医疗、金融、交通等行业领域，支持建设高质量人工智能训练资源库、标准测试数据集并推动共享，鼓励建设提供知识图谱、算法训练、产品优化等共性服务的开放性云平台。到2020年，基础语音、视频图像、文本对话等公共训练数据量大幅提升，在工业、医疗、金融、交通等领域汇集一定规模的行业应用数据，用于支持创业创新。

（二）标准测试及知识产权服务平台

建设人工智能产业标准规范体系，建立并完善基础共性、互联互通、安全隐私、行业应用等技术标准，鼓励业界积极参与国际标准化工作。构建人工智能产品评估评测体系，对重点智能产品和服务的智能水平、可靠性、安全性等进行评估，提升人工智能产品和服务质量。研究建立人工智能技术专利协同运用机制，支持建设专利协同运营平台和知识产权服务平台。到2020年，初步建立人工智能产业标准体系，建成第三方试点测试平台并开展评估评测服务；在模式识别、语义理解、自动驾驶、智能机器人等领域建成具有基础支撑能力的知识产权服务平台。

（三）智能化网络基础设施

加快高度智能化的下一代互联网、高速率大容量低时延的第五代移动通信（5G）网、快速高精度定位的导航网、泛在融合高效互联的天地一体化信息网部署和建设，加快工业互联网、车联网建设，逐步形成智能化网络基础设施体系，提升支撑服务能力。到2020年，全国90%以上地区的宽带接入速率和时延满足人工智能行业应用需求，10家以上重点企业实现覆盖生产全流程的工业互联网示范建设，重点区域车联网网络设施初步建成。

（四）网络安全保障体系

针对智能网联汽车、智能家居等人工智能重点产品或行业应用，开展漏洞挖掘、安全测试、威胁预警、攻击检测、应急处置等安全技术攻关，推动人工智能先进技术在网络安全领域的深度应用，加快漏洞库、风险库、案例集等共享资源建设。到2020年，完善人工智能网络安全产业布局，形成人工智能安全防控体系框架，初步建成具备人工智能安全态势感知、测试评估、威胁信息共享以及应急处置等基本能力的安全保障平台。

六　保障措施

（一）加强组织实施

强化部门协同和上下联动，建立健全政府、企业、行业组织和产业联盟、智库等的协同推进机制，加强在技术攻关、标准制定等方面的协调配合。加强部省合作，依托国家新型工业化产业示范基地建设等工作，支持有条件的地区发挥自身资源优势，培育一批人工智能领军企业，探索建设人工智能产业集聚区，促进人工智能产业突破发展。面向重点行业和关键领域，推动人工智能标志性产品应用。建立人工智能产业统计体系，关键产品与服务目录，加强跟踪研究和督促指导，确保重点工作有序推进。

（二）加大支持力度

充分发挥工业转型升级（中国制造2025）等现有资金以及重大项目等国家科技计划（专项、基金）的引导作用，支持符合条件的人工智能标志性产品及基础软硬件研发、应用试点示范、支撑平台建设等，鼓励地方财政对相关领域加大投入力度。以重大需求和行业应用为牵引，搭建典型试验环境，建设产品可靠性和安全性验证平台，组织协同攻关，支持人工智能关键应用技术研发及适配，支持创新产品设计、系统集成和产业化。支持人工智能企业与金融机构加强对接合作，通过市场机制引导多方资本参与产业发展。在首台（套）重大技术装备保险保费补偿政策中，探索引入人工智能融合的技术装备、生产线等关键领域。

（三）鼓励创新创业

加快建设和不断完善智能网联汽车、智能语音、智能传感器、机器人等人工智能相关领域的制造业创新中心，设立人工智能领域的重点实验室。支持企业、科研院所与高校联合开展人工智能关键技术研发与产业化。鼓励开展人工智能创新创业和解决方案大赛，鼓励制造业大企业、互联网企业、基础电信企业建设"双创"平台，发挥骨干企业引领作用，加强技术研发与应用合作，提升产业发展创新力和国际竞争力。培育人工智能创新标杆企业，搭建人工智能企业创新交流平台。

（四）加快人才培养

贯彻落实《制造业人才发展规划指南》，深化人才体制机制改革。以多种方式吸引和培养人工智能高端人才和创新创业人才，支持一批领军人才和青年拔尖人才成长。依托重大工程项目，鼓励校企合作，支持高等学校加强人工智能相关学科专业建设，引导职业学校培养产业发展急需的技能型人才。鼓励领先企业、行业服务机构等培养高水平的人工智能人才队伍，面向重点行业提供行业解决方案，推广行业最佳应用实践。

（五）优化发展环境

开展人工智能相关政策和法律法规研究，为产业健康发展营造良好环境。加强行业对接，推动行业合理开放数据，积极应用新技术、新业务，促进人工智能与行业融合发展。鼓励政府部门率先运用人工智能提升业务效率和管理服务水平。充分利用双边、多边国际合作机制，抓住"一带一路"建设契机，鼓励国内外科研院所、企业、行业组织拓宽交流渠道，广泛开展合作，实现优势互补、合作共赢。

自然资源部办公厅：《智慧城市时空大数据平台建设技术大纲（2019版）》

一　背景

习近平总书记在党的十九大报告中提出，推动互联网、大数据、人工智能和实体经济深度融合，建设数字中国、智慧社会。根据《自然资源部机关各司局职能配置、内设机构和人员编制规定》，组织数字中国时空信息数据库建设与更新是自然资源部依法赋予相关职能部门的重要职责。城市时空大数据平台是数字中国时空信息数据库的重要组成部分，是基础测绘转型升级的重要任务，是智慧城市的基础支撑。开展智慧城市时空大数据平台建设，是切实贯彻落实好习近平总书记重要指示精神的具体举措，是全面履行好自然资源部职责的切实行动，是提升城市治理能力的重要手段。

自2008年智慧地球概念提出后，世界各国给予了广泛关注，并聚焦经济发展最活跃、信息化程度最高、人口居住最集中、社会管理难度最大的城市区域，先后启动了智慧城市相关计划。我国也高度重视智慧城市建设，2014年，经国务院同意，国家发展和改革委员会等八部门联合出台的《关于促进智慧城市健康发展的指导意见》（发改高技〔2014〕1770号）提出"智慧城市是运用物联网、云计算、大数据、地理信息集成等新一代信息技术，促进城市规划、建设、管理和服务智慧化的新理念和新模式。建设智慧城市，对加快工业化、信息化、城镇化、农业现代化融合，提升城市可持续发展能力具有重要意义。"2016 年，《中共中央 国务院关于进一步加强城市规划建设管理工作的若干意见》要求，推进城市智慧管理，到 2020 年，建成一批特色鲜明的智慧城市。

作为智慧城市建设的重要组成，智慧城市时空大数据平台建设试点工作自 2012 年启动以来，已经在智慧城市建设和城市运行管理中得到了广泛深入应用，发挥了基础支撑作用，极大提高了城市管理能力和水平。自然资源部组建后，测绘工作成为自然资源统一监管工作的组成部分，其服务目标和对象更具针对性，工作重心更加突出，由原来面向全社会的普适性服务，转化为围绕自然资源管理"两统一"职责履行这个中心，做好技术保障与支持的同时，为经济建设、国防建设和社会发展继续提供基础性、公益性测绘保障。

随着社会治理的精细化发展，社会各界各部门对测绘的要求越来越高、需求越来越迫切，测绘技术与互联网、大数据、云计算等高新技术不断融合发展，无尺度地理要素数据（NSF）、空地一体测、网络信息抓取等测绘新技术不断涌现，信息化测绘体系和新型基础测绘体系逐步形成。

因此，为切实贯彻落实好党中央、国务院相关部署，面向国家智慧城市、大数据发展战略和自然资源管理工作需求以及当前测绘新技术发展要求，基于前期试点工作经验，修改完善 2017 版技术大纲，形成《智慧城市时空大数据平台建设技术大纲（2019 版)》。

二　任务、定位与作用

（一）任务

根据新型智慧城市建设部际协调工作组确定的任务分工，自然资源部重要任务之一就是指导各地区自然资源主管部门开展智慧城市时空大数据平台建设及应用。内容涵盖：智慧城市时空大数据平台建设试点，指导开展时空大数据平台构建；鼓励其在国土空间规划、市政建设与管理、自然资源开发利用、生态文明建设以及公众服务中的智能化应用，促进城市科学、高效、可持续发展；研究制定相关行业标准和技术规范，完善评价指标体系，参与部际协调工作组开展的年度评价工作。

时空大数据平台是基础时空数据、公共管理与公共服务涉及专题信息的"最大公约数"（简称公共专题数据）、物联网实时感知数据、互联网在线抓取数据、根据本地特色扩展数据，及其获取、感知、存储、处理、共享、集成、挖掘分析、泛在服务的技术系统。连同云计算环境、政策、标准、机制等支撑环境，以及时空基准共同组成时空基础设施。其构成如图1所示。

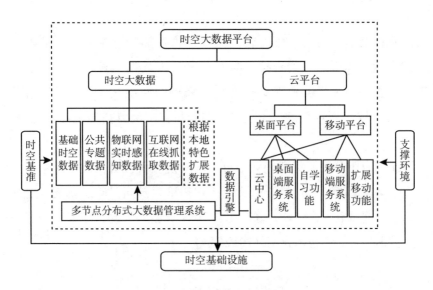

图1　时空大数据平台构成

（二）在智慧城市中的定位与作用

综合国内外智慧城市的认识和建设实践，尽管运作方式、建设内容和解决问题等存在差异、各具特色，但其体系框架具有共性，智慧城市建设的典型结构如图 2 所示，包括感知层、网络层、计算存储设施层、公共数据库层、公共信息平台层、智慧应用层和用户层，以及制度安全保障体系和政策标准保障体系。

用户	政府部门	企业	公众	
应用	智慧建设与宜居	智慧管理与服务	智慧产业与经济	
公共信息平台	政务平台 / 传统业态升级平台	公众平台 / 新型业态平台		政策标准保障体系 / 制度安全保障体系
	时空云平台			
公共数据库	政务数据 民务数据 运营数据 感知数据			
	时空大数据			
计算存储设施	计算资源 存储资源 虚拟化			
	云计算环境			
网络	电信网	广播电视网	互联网	
感知	天：卫星	空：飞机/艇	地：感知设备	

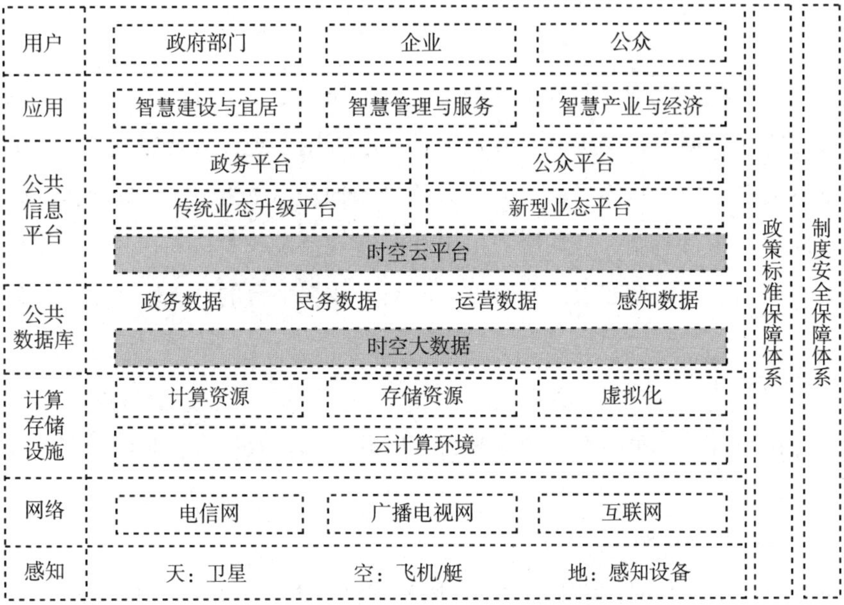

图 2　智慧城市典型结构

智慧城市时空大数据平台内容在智慧城市总体架构中的位置分别是：时空大数据蕴含在公共数据库层，其中基础时空数据是政务、民务、运营和感知等其他城市大数据时空化的基础；云平台是公共信息平台层的重要组成，是其他专题应用平台的基础性支撑平台。平台运行服务依赖的云计算环境是计算存储设施层的核心，相关的政策机制、标准规范等软环境包含在制度安全保障体系和政策标准保障体系中，如图 2 所示。

智慧城市时空大数据平台作为智慧城市的重要组成，既是智慧城市不可或缺的、基础性的信息资源，又是其他信息交换共享与协同应用的载体，为其他信息在三维空间和时间交织构成的四维环境中提供时空基础，实现基于统一时空基础下的规划、布局、分析和决策。

三 目标、思路与原则

（一）目标

在数字城市地理空间框架的基础上，依托城市云支撑环境，实现向智慧城市时空大数据平台的提升，开发智慧专题应用系统，为智慧城市时空大数据平台的全面应用积累经验。凝练智慧城市时空大数据平台建设管理模式、技术体系、运行机制、应用服务模式和标准规范及政策法规，为推动全国数字城市地理空间框架建设向智慧城市时空大数据平台的升级转型奠定基础。

（二）思路

为保障智慧城市时空大数据平台有序开展和长效运行，其建设内容涵盖五部分。

1. 统一时空基准

时空基准是指时间和地理空间维度上的基本参考依据和度量的起算数据。时空基准是经济建设、国防建设和社会发展的重要基础设施，是时空大数据在时间和空间维度上的基本依据。时间基准中日期应采用公历纪元，时间应采用北京时间。空间定位基础采用 2000 国家大地坐标系和 1985 国家高程基准。

2. 丰富时空大数据

时空大数据主要包括时序化的基础时空数据、公共专题数据、物联网实时感知数据、互联网在线抓取数据和根据本地特色扩展数据，构成智慧城市建设所需的地上地下、室内室外、虚实一体化的、开放的、鲜活的时空数据资源。

3. 构建云平台

面向两种不同应用场景，构建桌面平台和移动平台。通过时空大数据池化、服务化，形成服务资源池，内容包括数据服务、接口服务、功能服务、计算存储服务、知识服务;扩充地理实体、感知定位、接入解译及模拟推演API接口,形成应用接口;新增地名地址引擎、业务流引擎、知识引擎、服务引擎。在此基础上,开发任务解析模块、物联网实时感知模块、互联网在线抓取模块、可共享接口聚合模块,创建开放的、具有自学习能力的智能化技术系统。

4. 搭建云支撑环境

鼓励有条件的城市,将时空大数据平台迁移至全市统一、共用的云支撑环境中;不具备条件的城市,改造原有部门支撑环境,部署时空大数据平台,形成云服务能力。

5. 开展智慧应用

基于时空大数据平台,根据各城市的特点和需求,本着急用先建的原则,开展智慧应用示范。实施过程中,在城市人民政府统筹领导下,以应用部门为主,自然资源部门做好数据与技术支撑,在原有部门信息化成果基础上,突出实时数据接入、时空大数据分析和智能化处置等功能,鼓励采用多元化的投融资模式,开展深入应用。

(三)建设原则

秉承上述思路,应遵循以下建设原则:

1. 开放性原则

时空大数据平台的体系架构应是开放的。一方面,用户可以分享数据资源、计算资源、存储资源、网络资源、开发接口和关于时空信息功能软件的服务;另一方面,也能够从物联网和互联网上实时抓取或感知信息。

2. 继承性原则

数字城市地理空间框架建设已经融入了云计算服务的理念和思想。从数字走向智慧,特别在初级阶段,具有云计算条件的城市,可迁移至该环境;未具备条件的城市,可采用虚拟云计算环境。

3. 安全性原则

凡部署在非涉密网络环境中的计算资源、存储资源,以及数据资源应不涉及与国家安全保密有关的内容和事项，否则需经国家指定部门进行统一的保密处理。

4. 智能化原则

开发任务解析、实时感知、在线抓取、接口聚合等功能，使平台具有自学习能力，根据不同任务要求，通过任务解析，感知、抓取或聚合现有平台中缺失的数据和功能，自适应达到预期目标。

5. 重点性原则

应把建设重点放在时空大数据平台，示范应用宜求精不求多，要能体现跨部门协同和智慧的特点。

四　时空大数据

时空大数据应包括基础时空数据、公共专题数据、物联网实时感知数据、互联网在线抓取数据，及其驱动的数据引擎和多节点分布式大数据管理系统。依托基础时空数据，采用全空间信息模型形成全空间的时空化公共专题数据、物联网实时感知数据、互联网在线抓取数据，通过管理系统经数据引擎实现一体化管理。在完成四类数据基础上，根据实际情况，各地可扩展示范应用建设所需要的其他专题数据，其范围和数量应根据本地的信息化基础、应用需求和智慧城市顶层设计，逐步丰富。时空大数据建设可概括为四个步骤：资源汇聚、空间处理、数据引擎和分布式管理系统开发，如图3所示。

（一）资源汇聚

1. 资源内容

（1）基础时空数据

内容至少包括矢量数据、影像数据、高程模型数据、地理实体数据、地名地址数据、三维模型数据、新型测绘产品数据及其元数据。

矢量数据。进一步丰富大比例尺矢量数据，确保1:500、1:1000、1:2000

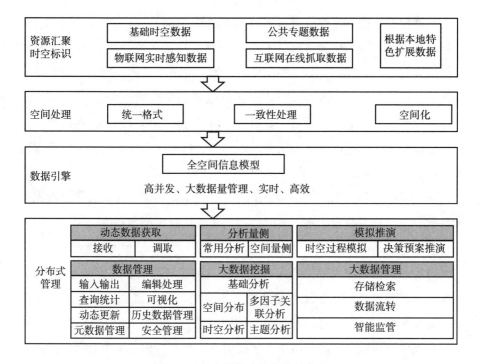

图3　时空大数据建设步骤及内容

等大比例尺地形图至少覆盖规划区范围，1∶5000 或 1∶10000 应覆盖市辖范围。

影像数据。进一步丰富高分辨率影像数据，0.1 米或 0.2 米影像等至少覆盖规划区范围，0.5 米影像应覆盖市辖范围。

高程模型数据。进一步丰富高程模型数据，0.5 米、1 米格网至少覆盖规划区范围，2 米、5 米格网应覆盖市辖范围。

地理实体数据。以地形图为基础，对境界、政区、道路、水系、院落、建筑物、植被等内容进行实体化，并赋予唯一编码，作为与其他行业和专题数据进行关联的基础。

地名地址数据。应扩充自然村以上的行政地名，建立市（地区、自治州、盟）级、县（区、县级市）级、乡（镇、街道）级和行政村（社区）级四级区划单元，实现市辖范围精细化地名地址全覆盖。

三维模型数据。至少分等级实现市辖范围全覆盖。政治、经济、文化、交通、旅游等方面的地标（标志）性中心区、中心商务区（CBD）以及特定区域应建立一级模型；除上述以外的政治、经济、文体、交通、旅游等中心区域，高档住宅、公寓以及特定区域应建立二级模型；其他政治、经济、文体、交通、旅游等中心区域，普通住宅以及特定区域应建立三级模型；城中村、棚户区、工厂厂房区等区域，远郊、农村地区以及特定区域应建立四级模型。

新型测绘产品数据。宜涵盖全景及可量测实景影像、倾斜影像、激光点云数据、室内地图数据、地下空间数据、建筑信息模型数据等。

（2）公共专题数据

内容至少包括法人数据、人口数据、宏观经济数据、民生兴趣点数据、地理国情普查与监测数据及其元数据。其中民生兴趣点数据宜涵盖制造企业、批发和零售、交通运输和邮政、住宿和餐饮、信息传输和计算机服务、金融和保险、房地产、商务服务、居民服务、教育科研、卫生社会保障和社会福利、文化体育娱乐、公共管理和社会组织等内容。地理国情普查与监测数据种类涵盖自然地理要素、人文地理要素等基本国情数据和专题国情数据。

（3）物联网实时感知数据

通过物联网智能感知的具有时间标识的实时数据，其内容至少包括采用空、天、地一体化对地观测传感网实时获取的基础时空数据和依托专业传感器感知的可共享的行业专题实时数据，以及其元数据。其中，实时获取的基础时空数据包括实时位置信息、影像和视频，行业专题实时数据包括交通、环保、水利、气象等监控与监测数据。

（4）互联网在线抓取数据

根据不同任务需要，采用网络爬虫等技术，通过互联网在线抓取完成任务所缺失的数据。

2. 汇聚方式

对于基础时空数据，定期从自然资源相关部门将分级分类后可共享的数据内容离线拷贝；对于人口、法人、宏观经济等公共专题数据，通常源于部门之间的信息共享；对于智能感知的基础时空数据，依照国家相关保密规定，在线或离线共享，行业专题可共享的实时数据，通过有线或无线网络接入；对于互联网在线抓取的数据，面向任务需求实时动态抓取，确有必要时，经时空序化后动态追加至时空大数据。

3. 时空标识

上述数据主要表现为矢量数据、影像、高程模型、地理实体、地名地址、三维模型、新型测绘产品和感知及抓取数据等形式，对其进行时空标识，即注入时间、空间和属性"三域"标识。时间标识注记该数据的时效性，空间标识注记空间特性，属性标识注记隶属的领域、行业、主题等内容，以便捷后续的时空大数据的整理和序化。

（1）矢量数据应按幅增添"三域"标识。

（2）影像数据应针对不同类型、不同分辨率增添"三域"标识。该数据采用连续的时间快照模型进行数据重组，将同一分辨率的不同时相影像，构建影像时间序列，形成客观世界的连续快照；对具体一个快照，应采用紧缩金字塔模型进行空间组织。

（3）高程模型数据应针对不同格网间距增添"三域"标识。该数据采用连续的时间快照模型进行数据重组，构建时间序列。

（4）地理实体数据应面向实体增添"三域"标识。该数据采用面向对象的时空数据模型进行数据重组，将每个地理实体构建具有唯一"三域"标识的时空对象。

（5）地名地址数据应逐条增添"三域"标识。该数据采用面向对象的时空数据模型进行数据重组，将每个地名地址条目构建具有唯一"三域"标识的时空对象。

（6）三维模型数据应逐层、每一模型增添"三域"标识。该数据采用面向对象的时空数据模型进行数据重组，将每个三维模型构建具有唯一"三域"标识的时空对象。

（7）新型测绘产品数据应按类型、批次增添"三域"标识。

（8）感知及抓取数据，确有必要追加存储，在注入相对稳定的空间和属性同时，着重标签时间特性。

（二）空间处理

对结构化、非结构化的时空大数据，序化前的处理工作包括：统一格式、一致性处理和空间化。

1. 统一格式

不同数据能够基本实现无损格式转换，对于无拓扑关系图形数据要能够转换至基础时空数据，并建立拓扑关系。格式统一后的基础时空数据应合并、自动接边，数据表格能够实现自动属性赋值。

2. 一致性处理

对于存放的矢量数据、影像数据和实体数据，将更新后的数据快速及时进行地图综合，利用综合的结果联动更新相应范围数据，原内容自动变成历史数据。

3. 空间化

（1）地名谱特征提取

汇聚的数据，有些带有空间位置坐标信息，经过了统一时空基准后，即可匹配集成；部分自身没有空间坐标信息，但在属性项中蕴含了地名地址；还有一部分只是蕴含了一些地名基因，要结合汉语分词和数据比对技术，通过基于语义和地理本体的统一认知，提取地名谱特征。

（2）空间匹配

对于具有空间位置坐标的数据，直接坐标匹配；对于无空间位置坐标的数据，根据识别提取出的地名地址信息，建立含有地名标识的切分序列与逻辑组合关系，开展基于分词、本体和词语相似性的多种匹配，提出局部模糊匹配后的歧义消除方法，实现高效、精准、实用的地名地址匹配。

（3）数据序化

依托时空基准，采用地名地址匹配的技术方法，将"三域"标识的信息内容进行时空定位寻址。对于带有空间位置坐标的信息内容，通过坐标匹配定位；蕴含地名地址的信息内容，通过地名地址匹配定位；仅蕴含地名基因的信息内容，先提取地名地址信息，再通过地名地址匹配定位。

（三）数据引擎开发

建立全空间信息模型，实现地上地下、室内室外、虚实、开放、鲜活的时空大数据一体化管理，克服非关系数据库存储时空大数据存在的存储与访问的效率低下，难以满足高并发、大数据量下的实时性要求问题，充分发挥非关系数据库的性能优势；支撑云平台，帮助用户在线调用现成的时空大数据中的数据。

（四）分布式管理系统开发

1. 动态数据获取

（1）接收

通过物联网实时感知、互联网在线抓取，根据本地智慧城市建设对时空大数据的要求，实时立体感知城市各种运行体征数据，在线抓取城市各种运行状态数据，并在原有时空大数据基础上进行动态积累。

（2）调取

在数据挖掘与分析过程中，及时利用动态积累的物联网实时感知和互联网在线抓取的数据，确有必要，可通过有线或无线网络调取相应的城市运行状态或运行体征源数据。

2. 数据管理

（1）输入输出

支持对静态数据以通用格式导入、检查、添加和确认；支持三维模型的几何数据和属性数据以通用格式导出；支持按照产品类型、数据时相或用户需求所进行的产品制作、内容提取、导出和分发。

（2）数据编辑及处理

支持坐标及投影变换、高程换算、数据裁切、数据格式转换以及影像数据的对比度、灰度（色彩）、饱和度一致性调整等；支持对二维矢量数据的图形编辑；支持对三维模型数据模型替换、模型空间位置修改、纹理编辑、属性编辑、元数据编辑等。

（3）查询统计

应具有按时间、属性和空间或其组合条件，查询与检索不同时相、不同类型和不同区域时空信息的能力，并可提取与统计；应具有对三维模型数据进行查询的功能；应具有对数据及服务资源进行目录检索的功能；应根据检索结果进行快速定位的功能。

（4）数据可视化

支持将多时相数据组合、叠加、符号化显示和放大、缩小、漫游、前视图、后视图等浏览功能，并可通过动画、动态符号和颜色模拟变化；支持三维模型数据的显示，为提高系统性能宜支持模型动态加载；具有三维漫游功能，宜支持拖动、滑动、飞行模式；支持多视角浏览，宜包括平视、仰视、俯视角度；支持将多时相数据在三维上叠加、符号化显示及漫游、多视角浏览等。

（5）动态更新

支持感知数据、抓取数据的动态追加；支持数据索引的实时修正；支持数据按范围、按时间、按类型以及整体的更新；支持三维模型的替换、模型属性的更新和局部区域模型的整体更新；支持对地图瓦片数据及三维缓存数据的整体更新、按层更新和局部更新。

（6）历史数据管理

应具有历史数据备份和恢复功能；应具备历史数据的版本创建、管理及版本数据对比功能。

（7）元数据管理

支持实时追加数据元数据的实时更新；支持元数据注册、编辑、修改和元数据查询、统计、分析、输出等；元数据与其对应的数据应建立关联，应能实现与其对应的数据进行同步更新。

（8）安全管理

应具有用户管理、权限管理、日志管理、事务管理、数据库备份与恢复。备份包括数据的备份和系统软件的备份。备份可采用全备份或增量备份方式，定期检查备份的可用性。

3. 分析量测

（1）常用分析

应具有不同类型数据融合、多时相数据比对、变化信息提取等，以及时空数据分类、时空叠加分析、时空序列分析和预测分析。

（2）空间量测

应具备对二维数据进行距离、面积量测功能；对三维模型数据进行空间距离量测的功能；对三维模型数据进行水平面积量测的功能；对三维模型数据进行体积量测的功能。

4. 模拟推演

（1）时空过程模拟

以事件或者情景为对象，检索调取相应的地理对象及其时间、空间和属性"三域"内容，模拟发展变化过程，实现情景与事件数字化再现。

（2）决策预案的动态推演

通过调整关键参数或人工干预，计算决策方案的实施效果，并提供模拟效果的动态可视化。

5. 大数据挖掘

（1）基础分析

开发集成历史推理方法、聚类分析、链接分析、神经网络、判别分析、逻辑分析、人工智能等通用性的挖掘方法，形成基础分析工具包。

（2）空间分布

计算单一专题数据源的空间粒度，通过地名地址匹配自动化或半自动化将其分布在相应尺度的基础时空数据之上，分析挖掘其空间分布规律。

（3）多因子关联分析

将两种及以上专题数据源分布在相应尺度的统一基础时空数据之上，综合运用各种数学模型，探求挖掘专题信息之间的相关性和依赖度。

（4）时空分析

将单一或多种带有时间特征的专题信息，分布在相应尺度的统一基础时空数据之上，研究揭示专题信息在时间维度上的演变规律、在空间维度上的分布规律，以及在四维时空中的时空特征。

（5）主题分析

面向某一主题，在基础分析工具包和空间分布、多因子关联分析、时空分析的基础上，提炼主题大数据分析的专业模型和业务流程，形成定制化、流程化的知识链，开发高自动化的分析功能，发现潜藏数据背后的知识与规律。

6. 大数据管理

（1）存储检索

应实现时空大数据的分布式存储、高效存取、精确检索、并发响应及负载均衡，具备管理节点动态增加和容灾备份等能力，提升时空大数据的查询效率、吞吐量、可用性、容错性、稳定性。

（2）数据流转

应实现多源异构时空大数据的共享、互操作和无缝流转，实现不同类型数据库的有效集成，并提供应用层面的统一访问接口、统一查询方式和统一操作行为。

（3）智能监管

应实现对各存储节点运行状态的实时监控和负载均衡动态调整，监控信息主动收集和统一展示，运行问题的实时分析及应对处理。

五　云平台

针对应用场景不同，云平台可分为桌面平台和移动平台，以便捷使用。两类平台均以云中心为基础，分别根据运行网络和硬件环境，开发构建相应的桌面端和移动端服务系统及功能。

（一）云中心

应包括服务资源池、服务引擎、地名地址引擎、业务流引擎、知识引擎和云端管理系统等六部分。以计算存储、数据、功能、接口和知识服务为核心，形成服务资源池，建立服务引擎、地名地址引擎、业务流引擎和知识引擎，连同时空大数据的数据引擎，通过云端管理系统进行运维管理，为桌面平台和移动平台提供大数据支撑和各类服务。其构成如图4所示。

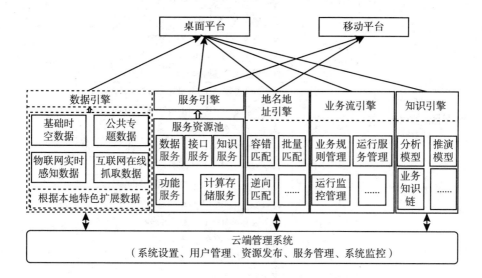

图4　云中心构成

1. 服务资源池

（1）数据服务

针对基础时空数据、公共专题数据、物联网实时感知数据、互联网在线抓取数据和根据本地特色扩展数据，池化的服务通常以表1所示模式提供。

（2）接口服务

网络应用程序接口（Web API）至少应包括14类，并应根据应用需要预留扩展空间。

—基本API：描述GIS应用的工程属性。

—地图类API：地图要素的描述、操作以及编辑。

—地理实体类API：包括行政区划、建筑物、道路、水系等实体要素的描述、操作及编辑。

表 1　服务提供对照表

数据类型	服务提供方式		
时空基准	实时位置服务		
基础时空数据、公共专题数据、根据本地特色扩展数据	地理实体数据	要素服务 WFS(Web Feature Service)	
		地图服务 WMS(Web Map Service)	
		目录服务 CSW(Catalog Service Web)	
	影像数据和高程模型数据	地图服务 WMS(Web Map Service)	
		覆盖服务 WCS(Web Coverage Service)	
		目录服务 CSW(Catalog Service Web)	
	三维模型数据	模型数据服务 3D – WMS(Web Model Service)	
		地形数据服务 3D – WTRS(Web Terrain Service)	
		纹理数据服务 3D – WTTS(Web Texture Service)	
		矢量要素服务 3D – WFS(Web Feature Service)	
		目录服务 3D – CSW(Catalog Service Web)	
	地名地址数据	地名地址服务 WFS – G(Web Feature Gazetteer Service)	
		目录服务 CSW(Catalog Service Web)	
	新型测绘产品数据	地图服务 WMS(Web Map Service)	
		目录服务 CSW(Catalog Service Web)	
实时感知与在线抓取数据	基于位置的感知信息服务		
	实时感知数据服务		
	在线抓取数据服务		

—事件类 API：地图交互中可侦听和触发的事件。

—控件类 API：GIS 系统中常用控件的操作。

—数据解析类 API：格式化数据的读写和解析。

—三维类 API：三维地理信息的定义及操作。

—专业 API：专业化应用的描述。

—实时感知 API：感知设备定位、接入、解译、推送与调取。

—在线抓取 API：种子网页确定、过滤、链接地址解析、关键词搜索。

—历史分析 API：历史数据的分析。

—比对分析 API：按空间、时间、属性等信息的对比。

—模拟推演 API：过程模拟、情景再现、预案推演。

—平台管理 API：平台管理如用户认证、资源检索、申请审核等。

（3）功能服务

功能服务包括四种：

—地图必选模块：至少包括注册认证、登录认证、权限认证；地图的放大、缩小、漫游、切换；距离、面积量测；属性查询、空间查询、兴趣点定位；二三维地图浏览、历史地图切换、历史资源叠加、历史要素检索展示。

—地图可选模块：至少包括服务加载；目录浏览、查询、订阅和检索；元数据注册、查询、下载、编辑、图形预览；角度量测；叠加、缓冲、最佳路径、统计等空间分析；专题地图；地理编码；定制服务；数据托管与发布；服务注册、查询、聚合和链接；服务申请、审核、授权和预览；服务元数据查询、服务元数据自动更新；服务状态监测、服务统计分析。

—地图专业模块：至少包括保密处理、坐标转换、投影转换等。

—其他非地图类的功能服务：具备服务访问日志收集与分析、用户注册审核、用户消息通知等。

（4）计算存储服务

计算存储服务包括四种：

—宿主服务：通过高可靠的云服务/云计算软件，将集群服务器、刀片机、小型机、磁盘阵列等存储、计算物理硬件设备，虚拟出若干逻辑区，支撑宿主服务能够寄存用户数据和开发的系统，且可部署在云上向端服务。

—弹性分配服务：通过云端管理系统，针对大数据、高并发访问，支撑弹性分配服务，按需动态分配资源，每一用户弹性地调用资源，迅速完成任务并释放，最大限度提高资源利用率。

—计算资源管理服务：通过云端管理系统，对计算存储资源及软件服务状态进行检测与管理，能够及时发现运行异常并进行报警。

—系统备份与恢复服务：系统能够定期自动备份当前节点资源状态，当资源节点因为故障导致服务停用时，应能够快速恢复原有可用状态。

（5）知识服务

大数据分析形成的专题信息时空分布规律、关联规则和时空演变等潜藏在大数据深层的规律和隐性联系，池化为知识服务。

2. 服务引擎

服务引擎是指以灵活的方式实现服务彼此通信和转换的连接中枢，并且这种连接与开发环境、编程语言、编程模型或者消息格式具有支撑在线调用现有服务和知识，实现将其他资源上传、注册与发布等功能。具体功能包括：

（1）服务地址编目规则

建立服务地址可扩展、开放式的编目规则，开发自动统一编目功能。

（2）服务地址转换与编目

对自主发布和第三方发布服务的地址按照编目规则进行转换，实现统一、自动化编目。

（3）服务通信

对申请的服务，解析物理服务地址。

（4）服务围栏

通过服务地址编目与解析实现服务的注册与共享。

3. 地名地址引擎

地名地址引擎是空间信息与其他信息之间的桥梁，能够实现大数据在全空间信息模型上的精确定位。具体功能包括：

（1）精确匹配不完整地址和不规范地址

针对进行定位时习惯使用不完整地址和不规范地址的特点，提供精确匹配不完整地址和不规范地址功能，并能进行定位。

（2）精确匹配地址别名

针对进行定位时习惯使用别名的特点，如党政机关、科研院所和学校等，提供精确匹配地址别名功能，并返回这些别名的标准地址。

（3）精确匹配地址要素别名

针对进行定位时习惯使用地址要素别名的特点，如定位餐馆，只习惯说餐馆的特色菜等，提供精确匹配地址要素别名功能，并返回这些地址要素别名的标准地址。

（4）容错匹配功能

当用户输入的地址不规范甚至错误时，匹配引擎可以根据同音字、通假字和同义词对地址进行分析，并返回最佳的匹配结果。

（5）非法或超界地址识别功能

可以识别严重的输入地址错误，或超出参考地址范围的地址输入，给出匹配失败信息。

（6）可定制功能的开放服务接口

可封装为网络服务接口，并提供不同精度（点地址查询、线面地址查询），不同输入模式（单条匹配模式、多条匹配模式）的功能定制。

（7）批量匹配

支持对表格形式的样本数据匹配，匹配时可选择地址匹配字段，用户可通过上传文件的形式，对文件中多条记录进行匹配；支持成果下载，可导出为表格或图形数据格式。

（8）逆向匹配

将坐标映射成地名地址，并在地图上展示。根据用户输入的坐标值，实现逆向查询得到该坐标所在的行政区划、所处街道，以及最匹配的标准地址信息。

4. 业务流引擎

业务流引擎是将业务流程中的工作，按照逻辑和规则以恰当的模型进行表示并对其实施计算，实现工作业务的自动化处理。具体功能包括：

（1）业务规则库管理

预定义标准化规则模块，以及模块间流向关系；预定义业务流程样例；已有的业务流程样例存储、解析、调用、修改、删除和退回操作。

（2）运行服务管理

业务流程的装载与解释；业务实例的创建和控制，如实例的运行、挂起、恢复、终止等；外部应用程序的调用；数据的调用。

（3）运行监控管理

实时数据查询；日志监督服务；日志分析挖掘服务；图形化的监测业务实例的运行情况；实时跟踪业务实例的运行情况；业务实例的状态控制。

5. 知识引擎

知识引擎是通过提供不同层次能力的大数据分析工具，帮助用户完成对数据的深度挖掘，进而获取有价值的知识。具体功能包括：

（1）分析模型库

以时空大数据挖掘分析为基础，建立统计分析、特征提取、变化发现，以及神经网络、聚类分析、链接分析、网络分析、判别分析、逻辑分析、人工智能等在线分析模型库。

（2）推演模型库

以时空大数据挖掘分析为基础，建立决策树、群集侦测、基因算法等预测推演模型库。

（3）业务知识链

以上述在线分析模型为原子工具，针对用户需求，形成定制化、流程化的知识链，根据反馈情况，自适应调整知识链和原子工具，并在运行过程中实现知识链丰富扩充。

6. 云端管理系统

至少应包括系统设置、用户管理、资源发布、服务管理、系统监控等功能。

（1）系统设置。包括基本配置信息设置、数据库信息设置、服务器信息设置、服务备份和集群部署等。

（2）用户管理。包含用户列表、用户组管理、角色管理和审核审批。

（3）资源发布。将时空大数据以服务的形式在系统中发布并注册，进入服务资源池。

（4）服务管理。实现发布的服务资源查询、运行状态更改、详细信息浏览和服务删除等。

（5）系统监控。包含用户监控、系统监控、服务监控和日志查看与分析。

（二）桌面平台

桌面平台是依托云中心提供的各类服务和引擎，面向笔记本、台式机等桌面终端设备，运行在内部网、政务网或互联网上的服务平台。除包括原有地理信息公共平台的桌面服务系统的基础功能外，新增扩展任务解析模块、物联网实时感知模块、互联网在线抓取模块和可共享接口聚合模块等，以体现系统开放性和自学习能力。其结构如图5所示。

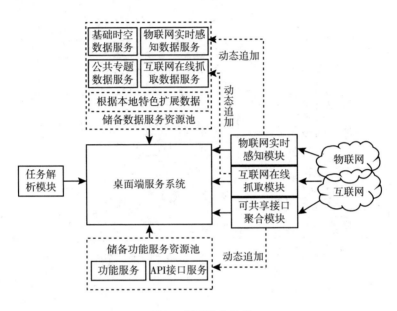

图5　桌面平台构成

桌面平台能够在线智能解析用户需求，提炼所需的数据、功能和业务流程等技术指标，根据需求自动调取现有储备的相关数据服务、功能或接口服务，缺失的数据通过实时感知和在线抓取模块实时感知抓取，缺失的功能或接口通过接口聚合模块从网络上可共享的功能及接口进行聚合，自适应达到用户预期目标。当感知、抓取或聚合的数据、功能或接口需求频率较高时，可将其动态追加至服务资源池中。其运行流程如图6所示。

1. 桌面端服务系统

至少应包括地图窗口、栏目入口、功能面板、数据切换、工具条等内容，并进行合理布局。

依托云中心，实现用户注册、用户认证、数据浏览、空间量测、图层叠加、分屏对比、查询统计、服务检索、服务代理、应用代理等基础功能。

2. 任务解析模块

根据用户的任务描述或任务定义，如关键信息或自然语言描述等，实现对该任务所需要的数据、功能、业务流程的类型、参数、技术指标等的提炼。

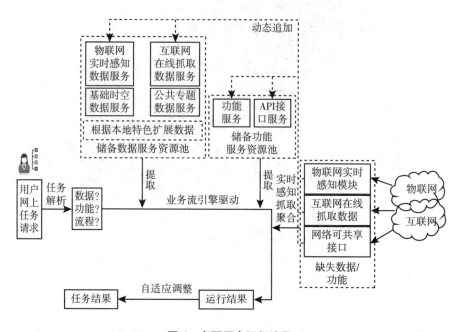

图6　桌面平台运行流程

3. 物联网实时感知模块

利用任务调度和流数据采集技术，实现基于物联网的智能感知设备数据的实时自动采集。具体功能包括：

（1）资源定义。对需要感知的数据资源进行定义，包括基本参数定义、站点定义、采集指标定义等。

（2）任务管理。包括感知任务的新增、暂停、删除等。

（3）流程定制。通过可视化组件对整个感知流程进行定制。

（4）数据浏览。通过播报服务，对感知数据进行实时可视化浏览。

（5）运行监测。包括感知数据采集频率日志管理、流量管理、流量高频监测、高频数据存储等。

4. 互联网在线抓取模块

利用网络爬虫技术，实现基于互联网发布的公共及自媒体报道相关信息的自动在线抓取。具体功能包括：

（1）资源定义。对需要抓取的数据资源进行定义，包括基本参数定义、采集指标定义、网页类型定义等。

（2）网页挖掘、过滤及解析。基于资源定义结果，实现目标网页的挖掘和有效性过滤，形成种子网页，对种子网页的网络地址链接进行解析。

（3）任务管理。包括抓取任务的新增、暂停、删除等。

（4）数据浏览。通过播报服务，对抓取数据进行实时可视化浏览。

（5）运行监测。包括抓取网页和数据频率日志管理、流量管理、流量高频监测、高频种子网页和数据存储等。

5. 可共享接口聚合模块

利用接口聚合技术，实现基于互联网公开的第三方库可共享接口的自动聚合。具体功能包括：

（1）资源定义。对需要聚合的接口资源进行定义，包括基本参数定义、接口属性定义等。

（2）接口校验。对聚合来的接口进行服务匹配校验。

（3）任务管理。包括聚合任务的新增、暂停、删除等。

（4）运行监测。包括聚合接口频率日志管理、流量管理、流量高频监测、高频接口存储等。

（三）移动平台

移动平台是依托云中心提供的服务，以移动应用程序或软件形式部署在移动终端设备，运行在移动网或无线网上的服务平台。具体功能包括：

1. 移动端服务系统

至少应包括地图窗口、地图的放大、缩小工具条、地图切换、兴趣点搜索框、图层菜单、功能菜单、定位等内容，并进行合理布局。

依托云中心，实现用户注册、认证及登录、图层叠加、查询统计、离线下载、路线查询及规划、兴趣点标注及收藏、空间量测及应用设置等功能。

2. 扩展移动功能

实现用户分享、数据编辑、消息通讯、语音搜索、二维码扫描、分屏对比、资源更新同步、地图打印、地图导航等功能。

六　运行服务及支撑环境

时空大数据平台的成果内容应部署在云计算环境中，并对外提供服务。

（一）时空大数据运行服务

1. 数据内容

一套时空大数据，包括市域全覆盖的基础时空数据、公共专题数据、物联网实时感知数据、互联网在线抓取数据和根据本地特色扩展数据。

2. 管理软件

一套时空数据引擎和一套多节点分布式时空大数据管理系统，以及地图工作站、空间匹配等工具软件。

3. 部署结构

对于数据以及通过数据引擎与相应的管理软件构成的信息系统，进行分类分区部署，实现地上地下、室内室外、虚实、开放、鲜活的时空大数据一体化管理。数据和管理软件一般存储在云计算环境中的磁盘阵列或刀片机等介质上。

4. 运行服务

多节点分布式时空大数据管理系统一要负责汇聚多层次数据，二要负责数据时空化，三要实现数据服务化和分析挖掘，并推送至云平台的服务引擎，支撑云平台对外提供服务。

（二）云平台运行服务

1. 云中心

（1）服务内容

面向服务的、不涉及国家安全和敏感内容的、经过数据扩充、数据融合、分析挖掘形成的覆盖全市域的数据服务、接口服务、功能服务、计算存储服务以及知识服务。

（2）管理软件

包括云端管理软件和四套引擎。其中云端管理软件应提供系统设置、用户管理、资源发布、服务管理、系统监控等功能，具备集成数据服务、接口服务、功能服务、计算存储服务以及知识服务的能力；四套引擎，分别为服务引擎、地名地址引擎、业务流引擎和知识引擎。

（3）部署结构

服务资源池、四套引擎和云端管理软件集成为云中心，通常部署在云计算环境中。

（4）运行服务

云中心运行在内部网、政务网或互联网等环境，涉及的服务器、网络设备以及虚拟化软件、云操作系统有机构成了云计算环境。

2. 桌面平台

桌面平台通常部署在云计算环境中，面向笔记本、台式机等桌面终端，通过网络浏览器在内部网、政务网或互联网等环境下直接调取使用。其中桌面平台涵盖桌面端服务系统、任务解析模块、物联网实时感知模块、互联网在线抓取模块、可共享接口聚合模块等。

3. 移动平台

移动平台通常生成移动应用程序或可下载安装的移动应用软件，面向手机或平板电脑等移动终端，在移动网、无线网等环境下安装使用。其中移动平台涵盖移动端服务系统及扩展移动功能。

（三）支撑环境

1.云计算环境建立

（1）全市统一云计算环境建设的集约模式

政府牵头采用多元化投融资模式，整合现有云计算资源，建立全市统一的云计算中心，面向全市各部门提供统一的云服务（数据服务、接口服务、功能服务、计算存储服务、知识服务）。全市所有新建应用系统及非涉密时空大数据平台，都应部署于统一云计算环境，各部门不宜再新建机房、购置硬件设备。见图7。

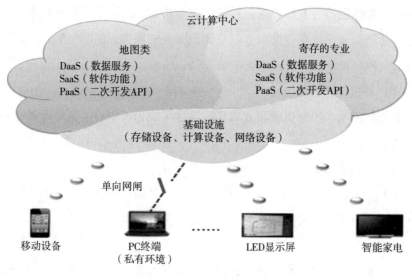

图7 统一云计算环境模式

对于原有系统要进行迁移，主要为应用迁移和数据迁移。应用迁移的内容包括现有正运行的相关业务应用，其中对暂时无法迁移的应用，应及时进行改造并迁移；数据迁移为现有本部门服务器中存储的数据，对异构数据应按照统一要求，进行数据结构的改造并迁移。

（2）全市虚拟云计算环境建设的过渡模式

以现有的数字城市地理信息公共平台支撑环境为基础，进行升级改造，将新建的基础平台和数据库都部署于此环境中，各部门负责本部门的业务系统建设，通过政务网分布式调用时空大数据平台的服务。在时空大数据平台已经具有的功能和服务，业务系统不得重复建设。见图8。

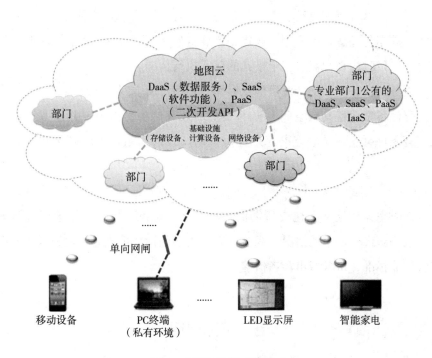

图8　虚拟云计算环境搭建

现有支撑环境的升级，包括网络的升级和计算存储能力的升级。网络升级要实现全网接入，而不仅仅是政务网接入；计算与存储能力升级要根据本地实际情况因地制宜。

2. 云计算环境要求

云计算环境的管理智能化水平，以及虚拟化能力、存储能力和计算能力应适应本地信息化条件和应用规模，并充分考虑未来发展，原则上不低于原专题应用部门的能力。

3. 安全保障

时空大数据应按照国家对地理信息内容分级分类的相关规定，对数据资源进行分版，其中基础数据应运行在涉密的局域网中，与政务网、互联网严格物理隔离，政务数据应运行在政务网，与互联网络逻辑隔离，公众信息运行在互联网。

各类信息运行支撑环境建立完备的安全管理措施，具备漏洞扫描、入侵检测、数据包过滤、防病毒、病毒查杀、身份认证、数据加密和主机监控等能力。应按时检查和监督安全措施的落实执行情况。

服务器设备能够支持海量信息存储，预留扩展空间，运行稳健、安全可靠。存储备份设备具有空间数据的安全高效存储备份能力，并预留扩展空间，有条件可建立异地容灾存贮备份机制。鼓励采用自主国产化软件开展建设。

4. 标准规范

在时空大数据平台建设所需的各项政策、标准、指南、技术规范等方面，鼓励城市根据本地情况，积极探索。成熟的标准规范应转化为国家标准或者行业标准，供各城市参考借鉴。

七　示范应用

（一）示范要求

应坚持需求导向、问题导向，特别注重解决民生问题，实现信息共享和业务融合。在建设实施过程中，可采用多元化建设运营模式，在城市人民政府统筹领导下，由示范应用部门牵头，时空大数据平台建设与运维单位配合共同实施。建成后的智慧示范应用系统要确实能够解决原有系统在未接入实时信息时，所存在的问题和不足，着重突出智能化、高效化、实时化、泛在化和便捷化。

示范应用系统应使用便捷、针对性强、服务泛在、与本领域专题信息能够实现无缝衔接、与其他相关领域实时协同。以此为支撑建立的专题应用系统至少应新增以下内容：

1. 在功能上，应开发云与端的专业功能。根据示范应用的需求，优先采用时空大数据平台提供的二次开发 API 接口，研制相应的专业功能。能公开的通过宿主环境部署在云，向端服务，不宜公开的部署在本地。

2. 在知识上，应深入挖掘潜藏数据背后的知识与规律，提升面向时空大数据的时空分布、关联分析、深度挖掘等大数据挖掘能力。扩充知识引擎，帮助用户在线完成大数据挖掘分析，将空间可视化大数据分析结果，变成直接可用的知识，辅助科学决策、促进精细管理、推动产业发展、便捷百姓生活。

3. 在性能上，应实现透彻感知、广泛互联、按需服务。整合感知或抓取数据作为服务，连基础时空服务运行在泛在环境，根据用户的需求，如关键字提示、核心词汇表述等，萃析并自动处理，或智能组装应用系统，真正实现按需服务。

（二）典型应用

依托时空大数据平台，在智能感知、自动解译、无线通信等新一代信息技术的支撑下，选择自然资源管理、警用平台、防灾减灾、公共安全、市场监管、旅游服务等重点领域，海绵城市、地下管廊、信息惠民等重大工程，以及智慧交通、智慧社区等民生方面，开展示范应用。

1. 自然资源管理服务系统

基于时空大数据平台，融合自然资源管理相关数据，扩充构建跨部门、跨行业的自然资源要素地理分布统计、空间开发格局分析、资源优化配置等专业模型和功能，为国土空间规划、空间用途管制、生态修复、自然资源确权登记、自然资源资产管理等提供服务支撑。

在时空大数据基础上，应扩展自然资源管理数据。在功能方面，至少包括三大模块：变化发现模块，应包括历史信息与现状信息融合、人机协同变化信息提取、可靠性分析等；数据分析挖掘模块，应包含各类自然资源要素的数量、质量、地理分布等统计特征分析、空间开发格局分析、时空关联分析、时空模拟分析、发展趋势与演变规律预测分析等功能；成果展示发布模块，应包含各类城市自然资源目录、浏览叠加、查询检索、统计分析，以及分析结果、专题地图、指标规范、资料报告等的展示、发布和分发服务。

2. 智慧公安系统

综合运用物联网、云计算、智能引擎、视频技术等现代科学技术，整合公安信息资源、统筹公安业务应用系统，促进公安建设和公安执法、管理与服务的科学发展。

在时空大数据基础上，还应扩展房屋实体，并集成户籍人口、流动人口等统计和个体信息，建立人房关系。建立公安地理公共信息数据库，公安信息地理关联数据库，直观再现全市地形情况、交通状况、公安机关布控堵截卡点和公安机关、警力的分布状况等；建立全市统一的警务专用数据采集平台，实现数据统一采集入库，保持数据持续动态更新；构建主要公安业务单位的专题 GIS 应用，如数字警务 GIS 应用系统、110 指挥中心协同作战、平安城市等 GIS 应用系统。

3. 智慧交通系统

综合运用交通科学、系统方法、人工智能、知识挖掘等理论与工具，深度挖掘交通运输相关数据，实现行业资源配置优化能力、公共决策能力、行业管理能力、公众服务能力的提升。

在时空大数据基础上，还应扩展交通领域直接产生的静态和动态数据、公众互动交通状况数据、相关行业数据和重大社会经济活动关联数据。实现的功能模块包括：智慧出行，整合交通出行服务信息，扩大各类交通出行信息服务覆盖面，使公众出行更便捷；智慧决策，即以系统整合和信息交互的思维，整合行业数据，强化交通大数据应用，提高决策水平；智慧运营，即以信息化促进传统行业转型的思维，形成地面公交、出租汽车、轨道交通、路网建设、汽车服务等领域的一体化智能管理。

4. 智慧城管系统

综合运用移动互联、大数据、物联感知、云计算等现代化信息技术，全面实施智慧化城市管理体系，提高城市管理精细化水平和快速反应能力。

在时空大数据基础上，还应扩展城管专题数据集，包括责任网格、城市管理事部件、实景三维高清影像、业务专题数据、地下管线数据等。通过数据比对、清洗、融合等技术手段，对数据进行统一存储、统一管理、统一授权，并提供各类服务。其系统功能可包括大数据共享交换平台、核心应用平台、专业拓展平台、市容市貌监管平台、市政设施监管平台、全民城管信息平台、综合执法平台、大数据分析平台等。

5. 智慧环保系统

综合运用信息化手段，将环境监测、环境监管、环境监察及综合管理等业务进行全面整合，构建覆盖全面、技术先进的环境保护体系，实现环境管理任务及决策过程的自动化和智能化，提高环保工作效率和应急处置能力。

在时空大数据基础上，整合环境业务数据，搜集公众、企业参与数据等，为政府、企业、社会公众提供智能化、可视化的环保信息管理应用平台，解决环境监管过程中监测体系分散、决策分析不到位、调控措施不科学等问题。其主要功能包括环境监测与预警服务、污染防治与总量减排服务、风险防范与应急指挥服务、环境管理服务、环境政务与公众服务等。

6. 智慧社区系统

综合运用物联网、移动互联等技术，构建社区生活服务体系，实现社区公共服务事项的全人群覆盖、全口径集成和全区域通办，增强部门协同服务能力，提升居民群众使用率和满意度。

在时空大数据基础上，还应扩展网络化管理的社区居民数据、智能家居报警监测数据、可穿戴设备感知数据等。以标准服务的方式，提供各类社区资源服务。全面整合与社区管理相关的各类管理资源、信息资源以及社会资源，系统构建全区统一的综合管理信息系统，为领导决策和公众服务打造系统服务管理大平台；对社区进行街道办网格管理，即时掌握影响社会和谐稳定的各类信息动态，提供智能分析，精细量化日常工作考核，协助快速决策处置。其系统功能可包括网格化精细办公、居家养老综合服务、平安社区管理、智能物业管理等。

7. 智慧旅游系统

综合运用信息化手段，将旅游管理、游客服务、旅游营销等多领域资源进行整合，打造智慧旅游服务体系，实现景区流程化的生产运营、精细化的企业管理、精准化的营销决策、智能化的应急指挥、人性化的游客服务、网络化的生态保护。

在时空大数据基础上，还应扩展互联网电子地图数据、旅游景区景点实景影像数据、旅游 POI 专题数据、旅游基础设施、互联网数据等。对旅游数据进行分类采集、存储、管理和分析，为旅游管理部门提供旅游信息资源查询、分析、辅助决策等功能，为旅游企业的信息化应用提供数据基础，为社会大众提供旅游信息查询咨询服务。其系统功能可包括智慧旅游公众服务平台应用系统、智慧旅游管控平台、智慧旅游大数据平台等。

河南省发展和改革委员会：《河南省推进国家大数据综合试验区建设实施方案和若干意见》

为推进国家大数据综合试验区建设，构建推进大数据创新发展的政策体系，打造全国一流的大数据产业中心、数据应用先导区、创新创业集聚区、制度创新先行区，建成引领中部、特色鲜明的国家大数据综合试验区，特制定如下意见。

一　重要意义

建设河南国家大数据综合试验区，是实施国家大数据战略的重要支撑，是建设网络经济强省的重大战略平台，是引领全省经济社会发展的战略引擎。加快大数据综合试验区建设，开展系统性、整体性、协同性大数据综合试验探索，有利于充分发挥我省数据资源丰富和应用市场巨大的优势，推动数据资源开放共享和创新应用，为国家大数据战略创造可借鉴、可复制、可推广的成功经验；有利于以数据流引领技术流、物质流、资金流、人才流汇聚流通，加快形成试点示范和辐射带动效应，发挥河南在中部崛起和服务"一带一路"建设中的核心支撑作用；有利于发展新技术新产业新业态新模式，推动产业向中高端迈进，加快实现由经济大省向经济强省的跨越。

二 推动数据资源整合

以政务数据共享开放为突破口，统筹数据中心建设，强化信息基础设施支撑，促进政务信息系统互联和公共数据共享，打破数据壁垒，消除信息孤岛。

（一）有序推进数据中心建设

1. 创新电子政务建设运营模式，逐步实现业务应用与建设管理分离，鼓励政府与企业、社会机构开展合作，通过政府采购、服务外包、社会众包等多种方式，在确保安全的前提下依托专业企业建设政务数据中心。积极争取国家部委在我省布局行业数据中心、容灾备份中心和互联网政务数据服务平台。

2. 引导规范重点行业、大型企业数据中心建设，打造以郑州、洛阳为中心的区域性数据中心，推动大型数据中心合理布局和绿色数据中心建设。引导和鼓励相关行业、企业和未建数据中心的地市，采用设备托管、设备租赁、服务外包、政府与社会资本合作（PPP）等方式，在省内已投入运行的大型数据中心内建立数据中心、云服务平台等。支持有条件的地方出台财政扶持政策，对产生的服务费用给予一定补贴。

3. 引导大数据产业发展基金、战略新兴产业投资基金、"互联网＋"产业发展基金等，对企业投资建设的绿色数据中心试点、无线局域网（WLAN）、云服务平台等大数据应用基础设施给予支持。

4. 对在我省建设投资 10 亿元以上的重点数据中心项目纳入电力直接交易范围，建立用电价格与对外服务价格联动机制，数据中心运营商向用户提供与其享受电价水平相适应的存储、计算资源租赁价格。

（二）整合分散的政务数据资源

5. 推进政务数据中心整合，制定整合工作计划，逐步将省直部门分散数据中心统一整合到省级政务数据中心。

6. 加快推进电子政务应用系统迁移上云，原则上使用省级财政资金的新建非涉密电子政务项目一律依托省政务公共云和专有云建设，除在云平台部署建设部分外，需要单位开发建设的配套项目，所需经费按现行渠道列入部门预算予以保障。对于保护等级四级以上的信息系统，以及一旦出现问题可能造成重大经济损失，甚至危害国家安全的业务，不宜采用社会化云计算服务。

7. 梳理政务部门数据资源，制定政务数据采集、治理、分类、质量、共享、开放、安全等标准规范。对现有电子政务应用系统迁移上云、政务数据共享开放等工作涉及的系统改造、数据资源汇集、加工、处理等，相关费用纳入部门年度预算。对不符合政务数据资源共享开放要求的新建非涉密项目，不予立项审批。

8. 加强督促检查，将政务数据中心整合、电子政务应用系统迁移上云、政务数据共享开放等工作纳入省直部门年度目标责任考核。

（三）推动数据资源共享开放

9. 遵循"以共享为原则，不共享为例外"，各级各部门形成的非涉密政务信息资源原则上应予共享，不予共享的政务信息资源，应有相关法律法规或政策依据。人口、法人单位、自然资源和空间地理、电子证照等基础信息资源，通过政务数据共享交换平台在部门间无条件共享。健康、社保、食品药品安全、信用、环保等同一主题领域信息资源，通过政务数据共享交换平台予以共享。

10. 建立政府数据资产登记制度，对全省政府数据资产进行登记，实施数据资产目录公开，规范数据资产管理。建立数据开放清单，除法律法规明确规定不宜公开外，公共数据应向社会开放。

11. 鼓励企业、高等院校、科研机构和社会组织主动采集并向社会开放数据资源。各级政府根据政务及公众需要，采取购买数据或补助等多种方式，引导非政府数据资源更好地服务经济社会发展。

12. 财政资金对省级统筹建设的人口、法人单位、自然资源和空间地理、宏观经济等基础数据库，以及相关主题数据库建设给予必要支持。

13. 研究制定面向政府信息采集和管控、敏感数据管理、数据交换标准和规则、个人隐私等方面的大数据规章制度。鼓励和支持企业开展安全测评、电子认证、应急防范、数据加密、容灾备份等数据安全技术及安全服务。加强政务部门云计算服务网络安全管理。

（四）优化提升信息基础设施

14. 支持各地通过政府购买服务的方式进行 WLAN 建设、运行、维护和第三方检测评估服务，加快实现县级以上城市主城区热点公共区域 WLAN 全覆盖并免费开放。

15. 支持省基础电信运营企业参与国家互联网骨干架构优化调整，积极承接国家互联网数据中心建设任务，加快建设现代信息通信枢纽。

16. 发挥中央和省财政资金引导作用，运用宽带网络基础设施建设资金等，支持全省光纤到户改造、终端补贴和农村及偏远地区宽带网络建设运行维护。

17. 加强城市通信基础设施专项规划，在城乡规划、土地利用总体规划等规划以及机场、铁路、地铁、高速公路等重大项目中，同步安排通信光缆、基站等宽带网络设施。支持市政设施和政府机关、企事业单位、公共机构等所属公共设施向宽带网络设施建设无偿开放。

三　积极开展大数据创新应用

以推动大数据创新应用为核心，加快重点领域大数据应用示范，引导企业、公众等开展大数据增值性开发，通过点的突破、带动面的提升，实现政府、企业、社会多方共赢。

（五）支持社会力量开展大数据应用

18. 支持数据服务企业开展数据采集、存储、分析、加工、应用等业务，数据运营企业依托特定行业领域的大数据服务平台，提供数据租售、分析预测、决策支持等服务。鼓励企业、高等院校、科研机构、社会组织等开展大数据创新应用。

19. 鼓励支持各地和各行业领军企业、创业投资机构等社会力量参与大数据众创空间、科技企业孵化器等建设，提供免费数据资源、大数据技术服务、咨询与培训服务、资金投入支持等。

20. 支持大数据龙头企业参与建设交通物流综合性、专业性经营平台，打通与海关、检验检疫、公安、商务、金融机构等相关平台的信息交换通道。强化财政投入，支持在粮食生产核心区产粮大县，建立农业粮食数据采集、分析和服务大数据试点。支持大数据企业对跨境电子商务各类平台商品交易、物流通关、金融支付、税收征管等数据开展创新应用。鼓励金融机构运用大数据创新金融产品和服务，探索建立基于大数据、云计算、区块链等技术的金融新模式新业态。

21. 支持在健康医疗、养老服务、社会保障、新型教育等重点民生领域开展大数据应用示范。支持郑州、洛阳、济源信息惠民国家试点城市，率先开展"一号申请、一窗受理、一网通办"试点，鼓励其他省辖市积极开展相关工作。

（六）支持政府与社会合作开展大数据应用

22. 充分发挥省级股权投资引导基金作用，吸引社会资本采取股权投资等方式参与大数据发展应用。推广运用政府和社会资本合作（PPP）模式，引导社会资本参与公共事业大数据的基础工程、应用开发和运营服务。

23. 拓展政府向社会力量购买服务指导目录，优先将大数据及相关服务纳入政府购买服务范围，鼓励政府部门积极购买使用。

24. 鼓励行业龙头企业参与组建省级政务数据管理运营公司，建立市场化运行机制，整合政务数据资源，开展大数据商业化运营服务。

25. 鼓励社会力量参与网上政务服务平台建设和运营，支持企业、公众和社会机构基于网上政务服务平台开发多样化、创新性的便民服务应用。

（七）积极发展数据服务外包

26. 鼓励重点行业、重点领域的企业和机构将大数据应用非核心业务外包，培育和壮大本地市场。

27. 引导大数据骨干企业面向国内外数据市场，积极承接发展大数据外包业务。依托郑州航空港经济综合实验区，建设离岸数据中心，积极承接机房出租、数据存储、业务处理等各种国际服务外包业务。

（八）加快大数据交易平台建设

28. 支持互联网龙头企业与省内投融资平台、大数据企业、有关金融机构合作建立中原大数据交易中心。依托中原大数据交易中心，建设中原众包大数据平台，为中小企业提供服务。

四　引进和培育大数据龙头企业

坚持大力引进与加快培育并重，发展壮大龙头企业，吸引上下游企业集聚落地、链式发展，形成大企业引领、中小企业配套的相互支撑、协同合作的大数据产业生态体系。

（九）大力引进行业优势企业

29. 鼓励各地加强与世界 500 强、全国百强企业中的大数据企业对接合作，积极引进一批国内外知名大数据企业，汇聚一批大数据采集、存储、分析、加工、应用等企业。

30. 引进的国内外知名大数据企业总部、区域性总部等，自建、购买或租赁办公用房的，可由所在地政府给予适当补贴。

31. 对在我省建设国家级数据中心的大数据龙头企业，或有重大产业化前景的战略发展项目，可采取"一企一策"、"一事一议"方式加大支持力度。

（十）加快培育大数据企业

32. 鼓励金融机构面向大数据企业创新金融产品和服务，积极通过资产证券化、融资租赁、收益权质押融资、知识产权质押融资等方式为大数据企业提供融资支持。

33. 符合条件的大数据企业优先纳入省定上市后备企业和新三板后备企业库，对在境内主板、境外成功上市，以及在新三板挂牌的企业，鼓励企业所在地政府按照当地实际情况，出台财政扶持政策，对企业给予适当补助。

34. 允许投资人以技术、科技成果等无形资产评估作价出资在我省组建大数据企业，无形资产评估后作价出资额占注册资本总额的比例最高可达70%。

35. 对符合"科技小巨人"企业培育条件的中小型大数据企业，按照企业研发费用的一定比例给予最高100万元的奖补支持。

36. 对省内注册的主要投向大数据企业的创业投资基金，优先纳入省股权投资引导基金、国家新兴产业创投引导基金的支持范围。

五　加快大数据产业园区建设

坚持产业集聚发展与园区功能完善同步推进，科学引导各类生产要素加速汇集，整合产业链上下游优势资源，推动形成布局合理、特色鲜明、协同高效的园区发展格局。

（十一）加强园区科学规划引导

37. 引导各地根据需求，合理布局建设大数据产业园，围绕数据应用的全流程，发展各具特色的大数据硬件产品制造、软件及应用服务、信息技术核心基础产品，打造完整的大数据产业链。

38. 突出产业支撑，集约节约建设大数据产业园区，坚决防止变相发展云地产、大数据地产。

（十二）强化园区用地保障

39. 将大数据产业园建设用地优先列入城市近期建设规划、土地利用总体规划和年度计划，园区内大数据软硬件产品制造、应用平台、研发基地等项目优先纳入省重点项目管理，优先予以用地保障。

（十三）加大园区财税政策扶持力度

40. 支持行业优势企业在中心城区城乡一体化示范区、产业集聚区、服务业"两区"等投资建设大数据产业园，所在地政府可对企业投资园区建设、入驻园区企业办公场地和宽带租赁等方面的投入给予适当补贴。

六　提升科技创新能力

加快创新平台建设和要素集聚，推动大数据关键技术研发和成果转化应用，促进创新链与产业链深度融合，构建产学研用结合的科技创新体系。

（十四）健全创新平台建设激励机制

41. 引导高等院校、科研机构、行业协会、企业等参与我省大数据产业关键性技术的研发，促进大数据领域产学研用结合。支持设立由政府基金引导，大数据骨干企业、高等院校和科研机构等共同出资的产学研协同创新基金。统筹利用现有专项资金，支持建设产学研结合、市场化运行、多元化投入的大数据研发机构。

42. 对大数据领域新认定的国家级工程（技术）研究中心、工程（重点）实验室、企业技术中心，给予一次性 500 万元补助；对评估为优秀的国家级创新平台载体，给予一次性 200 万元奖励。

（十五）完善企业科技研发和成果转化激励机制

43. 支持实施一批重点研发项目，推动大数据关键技术、产品研发和产业化。鼓励企业积极参与大数据产业发展的国际标准、国家标准和行业标准制定。

44. 支持大数据骨干企业与高等院校、科研机构等建立产业技术创新联盟，符合条件的可以登记为独立法人，按规定享受企业研发费用加计扣除政策。

45. 鼓励各类产业基金、创投基金、种子基金、天使基金等，以股权投资、公益参股等方式支持初创期和成长期的大数据企业发展。

七　加强人才队伍建设

坚持引育结合、引才引智并举，极大调动和充分尊重人才的创造精神，激发各类人才创新活力和潜力，为大数据发展应用提供坚强人才保障和智力支持。

（十六）加大引才力度

46. 对海内外顶级高层次人才及其团队来豫创业或转化成果，经评估能够引领带动我省大数据产业发展的，省市可按评级通过项目资助、创业扶持、贷款贴息等方式，给予不低于 1000 万元的综合资助；对成长性好、业绩突出的团队，省市可根据实际需求给予滚动支持或追加资助。

47. 鼓励大数据产业发展基金、中原科创风险投资基金、"互联网＋"产业发展基金等政府引导基金对由大数据高层次人才创办的企业给予倾斜支持。

（十七）强化人才培养

48. 鼓励支持有条件的高等院校设置数据科学和数据工程等相关专业或方向，联合企业、科研院所共同培养大数据专业人才。支持有条件的高等院校有针对性地开展大数据相关技能培训，提升从业人员专业技能水平。

49. 对大数据高层次人才和科技创业领军人才的创业团队核心成员，3

年内由当地财政给予适当奖励。对由省政府或以省政府名义奖励大数据高层次人才的奖金，依法免纳个人所得税。

50. 创新人才激励机制，对大数据企业、科研机构引进的高管人员和核心技术人才，各地可结合实际给予住房、落户、医疗、社保、子女入学、配偶就业等方面的优惠政策。

各级各部门要充分认识发展大数据的重要意义，高度重视、认真落实，省建设国家大数据综合试验区领导小组办公室负责统筹推进，协调解决政策落实中的重大事项。省直有关部门要按照职责分工，制定完善具体措施，强化针对性指导，及时跟踪评估实施效果，确保各项政策的落实。各省辖市、直管县（市）要根据各自实际，研究制定相关配套政策，形成推动大数据综合试验区建设的政策合力。

河南省人民政府办公厅：《河南省大数据产业发展三年行动计划（2018～2020年）》

为深入实施国家大数据战略，推动大数据产业快速发展，特制定本行动计划。

一　总体要求

（一）重要意义

大数据产业是以数据生产、采集、存储、加工、分析、服务为主的相关经济活动。当前，大数据技术和应用处于创新突破期，全球数据呈现爆发式增长，市场需求迅速扩大，大数据产业面临重要发展机遇。我省经济已由高速增长阶段转向高质量发展阶段，正处在转变发展方式、优化经济结构、转换增长动力的攻关期，经济发展急需进行质量变革、效率变革、动力变革。抢抓发展机遇，集中优势资源，突破大数据核心技术，构建自主可控的大数据产业链、价值链和生态系统，推动大数据产业加快发展，有利于加速传统产业数字化转型，促进传统产业优化升级；有利于促进互联网、大数据、人工智能和实体经济深度融合，培育发展新产业、新业态、新模式；有利于提升政府治理精准化、民生服务便利化、社会治理现代化水平，对主动适应和引领经济发展新常态、形成经济发展新动能、提高全要素生产率、推动经济高质量发展具有重要意义。

（二）基本思路

深入贯彻习近平新时代中国特色社会主义思想和党的十九大精神，全面落实党中央、国务院关于推动高质量发展、实施创新驱动发展和网络强国战略决策部署，牢固树立和贯彻落实新发展理念，坚持应用引领、创新驱动、开放共享、安全规范的原则，以建设国家大数据综合试验区为统领，以大数据创新应用为先导，以基础能力提升为支撑，以优化发展生态为保障，着力发展大数据核心产业和关联产业，培育发展新业态、新模式，全面提升我省大数据资源开发能力、技术支撑能力和产业发展能力，为网络经济强省建设提供坚强支撑。

（三）发展目标

经过三年左右时间，技术先进、应用繁荣、保障有力、产业链完善的大数据产业生态系统初步形成，大数据创新应用水平走在全国前列，产业竞争力居全国第一方阵，成为全国一流的大数据产业中心。到 2019 年，力争大数据核心产业规模超过 400 亿元、关联业态规模达到 2000 亿元。到 2020年，大数据核心产业蓬勃发展，在各行业的深度应用全面展开，政府科学决策和社会精准治理能力显著增强，大数据核心产业规模突破 1000 亿元、关联业态规模超过 5000 亿元。

——产业集聚发展效应显著。龙子湖智慧岛核心区加快建设，2018 年入驻大数据领域企业超过 150 家，产值达到 150 亿元；2020 年入驻企业达到 500 家，产值达到 1000 亿元。建成一批辐射带动力强的省级大数据产业园区，发展壮大 5～10 家大数据龙头企业，培育 50 家专业化数据服务创新型中小企业，形成比较完善的大数据产业链。

——应用能力显著提升。大数据在产业转型、民生服务、社会治理等领域的应用深入展开，组织实施一批重点行业应用示范项目，大数据

河南省人民政府办公厅：《河南省大数据产业发展三年行动计划（2018～2020年）》

技术融合、业务融合、数据融合能力显著提升，政务运行实现跨层级、跨区域、跨行业、跨部门的协同管理和服务，形成数据驱动创新发展的新模式。

——支撑能力不断增强。固定宽带网络、新一代移动通信网和下一代互联网加快发展，物联网和云计算等新型基础设施更加完备，移动宽带用户普及率达到90%，固定宽带家庭普及率达到80%以上。

二　重点任务

（一）大力发展大数据核心产业

围绕应用需求，培育发展专业化的数据采集、存储、加工处理企业，壮大数据采集存储、数据加工处理、数据交易流通等大数据核心产业。

1. 培育发展第三方大数据企业

鼓励发展大数据服务外包，积极培育一批从事大数据采集、存储、加工处理、流通交易的第三方企业。2018年主营业务收入超亿元的第三方大数据专业企业达到10家，2019年达到15家，2020年达到20家。（省发展改革委、工业和信息化委负责）

2. 强化大数据技术产品研发

鼓励高校、科研院所和企业加强大数据基础研究和核心技术攻关，研发形成一批大数据采集、存储、加工处理的软硬件产品，打造较为完善的大数据产业创新体系。（省科技厅牵头，省发展改革委、工业和信息化委、教育厅配合）

3. 积极发展大数据服务

引导数据采集企业根据用户需求，开展生产数据、研究数据等采集服务，为大数据应用提供支撑。鼓励大数据分析企业针对实体经济发展和社会治理等需求，提供大数据解决方案。鼓励社会力量创建数据资源服务公司，开发数据产品，提供数据服务。2018～2020年，每年总结推广15个大数据

分析应用典型示范案例。（省发展改革委牵头，省工业和信息化委配合）

4. 积极发展大数据流通交易

鼓励建设市场化运营的第三方大数据流通交易平台，加快中原大数据交易中心建设，为数据供需双方提供对接和交易服务。培育数据交易市场，研究制订数据交易规则，积极开展数据交易试点。（省发展改革委牵头，省工商局配合）

（二）加快推进大数据创新应用

推动大数据在各行业、各领域深入应用，提升大数据在产业升级、政府治理和民生服务领域的运用能力，以应用助力大数据产业发展。

1. 实施制造业数字化转型行动

加强工业大数据基础设施建设，推动大数据在工业设计、生产制造、售后服务等产品全生命周期和全产业链应用，加快生产过程全要素数字化，构建基于大数据的产业生态体系。加快发展智能制造，利用大数据提升研发效率、优化产品质量、降低能源消耗，形成数据驱动的工业发展新模式。2018～2020 年，每年滚动建设 50 个省级智能工厂、100 个省级智能车间。（省工业和信息化委牵头，省发展改革委配合）

2. 实施社会信用体系与大数据融合发展行动

加快推进社会信用体系与大数据融合发展试点省建设，拓展公共信用数据归集领域，归集各类信用主体的全生命周期、全活动过程的信用信息数据，实施全省一体化"信用云"工程，积极推进中小企业、交通物流、信息通信、食品药品安全等重点行业领域信用体系建设。2018 年多层级、跨地区的全省一体化的信用云体系建成运行，归集信用信息数据总量超过 15亿条；2019 年培育创建一批社会信用体系建设示范市县；到 2020 年，全省信用服务机构及关联企业超过 500 家，整体社会信用环境明显优化，信用大数据立法和标准制度建设走在全国前列。（省发展改革委、人行郑州中心支行牵头，省工商局、工业和信息化委、交通运输厅、食品药品监管局、质监局、通信管理局等部门配合）

3. 实施"互联网＋政务服务"行动

加快电子政务服务平台建设，以提升群众获得感为目标，推动政务信息系统整合，强化统筹协调，推进跨层级、跨区域、跨行业、跨部门政务数据共享和业务协同。2018年非涉密依申请行政权力事项实现"平台之外无审批"，打造"一次办妥"河南电子政务服务品牌。到2020年，实现互联网与政务服务深度融合，全面建立覆盖全省、整体联动、部门协同、一网办理的"互联网＋政务服务"体系，基本建成政务运行智能化省。（省委网信办、省政府办公厅、省发展改革委负责）

4. 实施行业大数据应用发展行动

推动农业粮食、交通物流、科技教育、文化旅游、健康养老、公共安全、信息通信、环境保护等领域大数据应用，加速传统行业数字化转型，推进传统行业管理方式、服务模式和商业模式创新。积极开展"多式联运"大数据应用，促进跨行业大数据融合创新。加快新型智慧城市建设，实施一批智慧城管、智慧交通、智慧环保、智慧养老、智慧社区、智慧校园、智慧景区等大数据应用示范工程。（省发展改革委、教育厅、科技厅、公安厅、民政厅、环保厅、交通运输厅、农业厅、商务厅、文化厅、卫生计生委、旅游局、通信管理局等部门按职责分工负责）

（三）积极发展大数据关联产业

积极发展智能终端、电子核心基础部件等产业，推进大数据与人工智能、虚拟现实、数字创意的融合应用，推动关联产业与核心产业相互促进、相互融合、协同发展。

1. 实施智能终端提质发展行动

加快郑州航空港智能终端产业园区建设，推动智能终端产业从单一手机制造向研发设计、新型显示面板、高端屏组件、摄像模组等产业链上游环节拓展。积极吸引国内外知名品牌手机生产项目落户我省。积极发展智能穿戴、智能电视、虚拟现实等新型智能终端产品，培育发展智能车载、智能医疗健康、智能仪表等行业应用智能终端。2018年力争全省手机产量达到3

亿部；2019年达到3.5亿部；2020年达到4亿部，成为高端品牌手机生产基地。（省工业和信息化委负责）

2. 实施电子核心基础部件突破行动

积极引进建设液晶显示器（TFT—LCD）面板和有机发光二极管（OLED）面板生产线，加快发展高端屏组件、摄像模组等深加工产品，提升核心基础部件自给能力。积极引进发展安全芯片、智能传感器、光电器件等产品。2018年加快推进惠科11代液晶显示器件、合晶科技8英寸和12英寸晶圆硅片等重大项目建设。2020年气体传感器产量力争达到全球第一。（省工业和信息化委负责）

3. 实施人工智能培育发展行动

鼓励开展人机交互、模式识别、机器学习等技术研发，推动人工智能技术与产业技术融合发展，积极发展面向人工智能应用设计的智能软件，夯实人工智能发展的软硬件基础。培育发展人工智能产品，重点在智能机器人、智能无人机、智能语音交互系统、智能网联汽车、智能家居产品、智能健康产品等领域率先实现突破。推动人工智能与实体经济深度融合，加快发展智能制造，推动人工智能技术在农业、物流、医疗、养老、金融、商务、家居等重点行业和领域应用。（省工业和信息化委、科技厅负责）

4. 实施数字创意产品发展行动

推动传统文化、艺术产品和场馆数字化转型。鼓励对艺术品、文物、古迹遗址、非物质文化遗产、地方特色文化等进行数字化转化，建设一批数字图书馆、美术馆、博物馆、文化馆、档案馆等。积极发展现代有声读物、手机动漫、网络游戏、网络文学、数字音乐、在线演艺等数字文化艺术产品。推进大数据在工业设计、广告设计、建筑设计、园林设计等领域融合应用，鼓励发展网络协同设计、个性化定制、3D在线打印等互联网设计新模式。（省发展改革委、文化厅负责）

（四）培育发展新业态、新模式

积极培育数字经济新业态、新模式，推动共享经济、制造业和电子商务新模式快速发展。

1. 实施共享经济培育发展行动

鼓励行业龙头企业、互联网企业建设一批细分领域、特色鲜明的共享经济平台，以生产设备使用共享、生产资源开放共享、分散产能整合共享为重点，大力推动生产能力共享，促进产业链协同，提高产能利用效率。以增进生活便利和满足新消费需求为导向，大力推动生活服务共享，释放社会闲置生活服务资源。以科研设施和知识技能共享为重点，实现创新资源的充分利用。2020年在重点领域培育形成一批国内知名、行业领先的共享经济示范平台，共享经济整体发展水平进入全国先进行列。（省发展改革委负责）

2. 实施制造业新模式培育发展行动

推动制造业企业利用互联网、云计算、大数据等技术优化供应链管理，开展生产线柔性化改造，为用户提供个性化定制产品和服务。鼓励制造业骨干企业构建基于互联网的产业链协作系统，推动上下游企业紧密协同。在工程机械、输变电装备、家用电器等行业，开展在线监测、远程诊断、云服务及系统解决方案试点示范，促进企业由产品提供商向制造服务商转型。（省工业和信息化委负责）

3. 实施电子商务新模式培育发展行动

加快建设跨境电商"单一窗口"综合服务平台，高水平规划建设EWTO（电子世界贸易组织）核心功能集聚区，发布全球跨境电商郑州指数，打造全球跨境电商交易示范区。大力发展线上线下融合商业模式，引导传统零售企业建设网上商城，将现有服务网点改造升级为线上线下体验服务中心。探索发展一批无人超市、无人售餐机、智能售药柜等。力争2018年跨境电子商务交易额达到1200亿元，2019年达到1350亿元，2020年达到1500亿元。（省商务厅负责）

（五）完善产业发展生态

强化载体平台建设，加强市场主体培育，推进数据资源开放共享，发展大数据创新创业,构建大数据产业发展生态。

1. 推动产业园区提质发展

全面提升龙子湖智慧岛建设水平,加快郑开科创走廊和环岛大数据"双创"基地建设,构建"人才+金融+平台+研发"的大数据产业发展生态,打造具有国际影响力的"智慧岛大数据"品牌。推进大数据产业园基础设施和专业服务平台建设,引进一批国内外大数据领域高水平研发机构和龙头企业,实施一批标志性项目,推动大数据产业集聚发展。(省发展改革委负责)

2. 培育壮大企业群体

实施龙头企业引进培育工程,支持大数据领域龙头企业在我省设立独立法人分支机构,支持省内骨干企业做大做强,提升产业辐射和带动能力。实施中小企业提速发展工程,促进中小企业向"专精特优"方向发展。实施平台型企业培育工程,重点在共享经济、电子商务等领域培育一批平台型企业。(省发展改革委、工业和信息化委、商务厅负责)

3. 开展大数据创新创业

布局建设一批高水平企业技术中心、重点实验室、工程研究中心和新型研发机构等创新平台,重点支持在数据存储、分析处理、可视化、信息安全等关键领域开展技术攻关。支持骨干企业、高校、科研院所联合共建一批大数据"双创"基地,支持大型互联网企业、行业领军企业建设一批互联网"双创"平台,向各类创业创新主体开放技术、开发、营销、推广等资源,促进大数据创新创业加快发展。(省发展改革委、科技厅负责)

4. 推动数据资源开放共享

建成全省统一的政务数据共享交换平台,建设完善人口、法人、自然资源和空间地理、电子证照等基础数据库,制定政务数据共享清单和开放清单,以共享为原则、不共享为例外,推动政务数据资源共享。依托省网上政务服务平台和省政府门户网站,推动公共数据开放。(省发展改革委、工商局负责)

河南省人民政府办公厅：《河南省大数据产业发展三年行动计划（2018～2020年）》

三　保障措施

（一）健全协调推进机制

建立省发展改革委牵头、省直有关部门参加的大数据发展联席会议制度，强化省、市联动，协同推进大数据应用和产业发展。各省辖市、省直管县（市）要明确重点任务牵头单位，建立协调联动机制，形成工作合力，扎实推动工作开展。（省发展改革委负责）

（二）加快政策制度创新

研究制订公共信息资源保护和开放的制度性文件，强化大数据知识产权保护，支持第三方机构开展数据合规应用的监督和审计。加强个人信息保护，建立个人信息泄露报告制度，加强对数据滥用、侵犯个人隐私等行为的管理和惩戒。强化关键信息基础设施安全保护。研究制订地方性大数据相关法规。将大数据相关产品和服务纳入政府购买服务指导目录，鼓励政府部门购买使用。（省委网信办、省政府法制办、省工业和信息化委、公安厅、财政厅、知识产权局等部门按职责分工负责）

（三）加强智力支撑保障

依托"中原学者""百人计划"等人才工程，培养和引进一批数据科学家、创新领军人才和团队，鼓励和支持大数据高端人才来我省创新创业。鼓励高校设置数据科学与大数据技术相关专业，采取校企联合培养等方式，重点培养具有数理统计、数据挖掘、大数据管理与分析等知识和技能的跨界复合型人才。（省科技厅、人力资源社会保障厅、教育厅按职责分工负责）

（四）完善信息基础设施

加快窄带物联网（NB—IoT）建设应用，积极推进基于互联网协议第六版（IPv6）的下一代互联网规模部署和第五代移动通信技术（5G）大规模商用。加快城市热点公共区域无线局域网（WLAN）全覆盖。加快城市和重要行业感知基础设施建设，面向物联网、工业互联网应用需求，推动企业内网络和公众通信网络技术改造和演进升级，推广部署低时延、高可靠、广覆盖的物联网网络设施和先进的计算与存储设施。积极推进北斗导航地面设施建设，探索建立大容量、多层次、高动态的天地一体信息通信网络。（省通信管理局、工业和信息化委负责）

（五）加强网络安全保障

建立大数据产业发展风险预警机制，防范新技术应用引发的系统性安全风险。建设信息安全数据库，加强大数据产品和服务安全审查，提高风险预警和快速处置能力。加强党政机关重要信息系统、基础信息网络以及涉及国计民生的关键信息基础设施和数据安全防护。加强信息安全产品自主研发，在重要领域推进密码应用，提升信息安全自主可控水平。（省委网信办牵头，省工业和信息化委、密码管理局、通信管理局配合）

（六）加大开放合作力度

创新招商模式，鼓励采取特许经营、服务外包、政府与社会资本合作（PPP）等方式，开展政务数据开发应用和政务信息化建设，通过数据开放、投资模式创新，吸引知名大数据企业在我省落户。建设大数据合作交流平台，加强大数据技术、标准、人才等方面的交流合作。强化龙头企业和生态圈企业引进，建设一批总部型、基地型项目，高起点打造一批大数据产业集群。

河南省人民政府办公厅：《河南省促进大数据产业发展若干政策》

为贯彻落实省委十届六次全会暨省委工作会议精神，充分发挥国家大数据综合试验区战略平台作用，促进大数据产业快速发展，培育壮大新业态、新模式，推动经济高质量发展，制定如下支持政策。

一、支持在我省建设绿色数据中心，对符合规划布局、服务全省乃至全国的区域性、行业性数据中心用电价格在现有基础上减半，控制在 0.34 元/千瓦时左右。为促进数据中心集中集约布局，原则上每个企业享受电价优惠政策的数据中心不超过 1 个。

二、推动河南国家大数据综合试验区核心区产业集聚发展，对郑东新区龙子湖智慧岛、白沙大数据产业园、云湖智慧城、科学谷实行所有电量整体打包参与市场交易。

三、支持依托省内数据中心投资建设云服务平台，对全国云计算百强企业部署的云平台，符合综合性工业互联网平台奖补条件的，一次性奖补 2000 万元；符合行业工业互联网平台奖补条件的，一次性奖补 1000 万元。

四、争取国家电信普遍服务补助资金，用于支持承担电信普遍服务试点任务的企业在国家规定的区域内建设 4G 基站及进行运行维护，重点促进农村地区宽带网络基础设施建设。

五、2018 年～2020 年，每年从省先进制造业发展专项资金中安排 1000 万元，采取"以奖代补"方式，支持全省宽带网络基础设施建设。

六、设立规模为 50～100 亿元的以大数据产业为重点的信息产业发展基金，重点引进国内外大数据优势企业，培育一批高新技术企业。

七、凡符合条件的外国高端大数据人才，可办理《外国高端人才确认函》，签发有效期 5～10 年的多次入境人才签证，并向其配偶及未成年子女签发相应种类签证。

八、对用于大数据产业的工业用地，土地出让底价由市、县级国土资源部门根据土地估价结果和政府产业政策综合确定，但不得低于国家规定的最低价标准。鼓励大数据企业灵活选择先租后让、弹性出让等方式申请工业用地。

九、鼓励创业投资企业加大对大数据小微企业投资力度，政府投资基金可通过认购基金份额等方式，对有关创业投资企业给予优先出资支持。

十、利用省先进制造业发展专项资金重点支持大数据产业发展。

河南省发展和改革委员会：
《2019年河南省数字经济工作要点》

为进一步加快推进我省数字经济发展，现提出2019年数字经济工作要点。

一 工作思路

充分发挥国家大数据综合试验区战略平台作用，坚持统筹推动，把握工作重点，加强融合创新，突出应用引领，重点实施数字基础设施建设、产业集聚发展、创新能力建设、数字化新业态发展、制造业数字化转型、服务业数字化转型、农业数字化转型、新型智慧城市建设等八大重点任务，以重点突破带动整体提升，推动"数字产业化、产业数字化"，加快构建数字经济发展新生态，努力打造全国一流的大数据产业中心、数字化新兴产业发展集聚区、国家数字经济发展先行区。

二 主要目标

2019年，全省数字经济快速发展，成为推动我省经济高质量发展的重要动力。数字基础网络全面提速，郑州市主城区实现5G网络全覆盖，其他省辖市实现重点区域5G网络覆盖；国家大数据综合试验区全面推进，智慧岛核心区建设成效显著，全省初步形成"1+18"产业发展格局；重点领域数字化转型与融合创新取得突破性进展，形成一批特色鲜明、亮点突出的示范应用。

三　重点工作

（一）数字基础设施建设

1. 加快5G基础网络建设

组织编制各省辖市5G基站建设发展专项规划，将5G基站专项规划纳入各地城市总体规划和控制性详细规划。加快建设中国移动、中国联通郑州5G试点城市，积极推动郑州5G规模组网和全省5G扩大试验网建设。（责任单位：省通信管理局、广电局，各省辖市政府）

2. 加快IPV6（互联网协议第六版）规模部署

加快电信宽带网络系统演进升级，2019年底前完成郑州、开封、洛阳国际互联网数据专用通道以及三大运营商超大型数据中心等IPV6改造，完成75%以上行业云应用示范平台云产品改造，鼓励其他地市加快推进IPV6改造。推进广电骨干网络IPV6升级改造，实现全面支持IPV6，成为全国重要节点。（责任单位：省通信管理局、发展改革委、工业和信息化厅、广电局，各省辖市政府）

3. 推进数据中心整合

引导规范地方、行业、企业数据中心（IDC）建设，整合分散的数据中心（IDC），认定一批绿色数据中心（IDC），打造全国重要的区域性数据中心。（责任单位：省发展改革委、工业和信息化厅、通信管理局，有关省辖市政府）

4. 加快交通运输基础设施数字化建设

推进公路、水路、邮政、铁路、民航和客货运枢纽等交通网络基础设施数字化采集、管理与应用，应用人工智能、北斗导航、5G等技术，提高基础设施、运载工具、运行信息等要素资源在线化水平。(责任单位:省交通运输厅、发展改革委、工业和信息化厅、邮政管理局,郑州铁路局,河南机场集团,各省辖市政府)

(二)产业集聚发展

5. 完善核心区规划布局

以郑开双创走廊为依托,加快构建以郑东新区智慧岛为引领,云湖智慧城、白沙大数据产业园、科学谷为支撑的数字经济发展核心区,辐射联动郑州高新区、金水科教园区、开封·中关村数字产业园发展,打造国内一流、国际先进的数字经济发展高地和数字化新业态集聚区。(责任单位:省发展改革委,郑州、开封市政府)

6. 规划建设郑东科学谷软件产业园

高水平编制软件产业园区建设规划,确定园区建设运营模式,确定第一批入驻企业名单,开工建设软件产业园一期项目。(责任单位:省发展改革委、财政厅、教育厅、自然资源厅、生态环境厅、住房城乡建设厅、工业和信息化厅,郑州市政府)

7. 加快推进大数据产业园区建设

建立重大项目省市联动推进机制,实行"月统计、季通报",加快推动重大项目建设。探索建立园区统计制度,对省级大数据产业园区进行综合排序和动态调整。推动洛阳大数据产业园、许昌"泛在5G小镇"、濮阳大数据智慧生态园、鹤壁5G产业园等加快建设,鼓励各地市依托产业集聚区、服务业"两区"和重点企业规划建设一批大数据产业园区,新认定一批发展快、发展好的省级大数据产业园区。(责任单位:省发展改革委,各省辖市政府)

8. 推进智能终端产业集群建设

加快推动华为等智能手机生产项目落户河南,大力引进一批4K/8K超高清电视、AR/VR设备、车载显示终端、智能穿戴设备等新型智能终端项目,鼓励各省辖市围绕智能终端产业配套,引进产业链骨干企业和

项目。(责任单位：郑州等有关省辖市政府，省发展改革委、工业和信息化厅)

9. 规划建设新型显示产业园

依托郑州航空港实验区，高水平规划建设新型显示产业园，完善配套基础设施，引导产业集聚发展。加快推进第 5 代薄膜晶体管液晶显示器件项目建设，推动显示面板重大项目尽早落地生产。(责任单位：郑州市政府，省发展改革委、工业和信息化厅)

10. 打造中国(郑州)智能传感谷

编制印发《中国(郑州)智能传感谷建设规划》，以郑州高新区为核心，以郑州航空港区、郑东新区为支点，全面启动"中国(郑州)智能传感谷"建设，推动智能传感器材料、设备、设计、制造、封装、测试、系统集成和重点应用全产业链发展。(责任单位：郑州市政府，省工业和信息化厅、发展改革委)

11. 加快建设物联网产业基地

推动洛阳市加快建设智能传感器产业基地，新乡市加快建设 MEMS 传感器及芯片研发制造基地、专用集成电路芯片检测检验平台、新乡新东微电子研究院、中国电波科技城等一批标志性项目。支持鹤壁、濮阳、南阳等各省辖市结合自身特色，重点围绕环境监测、汽车电子、光通信、消费电子等领域加快发展智能传感器产业。(责任单位：洛阳、新乡、鹤壁、濮阳、南阳等有关省辖市政府，省工业和信息化厅、发展改革委)

12. 培育信息安全特色产业集群

支持本地信息安全骨干企业做大做强，积极引进国内外信息安全优势企业，培育发展信息安全专业服务。加快推进国密安全芯片设计研发中心、信息安全产品测评中心、安全智能硬件研发与制造基地、公共安全服务云平台基地等建设。支持战略支援部队信息工程大学建设国家一流网络安全学院。(责任单位：郑州等有关省辖市政府，省工业和信息化厅、发展改革委、省委网信办)

（三）创新能力建设

13. 加快创新平台建设

在新型显示和智能终端、智能传感器、新一代人工智能、5G、网联汽车等领域，新建50家以上省级工程（技术）研究中心、企业技术中心、重点实验室等创新平台，推动智能农机制造业创新中心晋升成为国家级。（责任单位：省发展改革委、科技厅、工业和信息化厅）

14. 建设新型软件学院

探索企业、高校、政府三方合作模式，共同建设软件学院，提供一站式教学与实践云服务平台，推进高校软件教学和软件课程改革，提升数字经济领域人才培养质量和学科建设水平。鼓励各地市积极探索数字经济人才培养新模式。（责任单位：省发展改革委、教育厅，郑州等有关省辖市政府）

15. 建设国家超级计算郑州中心

编制印发《关于加快国家超级计算郑州中心建设发展的若干意见》，启动主机系统及配套环境建设，在精准医学、生物育种、人工智能、大气污染防治、精准天气预报等方面培育和开展应用。（责任单位：省科技厅、发展改革委、教育厅、财政厅，郑州大学，郑州市政府）

16. 培育壮大新型研发机构

积极引进国内龙头企业和知名科研机构在我省布局建设数字经济创新中心、开放实验室和通信实验外场等，推动中科院计算所大数据研究院、中德智能产业研究院、中国联通通信技术实验室、中国铁塔5G建设技术创新中心、中国移动5G联合创新中心开放实验室、网络与交换技术国家重点实验室（北邮）许昌基地、洛阳中科信息产业研究院、鹤壁国立智能技术研究院、河南大学时空大数据应用产业技术研究院、新乡平原大数据研究院等加快建设。（责任单位：省发展改革委、科技厅、工业和信息化厅、通信管理局，各省辖市政府）

17. 推进科技成果转化

布局建设制造业与互联网融合的双创基地、科技企业孵化器、专业化众创空间等新型孵化载体。推动中德（许昌）中小企业合作区、中芬创新产业基地、郑洛新国家自主创新示范区硅谷创新中心、阿里云创新中心（鹤壁）基地等建设，吸引全球数字经济成果在我省落地转化。（责任单位：省科技厅、发展改革委、工业和信息化厅，有关省辖市政府）

18. 推进关键领域创新

建立数字经济创新项目库，实施"互联网＋"、人工智能创新发展和数字经济试点重大工程，深入推进生物育种、交通物流、车路协同、健康医疗、社会信用、数字金融等重点领域与大数据融合发展，组织优势企业与高校和科研院所开展联合攻关，力争掌握一批核心关键技术，形成一批重要研发成果。（责任单位：省发展改革委、科技厅、交通运输厅、卫生健康委、地方金融监管局，省农科院）

（四）数字化新业态发展

19. 强力推动重大项目落地。重点引进一批大数据、人工智能、5G 等领域国际一流、国内领先的龙头企业，构建数字经济发展生态链。加快推进海康威视区域总部、浪潮产业园、华为国内区域服务中心、软通动力中原总部、诺基亚全球交付中心、京东云（鹤壁）数字经济产业园等项目落地，推动一批 5G 芯片、智能手机项目落地我省。（责任单位：省发展改革委，郑州、鹤壁等有关省辖市政府）

20. 谋划举办重大活动

举办 2019 数字经济峰会，努力打造业界有影响力的峰会品牌。配合举办华为软件产业峰会，带动全球 200 余家华为软件生态合作伙伴来豫洽谈交流。举办第三届"强网杯"全国网络安全挑战赛、2019（第六届）河南省互联网大会、2019 中国 5G 智慧医疗健康发展论坛等各类专题活动，持续扩大我省数字经济影响力。（责任单位：省发展改革委、工业和信息化厅、卫生健康委、省委网信办、通信管理局，郑州市政府）

21. 加快实施5G＋示范工程

推动华为、诺基亚贝尔、海康威视、南威软件、软通动力等 5G 龙头企业在我省落地一批5G示范项目。围绕5G产业链关键环节,实施智慧岛5G智能公交、航空港智能网联汽车试验示范基地、郑州传化物流小镇5G试点以及郑大一附院、洛阳市中心医院、南阳市中心医院5G医疗等应用项目,重点在郑州、鹤壁、新乡、许昌、南阳、洛阳、安阳等地开展5G+智能制造试点,在安阳、开封、信阳等地开展5G智慧旅游试点示范,在郑州大学、河南大学、黄淮学院等高校建设5G智慧校园,打造一批5G标杆应用场景。(责任单位:省发展改革委、通信管理局,省直有关部门,各省辖市政府)

22.推进信息消费试点示范

鼓励企业参加全国新型信息消费大赛,遴选申报2019年度国家新型信息消费示范项目,鼓励各省辖市积极开展信息消费试点示范,做好郑州市接受国家信息消费示范城市动态管理考核工作。(责任单位:省工业和信息化厅,郑州等有关省辖市政府)

(五)制造业数字化转型

23.加快推进制造业智能化改造

实施"机器换人"、"设备换芯",建设省级50个智能工厂、100个智能车间。完善省市两级智能化改造项目库,加强项目跟踪服务,重点抓好1000个投资额在3000万以上的智能化改造示范项目。深化智能制造诊断服务,力争为1000家企业提供诊断服务,为500家企业出具个性化诊断报告。(责任单位:省工业和信息化厅、发展改革委,有关省辖市政府)

24.推进智慧园区建设

建设一批数字化、智慧化示范园区,推动郑州航空港、长葛、长垣、林州等10个首批产业集聚区智能化示范园区试点加快建设,以企业智能化改造、企业上云、工业互联网平台培育为主要途径,加快构建互通共享的园区管理服务综合系统(智能制造公共服务平台),提升产业集聚区企业生产运营、园区运行管理和公共服务智能化水平。(责任单位:省发展改革委、工业和信息化厅,有关省辖市政府)

25. 建设工业互联网平台

坚持综合平台、行业平台建设"双路突破"，继续培育工业互联网平台，推进标识解析二级节点建设，面向制造企业提供各种类型的信息技术资源和服务，全年培育综合性平台1~2个、行业平台5~8个，加快推进制造业重点行业覆盖。（责任单位：省工业和信息化厅、通信管理局，有关省辖市政府）

26. 实施"企业上云"专项行动

加强省"企业上云"服务资源池建设，组织实施"企业上云"深度行动，推动1万家企业上云，引导企业将基础设施、业务系统、设备产品向云端迁移，帮助企业降低信息化建设成本和门槛。（责任单位：省工业和信息化厅，各省辖市政府）

（六）服务业数字化转型

27. 推进E贸易核心功能集聚区建设

实施国际陆港枢纽赋能、口岸服务功能拓展、跨境电商创新引领、丝路国家合作中心等10大行动计划。推进智慧物流融合应用和物流信息化建设，建成一批智能化仓储物流示范基地，培育一批无车承运人试点企业。（责任单位：省发展改革委、商务厅，郑州市政府）

28. 大力发展电子商务

持续推进电子商务示范创建，认定一批省级示范基地、示范企业，积极申建国家级示范基地、示范企业。推进电子商务与快递物流协同发展，认定一批省级电商物流示范园区，加快电商物流提质增效、转型发展。（责任单位：省商务厅、发展改革委、邮政管理局，省直有关部门，各省辖市政府）

29. 加快旅游"云、网、端"基础设施建设

推进机场、车站、宾馆饭店、景区景点、乡村旅游点等智慧化改造，加快实现全省3A级以上旅游景区、3星级以上宾馆及重要游客集聚区无线网络全覆盖，部分4A级以上景区实现智能导游、电子讲解、在线预订、信息推送等功能全覆盖。推进"互联网+旅游"创新示范基地建设，挂牌一批

智慧景区。（责任单位：省文化旅游厅、发展改革委、自然资源厅、农业农村厅，河南机场集团，郑州铁路局，有关省辖市政府）

30. 加快发展智慧教育

加快推进智慧校园建设，认定一批智慧校园示范校、数字校园标杆校。（责任单位：省教育厅、发展改革委，各省辖市政府）

31. 加快推进智慧交通

推广高速公路"无人值守"收费站建设，推进高速公路电子不停车快捷收费，2019年底实现汽车 ETC 安装率 80% 以上，ETC 使用率 90% 以上。加快智慧场站建设，开展人脸识别技术试点应用，推进道路客运购票实名制和电子客票服务。支持各地市建立完善涵盖车辆调度、换乘联运、交通诱导等方面的城市公共交通控制体系，推进人工智能、大数据等技术集成应用。（责任单位：省交通运输厅、发展改革委、工业和信息化厅、公安厅，各省辖市政府）

32. 积极发展数字创意

突出发展动漫游戏、数字内容、创新设计，推动传统文化资源和传统媒体数字化改造，发展数字出版、网络视听、移动多媒体等新媒体，认定一批数字图书馆、博物馆、档案馆。（责任单位：省发展改革委、文化旅游厅，有关省辖市政府）

（七）农业数字化转型

33. 加快乡村信息基础设施建设

深入开展第四、五批电信普遍服务试点，持续优化农村偏远地区 4G 网络覆盖，加快推进光纤宽带网络向自然村延伸，2019年底，实现全省所有20户以上自然村全部通光纤。实施网络扶贫行动计划，加快构建网络扶贫服务体系。（责任单位：省通信管理局、农业农村厅、省委网信办，各省辖市政府）

34. 推进数字乡村建设示范

探索"互联网＋"农业新功能，推动休闲农业、电商镇（村）、乡村旅游和智慧绿色乡村等发展模式创新，催生农业新业态。加快推进信息进村入户整省推进示范，对已经建成的 80% 以上的益农信息社开展提质增效，促进可持续运营。加快推进电子商务进农村综合示范，完善县、乡、村三级电商综合服务网络。推动京信农业云等加快建设。（责任单位：省农业农村厅、发展改革委、商务厅、文化旅游厅，有关省辖市政府）

35. 推进农业产销精准化

加快建设主要农产品单品种数字化动态采集、分析和监控系统，汇聚生产分布与产量、加工仓储、物流运输、批发交易、电商销售及进出口等全产业链数据，实现全程大数据管理。实施"互联网＋"农产品出村进城工程，建成一批智慧物流配送中心。（责任单位：省农业农村厅，有关省辖市政府）

（八）新型智慧城市建设

36. 推进新型智慧城市建设示范

研究制定我省加快推进新型智慧城市建设工作方案，组织召开新型智慧城市建设现场会，认定一批新型智慧城市示范市。（责任单位：省发展改革委、住房城乡建设厅，各省辖市政府）

37. 推进城市基础设施智慧化

加快构建适合城市快速发展的城市公用设施智慧管理系统，推动城市电力、通信、给水、热力、天然气等公用设施智能升级改造。（责任单位：省住房城乡建设厅、发展改革委，各省辖市政府）

38. 开展智慧城市智慧化应用

围绕解决城市发展的难点、堵点问题，重点在交通、环保、教育、医疗、安全生产、城市管理、社区服务、雪亮工程等领域，支持各地市建设一批智慧校园、智慧医院、智慧景区、智慧企业、智慧社区、智慧网格等。（责任单位：省发展改革委，省直有关部门，各省辖市政府）

四　保障措施

（一）强化组织领导

各地要高度重视，不断增强发展数字经济的使命感、责任感、紧迫感，切实加强组织领导。省级层面，建立由省发展改革委牵头，省工业和信息化厅、省委网信办、省通信管理局等有关部门共同参与的省促进数字经济发展部门联席会议制度和协调联动机制，加强对全省数字经济工作的统筹推进和组织领导。市级层面，要明确数字经济工作牵头部门和分管领导，建立分工明确、协调有力的工作机制，扎实推动相关工作开展。

（二）加大政策支持

印发并组织实施《河南省加快数字经济发展实施方案》。学习借鉴先进地区在土地使用、金融支持等方面的成功经验，研究制定加快数字经济核心区建设的若干意见。围绕智能网联汽车等重点领域，研究出台相关支持政策和措施，培育数字经济新兴业态。统筹省先进制造业发展等专项资金，支持数字经济示范工程、重大项目、关键技术、人才培养等。

（三）加强省市联动

建立统计机制，制定数字经济统计指标体系，编制 2019 年度全省数字经济白皮书，发布数字经济统计监测分析报告。建立信息报送机制，各市发改委会同有关部门制定数字经济发展规划，明确目标，加强重点项目建设，大力引进龙头企业，定期报送信息。建立通报和奖励机制，对工作推进快、成效好的地市，报请省政府通报表扬。建立台账机制，梳理各地、各行业标志性项目，建立数字经济重大项目台账，纳入省市县三级重点项目管理，明确时间节点和工作目标，按期抓实推进。建立现场会机制，选取发展好的地市和行业，定期召开现场会，分享经验做法，共同提高工作水平。

第四部分 | 河南省大数据产业技术联盟
单位大事记
（2017.01~ 2019.12）

大事记

    2017 年 3 月 29 日，由国家卫生计生委、健康报社、中国健康促进与教育协会及中国卫生信息学会等单位联合举办的"2017 年全国基层卫生信息化应用创新大赛"在贵阳隆重举行，新益华"息县县域人口健康信息化项目"凭借独特的优势荣获全国基层创新大赛优秀奖。

    2017 年 5 月 21 日，河南省发展和改革委员会批复成立河南省时空大数据产业技术研究院，作为河南省制造业大数据应用领域重要创新平台之一。

    2017 年 10 月 21 日，测绘地理信息与导航高端论坛暨《测绘学报》创刊 60 周年学术研讨会在深圳隆重召开，中国工程院院士王家耀参加并做报告。

    2017 年 12 月 16 日，首届时空大数据产业技术发展高峰论坛暨河南省时空大数据产业技术研究院（有限公司）挂牌成立大会在郑州成功举办。

    2018 年 2 月 27 日，原国家测绘局副局长宋超智到河南省时空大数据产业技术研究院（有限公司）进行调研，并与王家耀院士进行座谈。

    2018 年 3 月 16 日，河南省发展和改革委员会何雄主任到河南省时空大数据产业技术研究院（有限公司）进行调研，并与王家耀院士进行座谈。

    2018 年 3 月 27 日，时任河南省政协副主席、省科技厅厅长张震宇带领科技厅、工信委相关职能部门负责人调研新益华大数据产业发展工作。

    2018 年 4 月 19 日，第十五期钱学森论坛在郑州高新区成功举办，中国工程院院士王家耀出席并做主题报告。

    2018 年 5 月 27 日，由新益华等共同承建的科技部国家重点研发计划

"MRI 设备及其临床应用评价研究"项目推进会在郑州顺利召开,研究我国 MRI 设备临床功能及适用性、临床效果、设备可靠性、技术性能评价以及服务体系评价研究标准。

2018 年 6 月 11 日,中国工程院院士王家耀参加郑州市委中心组理论学习扩大会,成立郑州市智慧城市专家智库,并做《新型智慧城市与时空大数据平台》报告。

2018 年 7 月 3 日,时任河南省常务副省长黄强莅临河南省时空大数据产业技术研究院(有限公司)进行调研,并与王家耀院士进行座谈。

2018 年 7 月 3 日,全国人大财经委调研组和省直部门工作组考察了河南超图企业发展状况,听取了河南超图关于空间大数据及其行业应用的工作汇报,观看了超图软件空间大数据技术在智慧城市、测绘、国土、城管、房产、不动产登记等各行业应用的成果展示,就河南超图的未来发展规划、经营范围和在河南行业应用情况等进行了深入了解。

2018 年 7 月 30 日,由郑州国控智慧城市科技有限公司研发的智慧郑州 App"i 郑州"及微信公众平台新闻发布及上线仪式举行,这是郑州市新型智慧城市建设的一项重要成果。

2018 年 8 月 16 日,河南省副省长霍金花、省科技厅副厅长刘英锋、郑州市副市长史占勇等领导莅临新益华人口健康大数据分析与应用技术河南省工程实验室参观考察。

2018 年 9 月 23 日,由地矿测绘编委会主办,河南省地矿局测绘地理信息院承办的全国地矿测绘工作会议暨测绘地理信息新技术交流培训会在郑州成功召开。

2018 年 10 月,省地矿局测绘地理信息院获批建设自然资源部国土卫星遥感应用中心河南地矿分中心。

2018 年 11 月,河南省卫生健康委员会主任阚全程率领省市医改专家到息县调研指导县域综合医改工作,对新益华承建的家庭医生签约及健康扶贫工作所取得的成绩表示肯定,并给予了高度评价。

2018 年 11 月 8 日,在河南省网络信息扶贫观摩会上,时任副省长刘伟对新益华大数据项目"泌阳县全民健康信息平台"的建设给予了充分肯定。

2018 年 12 月 15～16 日，第三届全国地图学理论与方法研讨会在广州举办，中国工程院院士、河南省时空大数据产业技术研究院院长王家耀做了主题为"人工智能时代：地图学从哪里来到哪里去"的学术报告。

2018 年 12 月 21 日，中国工程院院士王家耀出席 2018 中国（郑州）新型智慧城市建设暨产业发展高峰论坛，并做报告。他在接受记者采访时表示，新型智慧城市的根本是数据更智慧。

2018 年 12 月 28 日，河南省副省长戴柏华一行考察新益华助力的息县医改建设成果，对医改工作给予高度评价和肯定。

2019 年 1 月 18 日，河南省大数据产业技术联盟成立大会成功举行。

2019 年 4 月 9 日，由河南省测绘学会、机械工业第六设计研究院有限公司、黄河勘测规划设计研究院有限公司、河南省交通规划设计研究院股份有限公司与超图集团联合主办的 BIM＋GIS＋大数据可视化——GIS 新技术赋能转型升级研讨会在郑州举行，来自自然资源、交通、电力、水利、工程建设等领域的 300 余名专家、学者出席了此次会议。

2019 年 4 月 23 日，第二批河南省大数据产业技术联盟入盟单位成立大会成功举行。

2019 年 4 月 25 日，中国工程院院士王家耀参加"院士专家长沙行"暨中国工程院"互联网＋"行动计划（2035）项目中期研讨会。

2019 年 5 月 27 日，地图学与地理信息工程专家、中国工程院院士王家耀出席 2019 中国国际大数据产业博览会并做报告。

2019 年 6 月，在中国卫生信息技术大会展厅，中国卫生信息与健康医疗大数据学会会长、原国家卫计委副主任金小桃详细了解了新益华息县县域人口健康管理建设及运行情况，并给予积极评价与肯定。

2019 年 6 月，河南省地矿局测绘地理信息院、河南理工大学、河南省测绘地理信息技术中心三家单位联合申报矿山时空信息与生态修复自然资源部重点实验室。

2019 年 6 月 29 日，由国家地理信息系统工程技术研究中心、地理信息系统产业技术创新战略联盟及中地数码集团联合主办的以"规划引领　融合发展"为主题的 2019 国土空间规划高端研讨会在宁夏银川成功举办。会上，中国工程院院士王家耀分享了《关于新型智慧城市建设的思考》。王院士指出，我国在国土空间领域，当以新型智慧城市建设为引领，不断推进数字经济的发展，同时以时空大数据平台促进国土空间治理体系和治理手段现代化。

2019 年 7 月 9 ~ 10 日，WGDC 2019（第八届全球地理信息开发者大会）于北京国际会议中心拉开帷幕，中国工程院院士王家耀出席会议并做报告。

2019 年 7 月 25 日，2019 中国地理信息产业大会在珠海召开，会上颁发了多个奖项。其中，超图在 2019 中国地理信息产业百强企业榜单排名第 7 位，获得 2019 年度地理信息科技进步奖一等奖 3 项、二等奖 3 项，并在 2019 中国地理信息产业优秀工程奖的评选中斩获 9 金 5 银 9 铜的佳绩。

2019 年 8 月 10 日，首届粤港澳大湾区地理信息发展高峰论坛在珠海举行，中国工程院院士王家耀在会上做了特邀报告《新型智慧城市与时空大数据平台》。

2019 年 8 月 28 日，第二届时空大数据峰会在郑州成功举办。

2019 年 9 月 10 日，包括中国工程院院士王家耀在内的多位院士齐聚郑州出席中国北斗应用大会，王家耀院士并做主题报告。

2019 年 9 月 25 日，郑州市政府与海康威视签订了全面战略合作协议，共同吸引物联感知、大数据、应用服务、软件开发等方面企业和人才汇聚，加快促进郑州大数据等新型信息技术产业的发展。

2019 年 10 月，河南省地矿局测绘地理信息院与河南省遥感测绘院联合申报创建自然资源河南省卫星应用技术中心。

2019 年 10 月 15 ~ 17 日，中国工程院院士王家耀出席中国测绘学会 2019 学术年会会议并做报告。

2019 年 10 月 23 ~ 26 日，第四届地图学理论与方法研讨会在河南大学顺利举行，多名院士、长江学者及专家参会。

2019 年 10 月 30 日至 11 月 1 日，由自然资源部指导的 GIS 软件技术大会在京召开，北京超图软件股份有限公司为主办单位之一。会上，超图正式发布全面融入人工智能（AI）技术的新产品——SuperMap GIS 10i，创新并构建了 GIS 基础软件"BitCC"五大技术体系，即大数据 GIS、人工智能 GIS、新型三维 GIS、云原生 GIS 和跨平台 GIS，极大地丰富和革新了 GIS 理论与技术，为各行业信息化赋能更强大的地理智慧。

2019 年，天筑科技股份有限公司的"信通"成功入选工信部大数据优秀产品和应用解决方案案例，大数据产品类案例全国共 33 例入围。

2019 年，天筑科技股份有限公司成功入选河南省企业上云云应用服务商，河南省企业上云供给资源池，全省共 20 家云应用服务商入围。

图书在版编目（CIP）数据

河南省大数据产业技术联盟报告/王家耀主编．--
北京：社会科学文献出版社，2021.4
ISBN 978 - 7 - 5201 - 8143 - 3

Ⅰ.①河…　Ⅱ.①王…　Ⅲ.①数据处理 - 信息产业 -
产业发展 - 经济联盟 - 研究报告 - 河南　Ⅳ.①F492

中国版本图书馆 CIP 数据核字（2021）第 050697 号

河南省大数据产业技术联盟报告

主　　编 / 王家耀
执行主编 / 秦　奋　王凤肆

出 版 人 / 王利民
组稿编辑 / 任文武
责任编辑 / 王玉霞
文稿编辑 / 李艳芳

出　　版 / 社会科学文献出版社·城市和绿色发展分社（010）59367143
　　　　　地址：北京市北三环中路甲 29 号院华龙大厦　邮编：100029
　　　　　网址：www. ssap. com. cn
发　　行 / 市场营销中心（010）59367081　59367083
印　　装 / 三河市尚艺印装有限公司

规　　格 / 开　本：787mm × 1092mm　1/16
　　　　　印　张：22　字　数：330 千字
版　　次 / 2021 年 4 月第 1 版　2021 年 4 月第 1 次印刷
书　　号 / ISBN 978 - 7 - 5201 - 8143 - 3
定　　价 / 98.00 元

本书如有印装质量问题，请与读者服务中心（010 - 59367028）联系

▲ 版权所有 翻印必究